ジョン・エスポズィト/ジョン・ボル

イスラームと民主主義

宮原辰夫/大和隆介

【共訳】

JOHN L. ESPOSITO JOHN O. VOLL

Islam and Democracy

成文堂

日本語版への序文

ジョン・L・エスポズィト
ジョン・O・ボル

イスラームと民主化のプロセスは絶えず変化している。ある場合には進化の方向へ、またある場合には民主化から逸れた後退への道を歩んでいる。原著（*Islam and Democracy*）が出版されてからも、重大な変化が起こっている。イスラームが民主主義と両立しうるかという問題を議論する際、現在の状況はムスリム政治の複雑さを理解するための豊富な資料や事例を提示してくれる。

イランにおいて、ムハンマド・ハータミー大統領は、ヨーロッパやアメリカに対してイランをより開かれた国家にするための手段として、市民社会、法による統治、経済の自由化、文明間の対話に重点を置きながら、一層の民主化を推し進めている。最高宗教指導者（ファギーフ）としてのアーヤトッラー・ホメイニーの後継者、アーヤトッラー・ハーメネイに象徴される軍事的保守勢力によって肝心な部分はチェックされているが、ハータミー大統領は継続して改革の道筋や課題を提示している。二〇〇〇年二月に行なわれた国会議員選挙では、改革派の候補者が大勝利を収め、改革の流れに大きな勢いがついた。対照的に、パキスタンとマレーシアにおいては、民主化プロセスの基盤が揺らいできている。

パキスタンでは、軍部が民主的選挙によって選ばれたナワーズ・シャリーフ首相から政権を奪取した。しかし軍事クーデターは、シャリーフ政権に対して高まっていた不満の中で幅広い層からの支持を受けた。ムシャレフ将軍は、戒厳令をひき、シャリーフ首相を逮捕し投獄した。政治・経済的課題を挙げて民主主義を回復するための道筋を明らかにすると約束しているが、軍部は、依然として権力の座にとどまり、超法規的政策を実行しようとしている。マレーシアにおいては、マハティール首相が、国民的人気を持つ副首相兼蔵相のアンワル・イブラヒムを更迭した。その後、マレーシア社会はイブラヒムの投獄と裁判をめぐり分裂してしまった。国際社会や人権団体からの非難に加えて、マレーシア国内のアンワルの支持者だけでなく、他の政治勢力やジャスト（ＪＵＳＴ）のような民間グループも政府を非難した。イブラヒムの裁判の進め方や政府によるメディアに対する規制や批判者に対する弾圧は、マハティール首相の権威主義的体質、すなわち「制限された民主主義」を反映している。皮肉なことに、時を同じくして、インドネシアのスハルト政権は崩壊してしまった。その後、インドネシアにおける最初の民主的選挙により、三名のイスラーム指導者が政府の要職に就いた。ナフダトゥル・ウラマの指導者であるアブドゥル・ラフマン・ワヒッド氏が大統領に選出され、ムハマディヤのかつての代表、アミン・ライス博士が国会議長となり、イスラーム学者のアルウィ・シハブ博士が外相に任命されたのである。

エジプトとアルジェリアにおいては、近年、どちらの政府も穏健派（体制や市民社会に参加する意思を持つ平和的グループ）と急進派（社会を不安定化し政権打倒を目指す暴力的グループ）とを明確に区別しない傾向が見られる。アルジェリアの新政府は、イスラーム主義者の参加を部分的に認める新たな選挙を実施したが、依然としてイスラーム救国戦線のメンバーを非合法とし、そのメンバーを投獄している。したがって、これまでの政府による国民的和解のための話し合いは極めて限定的なものとなっている。エジプトのムバーラク政権は、急進的なガマーア・イスラミーヤの脅威を排除しただけでなく、ムスリム同胞団を含む穏健なイスラーム主義者までも弾圧し、さらに専門職組合や民営モスクを管理し報道の自由を制限する法律を可決した。このような施策により、エジプト社会はますます分極化し、エジプト政府の穏健で寛容なイメージは損なわれてしまった。

スーダンにおいては、二十一世紀を目前にしても、その基本的な政治構造はほとんど変化していない。内戦が依然として続き、イスラーム主義者、世俗主義者、旧態依然としたセクト主義的ムスリム・グループ間の意見の相違や対立が、スーダンの民主主義を定義する上で、依然として最も重要な要素となっている。バシール大統領とハサン・アル＝トゥラービーが指導する国民イスラーム戦線（FIS）による政権は、一九九〇年代を通し、また二〇〇〇年になってからも中央政府の組織の改変を続け、危機的状況が生まれている。両者間の潜在的対立の芽は、一九九九年十二月にバシールが非常事態を宣言し、トゥラービーを全ての政府の職から更迭した際に表面化した。その背景には、二人の個人的対立だけでなく、政府内での軍部と文民による主導権争いという要素が存在していた。しかしながら、イスラーム主義者が、非ムスリム、世俗主義者、旧来のセクト主義的政党の支持者にとって、魅力的な包括的体制を作り出すことができなかったという意味においては、基本的に状況は何ら変化していなかった。

ムスリム世界における現代の政治は、権力の分有という意味だけでなく、宗教・政治的多元主義という意味において、民主化に関わる諸問題を浮き彫りにしている。例えば、イスラーム運動に対する政権内のムスリム・グループ間の関係、あるいはスンナ派とシーア派との関係は、ますます分極化している。エジプト、トルコ、マレーシア、チュニジアにおいては、政府はイスラーム組織を利用したり、規制したり、弾圧したりしている。パキスタンにおいては、スンナ派とシーア派が世俗的な対立の中で武力衝突し、大量の犠牲者、社会資本の破壊、社会の過激化を引き起こしている。加えて、ムスリムとキリスト教徒が、パキスタン、ナイジェリア、インドネシア、エジプトなどの国々で衝突を繰り返している。モスクや教会、商店や住宅がしばしば破壊され、老若男女の区別なく殺害されている。このような状況においては、政治や経済が原因で生じる対立と宗教を主たる原因とする対立を容易に区別できる場合もあるが、政治・経済と宗教を区別することが困難な場合が多い。

現代のムスリム政治が持つダイナミクスこそ、ムスリム国家の本質をあらわし、イスラームと民主主義との関係をめぐって多くの問題を提起している。しかしながら、こうした問題は、多くの場合、イスラームの問題でも、宗教の問題でもなく、権威主義的な統治者や政府の姿勢及び政策、すなわち、市民社会が脆弱であったり全く存在していないような社会や国家の本質に関わる問題である。イスラーム運動が持つ現実的あるいは潜在的な政治力を恐れる多くの政権は、しばしば、イスラームの言辞を表面上用いながらも、頑なに世俗主義的立場を採ってきた。

二十一世紀になっても、多くの権威主義的な統治者たちは、社会や政治を開かれたものにすることを躊躇したり抵抗するであろう。ムスリム社会における民主化プロセスは、非ムスリム世界の多くの社会と同様に、失敗と成功とが交錯する実験の歴史となるであろう。政治的発展には宗教改革のプロセスが避けられず、その発展は多様な勢力（改革主義者対伝統主義者、政治・宗教指導者対それに代わりうる勢力）や様々なイデオロギーとの間の緊張と対立を伴いながら変化していく。その際、教育、経済発展、性、権力、特権などの問題が重要な要素となるであろう。近視眼的な安易な変化よりもむしろ長期的で複雑な改革への努力が、最終的な結果を左右するのである。

二〇〇〇年三月

目次

序章

宗教復興と民主化は、二十紀最後の数十年における最も重要で新しい潮流である。多くの地域における様々な宗教復興運動は、より民主的な政治体制の形成と同時に起こり、時にその形成に勢いをつけることさえあった。また他の地域では、この二つの勢力が衝突することもあった。イスラーム世界において、宗教復興と民主化の問題は、近年、イスラーム復興が拡大し政治過程への一層の民衆参加の要求が高まっているために、特別な関心を持って取りあげられている。

一九七九年、イランの君主制を打倒したイスラーム革命は、二十世紀最後の四半世紀において、近代の権威主義体制に対する最初の民衆革命であった。一九九〇年代の初頭、アルジェリアにおいて、政府が開かれた選挙を認めざるをえなくなったとき、イスラーム運動であるイスラーム救国戦線（FIS）は、民族解放戦線（FLN）の権威主義体制に選挙で真っ向から挑戦したが、選挙後に弾圧されることになった。ムスリム世界の多くの地域で、その政治的将来を方向づける重大な問題は、イスラーム復興勢力の拡大と民主的な政治体制の発展がどのように関わっていくかということである。

ムスリム世界の政府や政治指導者たちは、より一層の政治参加を求める民衆の感情と宗教運動の高まりへの対応を迫られている。支配者とその政権は、もし選択を誤れば、イランのシャーやアルジェリアの民族解放戦線のように、自らの権力の座を失うのではないかという恐怖心から、抑圧的な政策と一層の民衆参加を許す政策の中から最良の選択しなければならなくなっている。もし彼らが差し迫る事態により迅速に対処しなければ、打倒されることになる。しかし、もし自分たちの政治体制を開かれたものにすれば、彼らは選挙で敗北するという危険にも直面することになる。同様に、イスラーム運動やその指導者たちもまた、現政権に順応するのか、それとも暴力的な抵抗に訴えるのかという重大な選択を迫られている。イスラーム的であれ世俗的であれ、より一層の民主化を求めるあらゆる組織は、自分たちの目標を達成するため、最も効果的な手段を決定しなければならない。自分たちにとって、最良の選択をしようとすれば、多様な民衆抵抗運動と既存の政権の利害が複雑に絡み合っているために、権力闘争が生じる。両者の間の争い、協調、そして対立は、イスラーム暦の十五世紀初頭、すなわち西暦の二十世紀最後の数年において、ムスリムの生活の中で最も重要な問題となっている。

イスラームと政治

イスラームの政治は、しばしば「宗教と政治」が結びつくものとして理解されている。近代イスラーム運動の言葉を借りれば、イスラームは「宗教と国家（王朝）」（ディーン・ワ・ダウラ）である。ムスリムであれ非ムスリムであれ、多くの学者たちは、イスラームは生活様式全般であり[1]、イスラームには聖職の位階制や「教会」のような正式な組織が存在しないと述べている。しかしながら、中世のイスラーム文明であるウマイヤ朝やアッバース朝といった偉大なイスラーム帝国の時代においてさえも、宗教的な行為や信仰といった日常生活において、重要な機能を持った非国家的な組織が発展していた。イスラーム社会の中で特別な地位を占めるウラマー（教義についての学識者）が出現し、国家の支配から独立した偉大なイスラーム法学派が発達したことは、ある意味で初期イスラームの経験の重要な部分であった。その後、多くの神秘主義教団が民衆の宗教生活の重要な基盤として発達した。これらイスラームの諸組織や制度は、ある意味で「教会」のようなものではなかったが、国家から独立した自律的なものであり、時として国家組織と対立することもあった。(2)

近代の初め、イスラーム世界には、多種多様な政治システムが存在していた。ヨーロッパから中東にわたって支配したオスマーン帝国やインドのムガール帝国のように、スルターン（帝国の偉大な君主）が支配する強大な国家もあった。シーア派のイランにおいては、支配者はシャーであった。その他のイスラーム世界では、イエメンのイマームやペルシア湾沿岸諸国の首長のように、地方の名士が支配するより小さな公国も存在していた。こうした国家のすべてが近代的変容という大きな社会・政治的変化に直面していた。

イスラーム世界における国家構造の発展は、イスラームと政治の両方にかかわっている。エジプトの十九世紀初頭のムハンマド・アリーや、第一次大戦後におけるトルコのムスタファ・ケマル・アタチュルクのような改革を志向する卓越した指導者は、政治体制の改革に大きな役割を果した。改革者たちは、既成の制度を改め、意図的に変革を推進した。過去二世紀半にわたるこれらの変容において、イスラームと政治との関係が中心的なテーマとなっていた。近代化を志向する改革運動と、近代以前のムスリム社会にあった古いもの、すなわち伝統的な制度や慣習との間には激しい緊張関係が存在していた。オスマーン帝国において、一八〇七年、保守・反動勢力の連合が、最も優れた近代主義者であったセリム三世を打倒した。エジプトの保守的なウラマーは、これほど劇的ではないが、教育改革、とくにアズハルの有名なイスラーム大学の改革に抵抗した。このような状況では、西洋化と同一視されがちな近代化勢力と、反近代ではないとしても、前近代とみなされがちなイスラーム的な要素をはっきりと示す勢力との間には、明らかに緊張関係が存在していた。保守主義と伝統主義は、イスラームと同一視され、順応主義と近代化を目指す改革思想は、世俗主義や近代西洋思想と同一視される傾向があった。宗教復興にかかわる行動主義運動は、しばしば近代化の過程を遅らせる要因とみなされ、近代化の敵対者とみなされた。

二十世紀には、イスラームを肯定し再主張する新しい運動が登場しつつあった。これらの運動は、初期のイスラーム運動とは、その構造とアプローチの点において異なっていた。このことは、イスラーム組織の中で重要な新しい形態の運動が出現したことを示していた。一九二八年、エジプトのハサン・アル＝バンナーよって組織されたムスリム同胞団と、一九四一年に南アジアのマウラーナー・マウドゥーディーによって組織されたジャマーアテ・イスラーミーは、これらの新しいグループの初期の重要な例であった(3)。この二つの運動は、保守的な社会層からは支持を得てはいなかった。支持者の大多数は、むしろ近代的な教育を受け、社会の近代的な分野で働く、前近代的な状況への逆戻りを望まぬ人々であった。彼らが望んでいたのは、前近代への逆行ではなく、近代という状況の中で真にイスラーム的な方法で機能する体制の確立であった。

二十世紀の前半、ムスリム同胞団やジャマーアテ・イスラーミーのような新しい形態のイスラーム運動の存在は認知されていたが、それほど強力な運動ではなかった。というのは、政治思想や政治行動の中心的な流れは、ますます世俗的な考え方や政策の方向へと傾いていたからであった。台頭しつつある民族主義運動は、かなり重要なイスラーム的な要素を備えていたとはいえ、民族主義はその構成員と基本的概念においてイスラーム的な用語で明確に表現されていたわけではなかった。さらに、第二次大戦後、ヨーロッパの支配下にあったほとんどのムスリム諸国が政治的独立を達成しようとしていたとき、植民地支配に対する抵抗と急進的な改革の主要なイデオロギーは、西洋型民主主義、社会主義、マルクス主義などに基づいて形成されていた。

ムスリムが大多数を占める独立国家は、主権を有する国民国家の世界への仲間入りを果たした。これらの国々は、急進的な共和制であれ保守的な君主制であれ、基本的に近代の国民国家の枠組みの中でその政治体制を発展させた。(4) こうした発展は、二十世紀後半のムスリム世界の政治状況を決定づけるものであった。ムスリムが国際舞台や国内政治において活動してきたのは、まさに国民国家とみなされる政治的単位としてであった。

こうした大変革において基本となったのは、既存のイスラームの概念や社会構造を、近代つまり西洋の影響を受けた社会・政治的実体にいかに順応させるかという問題であった。こうした過程には、多くの形態が存在した。十九世紀末、エジプトのムハンマド・アブドゥフやインドのアフマド・ハーンのような人々の著作の中に、「イスラーム近代主義」を構築するための知的営みの源を見い出すことができる。イスラーム近代主義は、二十世紀半ばまで多くのイスラーム世界に広く行き渡った神学思想の支配的な様式であった。それはイスラーム社会主義のようなイデオロギーを明快に説明するための柔軟な知的土台となっていた。

制度面においても重大な順応が行なわれた。一九五一年から五二年にかけて、リビアは君主制の独立国家として誕生し、偉大な神秘主義教団であるサヌーシー派の指導者が、新しい「国民国家」の国王となった。スーダンでは、長い歴史をもつ最大の二つのムスリム連合、ハトミーヤ・タリーカとアンサール（マフディー派の信奉者）は、自らを大衆政党へと組織化していった。この二つの政党は、スーダンが一九五六年に独立した際、創設された議会制度の下で実質的な選挙戦を繰り広げた。他の多くの地域でも、同様の改革と、イスラームと一体化した既存の体制に対する順応が起こっていた。政治においてイスラームが果した役割の特徴は、既存の体制と概念を新しい状況にいかに順応させるかということであった。

政治と新しいイスラーム運動

政治におけるイスラームの役割は、一九七〇年代までに、いくつか重要な点で変化し始めた。イスラーム・グループは、政治的共同体の中で単に反動的要素であるというよりは、むしろ政治的変化や政治的発展の新しい担い手として登場した。一九七〇年代、新しく樹立された国民国家の多くの指導者や政府は、深刻な問題に直面していた。民族の独立をめざす闘争時代に存在した夢や希望は、しばしば失望、政治的不安、深刻な経済問題へと変化した。その結果、ムスリム世界の多くの人々は、他の地域の人々と同様に、一般に広く受け入れられているイデオロギーの有効性や妥当性を疑い始めた。困難な時代において、新しい発想の源をイスラームに求める人々が増えるにつれ、新しい形態のムスリム組織が新たな重要性を持つことになった。ムスリム同胞団やジャマーアテ・イスラーミーのようなすでに確立した組織に、新しく形成された多くの組織が加わった。こうした新しい連合は、多くの異なるムスリム国家において、学生や近代教育を受けた若い知的職業人から特に支持されていた。

新しいイスラーム組織は、二十世紀最後の数十年にわたるイスラーム復興において重要な役割を担っている。こうした組織は、行動主義的な要素を持っており、他の組織の働きかけに簡単に応じることはなかった。こうした新しいイスラーム組織の運動は、信頼にたる重要な政治・社会的選択肢や方向性が現われたことを示していた。つまり、これらの運動には、政治過程へのさらなる参加と、社会の一層明確なイスラーム化という、近代教育を受けたムスリムの知的職業人の二つの願いが反映されていた。二十世紀後半の宗教復興と民主化という二つの大きな潮流を、新しい様々なイスラーム組織が結びつけていたのである。

イスラーム化と民主化

イスラーム化と民主化を求める民衆の熱い期待は、現代ムスリム世界における多くの重要な問題の枠組みとなっている。イスラームと民主主義の問題を考察すれば、最も重要な問題は、イスラームと民主主義の両立と、新しい形態の運動がムスリム社会の政治発展において果たす役割であったことは明らかである。既存の体制を近代の条件に適合させようとする昔ながらのアプローチは、今でもそれなりに意味を持っている。しかしながら、ポストモダンの思想や諸制度の時代において、宗教復興と政治発展に関わる最も重要な二つの問題は、新しいイスラーム運動の力量と、真のイスラーム化や民衆の政治参加の要求を実現するために必要となるイスラーム伝統の中にある民主的要素である。したがって、本研究は、古い型のムスリム組織や諸制度の役割にも目を向けるが、主に新しい形態のイスラーム組織の役割と、その組織が民主化の過程や経験にどのように関わってくるのかという問題に焦点を合せることになる。

この議論の出発点となるのは、民主化プログラムに役立つ概念やイデオロギーの源がイスラームの伝統の中に含まれているかどうかということである。すべての主要な世界観や宗教的伝統と同様に、イスラームも、絶対主義や社会階級の根拠となるだけでなく、自由と平等の基礎となる実に多様な潜在的シンボルや概念を備えている。しかしながら、非ムスリムの多くが、イスラーム伝統の中に民主主義の概念やイデオロギーの基礎があると信じていないのが現状である。それゆえ、イスラームの中にもともと存在している民主化の概念を検証することが一層重要となる。イスラームには、平等な政治参加という思想や概念、また法に基づく反対という概念が含まれている。イスラームのこうした思想や概念についてのかなり徹底した議論をすることなしに、現代世界におけるイスラーム運動の目的や計画を理解することは難しい。

イスラームの伝統だけを他から切り離して考察すべきではない。ムスリムの経験は、ギリシアやキリスト教の伝統の上に築かれた政治体制の発展と多くの重要な類似点を有している。イスラームと民主主義との関係は、民主化という世界的潮流と、ムスリム固有の概念や経験の両方を考察することによって最もよく理解できるのである。本書の一章と二章では、イスラームの伝統の中にある民主化と近代における「反対」という概念の根拠となっている基礎的概念を考察しながら、これらの問題を検証していく。こうした議論により、現代ムスリム世界の主な政治発展の核となっているイスラーム運動の原理や実践の状況を考察することが可能となるのである。

ムスリム世界における民主化は、既存の国家体制の枠組みの中で生じている。二十世紀前半に帝国主義と民族主義との政治的駆け引きによって成立した国境は、驚くべきことに、依然として一九九〇年代の危険な政治的紛争地帯の境界線ともなっている。あるイスラーム運動が国家の境界を越えて広がったとしても、新しいイスラーム運動の活動領域、リーダーシップ、アイデンティティを確定する際にきわめて重要なのは、独立した「国民国家」の国境である。エジプトで誕生したが、その名称や共有される伝統の意味が国境を越えて広がったムスリム同胞団のような特殊な場合では、エジプトのムスリム同胞団、スーダンのムスリム同胞団、シリアのムスリム同胞団と呼ばれ、実際そう呼ぶ必要がある。同様に、ジャマーアテ・イスラーミーについても、パキスタンのジャマーアテ・イスラーミー、バングラディシュのジャマーアテ・イスラーミー、アフガニスタンのジャマーアテ・イスラーミー、インドのジャマーアテ・イスラーミー、カシュミールのジャマーアテ・イスラーミーと呼ぶ必要がある。なぜなら、確かにこれらの運動は、ムスリム同胞団のハサン・アル＝バンナーやジャマーアテ・イスラーミーのマウラーナー・マウドゥーディーのように、共通の創設者を戴いてはいたが、国家の状況が異なれば、新しいイスラーム運動の目的や方法において違いが生じるからである。

二十世紀末の民主化のプロセスを検証すれば、いかに国民国家の境界線が永続的な重要性を持っているかがわかる。非ムスリム地域において、民主的革命が一国の政治体制を終わらせ、結果として新しいより大きな国家（統一ドイツ）の創設をもたらしたのは、ドイツだけであった。ユーゴスラビアやソ連で見られたように、国家の崩壊は、元の古い国民国家を引き継ぐよりも、むしろ新しくより小さな国民国家を形成する傾向があった。これはイスラーム世界にも当てはまることである。イランにおいて、イスラーム革命運動が君主制を転覆させたとき、革命が拡大するという見方が広まった。しかしながら、南部イラクの反政府シーア派ですら、一九八〇年代のイラン・イラク戦争に乗じて決起し、イスラーム革命に加わることはなかった。「国家的」一体感は想像以上に強固なものだったのである。したがって、新しいイスラーム運動の経験や、イスラーム運動と民主化過程との関係を検証するとき、こうした事例は、既存の国民国家体制の経験と国境によって説明されるべきである。国境を越えた行動主義的運動は、認知されることもほとんどなく、大衆に訴える力も弱い。特に重要なことは、既存の政治体制をイスラーム化しようとする「国家的」レベルでの運動である。

経験の多様性

ムスリム世界では、宗教復興と民主化の両面において、幅広い多様な経験が存在している。国家や社会はそれぞれ、他のムスリム社会と共通する特徴だけでなく、固有の歴史を持っている。共通の特徴や固有の要素を見い出すためには、多くの異なる政治的状況や様々な新しい形態のイスラーム運動が、こうした状況においてどのような働きをしているのかを検証することが重要である。一九九〇年代に存在する新しい形態のすべてのイスラーム運動について完全な事例研究を一冊の書物にまとめるのは難しいことである。(5) しかしながら、いくつかの事例は多様なイスラーム経験に重要な洞察を与え、そのことがイスラーム復興と民主化との関係をより広く理解するための基礎となる。

イスラーム復興と民主化との関係が次第に展開していく中で、新しいイスラーム運動の役割を理解するのにきわめて重要な要素がいくつかある。第一の要素は、イスラーム運動が出現したとき、合法的であったか非合法的であったかということであり、さらにその合法性が時間の経過とともにどのように変化していったのかということである。第二の要素は、新しい運動が既存の政権に対してどの程度行動主義的で革命的反対の態度を採っていたのか、あるいはどの程度協力的であったかということである。第三の重要な要素は、新しい形態の運動に対する統治者の態度である。つまり、既存の政権がイスラーム運動を抑圧しようとしたのか、あるいはイスラーム運動に平和的な政治参加の機会を多少なりとも与えていたかということである。これら三つの基本的要素が枠組みとなり、その中で、イスラーム運動が国家組織や既存の政治体制と相互に作用している。このような相互作用は、イスラーム復興と民主化との関係を多面的に理解するための鍵となる。

イスラーム行動主義運動は、イランとスーダンという二つの国において政権の座に就いている。イランにおける政権獲得のプロセスは、政治体制の西洋化を進める独裁主義者の打倒を伴った民衆による革命であった。スーダンにおいては、イスラーム運動は、あるときは議会制における反対政党として、またある時は軍事政権に抵抗する地下組織として、つねに変化するスーダンの政治体制に様々にかかわってきた。この二つの事例は、戦闘的で革命的なイスラーム運動の端的な例としてたびたび示されてきた。イランとスーダンについて議論することは、二十世紀末のイスラームと民主主義を研究する上で必要不可欠なことである。

イランやスーダンにおいて、革命的対立により、新しい政治体制が誕生したのとは対照的に、他の多くの地域では、イスラーム運動はなるほど存在し活動を行なっているが、単に政治体制の一翼を担っているに過ぎない。しかし、イスラーム運動が政治に関わることによって、その国の政治体制の形成が促進されているのである。こうした状況は、イスラーム運動のもつ政治活動のより多元的な形態をあらわしている。これらの国家においては、イスラーム運動が反政府の立場を採っていたときも、政府によって合法的に認められ受け入れられてきた。イスラーム運動が既存の政権とうまく関わってきたこうした事例を検証することなしに、二十世紀末のイスラームと民主化について議論を進めることは不可能である。パキスタンのジャマーアテ・イスラーミーやマレーシアのマレーシア・イスラーム青年運動（ABIM）の経験は、この種の事例がいかに重要であるかを示しており、本書では、こうした事例についても詳細な検証を行なう。

第三の経験は、新しい形態のイスラーム運動が非合法であり、既存の政治体制に対して革命的反対を継続的に行なっている場合である。多くの国が、イスラーム復興を積極的に主張する運動を非合法的なものとして弾圧している。シリアでは、ムスリム同胞団は、一九八〇年代の初頭、政府によって弾圧され何千人もの人々が殺害された。モロッコでも、イスラーム主義を明確に表明することは制限されてきた。トルコでは、近年、イスラーム的傾向を帯びた政党がいくらか成功を収めてはいるが、政党の綱領に正式にイスラームを掲げることは非合法とされている。しかし、時にその活動が非合法とされる新しい形態のイスラーム組織の中で、最も重要で顕著な事例となっているのは、アルジェリアとエジプトのイスラーム運動である。両国におけるイスラーム運動は、既存の政権の政治過程に参加することを選択した。エジプトでは、戦闘的なグループの中に暴力による国家転覆を唱えるものもあった。しかし、最大の新しい形態の組織であるムスリム同胞団は、たとえ合法的な組織として認められていなくても、エジプトの民主的な体制の中で活動し、時に民衆の支持を得ていた。アルジェリアでは、民族解放戦線による政権が開かれた選挙を実施せざるをえなくなったとき、大勝利を収めたのは、イスラーム運動であるイスラーム救国戦線であった。しかしながら、イスラーム救国戦線は、選挙後新政権を誕生させる前に、アルジェリア軍の介入により政権を手中にすることができなかった。一九九二年初頭の軍事介入以来、イスラーム救国戦線は軍事政権に対する革命的反対勢力となった。

これらの三つの主要な経験は、いかにイスラーム世界が多様であるかを示している。こうした経験の多様性は、イランやスーダンにおいて政権の座についているイスラーム主義者から、既存の政権に積極的に関わっている新しい形態の運動(マレーシアやパキスタン)、そしてアルジェリアやエジプトでのように、イスラーム運動が非合法であり、時には激しく弾圧されている反対勢力の場合までと多岐にわたっている。これらの事例を検証することにより、すべての可能性を包括的に検証できるわけではない。しかし、こうした多様な事例は、現代におけるイスラームと民主主義との複雑な関係を理解するのに重要な視点を与えてくれる。イスラーム運動を単に拒絶主義や革命的反対運動として考察するだけでは不十分である。イスラーム運動が既存の体制の中で異質な組織としてどのように活動を行なってきたのか、権力の座に就いた結果がどうなったのか、これらについて知ることもまた重要である。

我々は先ず、イスラームの経験の中で示された民主主義にかかわる共通の潜在的諸要素についての議論を行ない、次に、異なる環境の中でイスラーム運動がどのようにこれらの諸要素を利用してきたかを検証する。こうした方法によって、イスラームと民主主義、イスラーム化と民主化との間の一般的な関係を示すことが可能となる。本書が、二十世紀末の宗教復興と民主化という地球規模の現象に対する洞察を深めることができれば幸いである。

第一章　イスラームと民主主義

イスラームの遺産と世界情勢

ムスリム世界におけるイスラーム復興と民主化の要求は、大きく変化する世界情勢の中で生じている。世界の多くの国々で、宗教復興と民主化の要求が同時に起こっており、この二つの要求は現代の世界情勢において最も重要なテーマであるとみなされている。地域や国家、地域文化に根ざしたアイデンティティが依然として著しく強い一方で、テクノロジーが世界をより密接に結びつけている複雑な世界環境の中で、固有の共同体的アイデンティティの高まりや民衆の一層の政治参加の要求が起こっている。社会や政治が劇的に変化する中で、それぞれの社会には変わらぬ固有の性質と傾向が存在している。こうした固有の性質と傾向を理解しようとするならば、世界が経験している枠組みの中でイスラーム社会の立場を考察する必要がある。

民主主義を求める要求や願望は、現代世界の至るところで見られる。主だった政治指導者や政治運動の中で、自らを「反民主的」であると認めているものはない。近年、ブラジルのある人々から君主制の復活が提唱されたときでさえ、王権神授説を信奉する絶対君主制を復活することは、君主制主義者の間でも事実上まったく支持されなかった。それどころか、君主制主義者は「大統領君主制」を提唱し、現在のスペインの君主制と同様の体制が必要であると主張した。(1)「二十世紀末における最も重要な世界的政治発展」は、おそらく民主勢力を支持する運動が世界中で出現し、多くの国々で成功を収めたことであると多くの人々が認めている。(2)

公然と民主主義に反対したり、自らの計画を非民主的であると進んで主張する人々は、テキサス州ウェーコーの「ブランチ・ダビディアン」やイスラエルの超正統派ユダヤ教集団の一派のように、たいていは宗教・政治組織の周辺的なセクトか過激なグループに属する人たちである。「民主主義」という言葉は、自分たちの伝統や社会では受け入れられない外来語であるとして拒絶する主流派に属するグループもいくらか存在する。というのは、彼らには、民衆の政治参加や自由の権利を表現するのに、もっと適切で固有の概念があるからである。しかしながら、世界政治に関心をもつ多くの人々は、政治参加、自由、平等に対する自分たちの夢を「民主主義」という言葉で表現しているのである。

近年の民主化は、社会生活の中で最も重要な一面となっているグローバリゼーションという状況の中で起こっている。一般の人々が消費する食物から強大な権力者が決定する政策上の大問題まで、現代世界においては、国家的な出来事であれ日常的な出来事であれ、あらゆる事柄がコスモポリタン的な性質を帯びている。企業は、その規模に関わらず投資や事業の展開を決定する前に国際情勢を考慮する。コミュニケーション・ネットワーク、ファックス機器、テレビ衛星ディスクは、あらゆる種類の相互作用をほとんど瞬時に可能にする。特異で偏狭な主義主張に囚われている急進的な過激派の世界でさえ、お互いのつながりや相互作用においてはコスモポリタン的である。戦闘的な分離主義者が、他の戦闘的な分離主義者と協力しあうことにより、革命思想はますます類似性を持つようになった。テロリズムの複雑なコスモポリタン的な性質は、一九九三年一月、ニューヨークの世界貿易センター爆破事件に関わった人々の背景にはっきりと映し出されている。彼らの中には、アフガニスタンの反ソビエト革命に参加した者もいれば、パレスチナ組織に関わっている者もいた。また、ニュージャージー州のモスクで指導的なエジプト人導師と関係があったと言われる者もいたのである。

現代世界の中で、地球規模で活動しているのは政府や国家だけではない。様々な国際的な出来事が、現代世界が大きく変化する中で、「国家」間の壁を越えて起こっている。世界経済の分野では、少数の巨大な「多国籍」企業が支配していた以前の状況から、高度な双方的ネット商取引へと移ってきた。こうした状況では、「国家」の境界はその重要性を急速に失いつつある。それは地方の小さな企業においても同様である。文化・教育機関でも、本来の業務を遂行するためには国際的活動が必要不可欠であるとますます見なすようになった。例えば、ニューイングランドの小さな州立大学、メイン大学は、「ブルガリア・アメリカン大学」を設立するためにブルガリア政府と折衝している。こうしたことは、世界中にマクドナルドが次々と広がっていくのと同じようなもので、とりわけ注意を引くことではない。個人もまた、電子コミュニケーションや他の地球規模のメディアを通して、一九七〇年代には、とても考えられなかった方法で、世界中で個人的なつながりを可能にしている。

発言権を求める運動とアイデンティティ

地球規模で人類の置かれた状況が変化する中、政治参加と固有のアイデンティティを求める要求は相互に関連しあいながら一層の高まりをみせている。これら二つの要求は、巨大でコントロールできないような諸制度が発展する過程で、少しでも自分たちの意向を反映させようとする個人や集団の努力をあらわしている。一九七〇年代初頭、ある研究者は社会生活においてグローバリゼーションが進行すれば、逆に小規模の共同体が互いに結びつくのは当然だとする強い傾向が生まれることをすでに指摘していた。ズビグニュー・ブレジンスキーは、特にこうした傾向が政治単位としての国民国家の存続可能性にどのような影響を与えるのかという点に注目して考察した。彼は、「自らの属する国民国家がもはや歴史的必要性を持たぬ」国々において、新しい形態の共同体としてのアイデンティティが主張されていることに注目した。「新しい形態の共同体は、より高度に発達した社会、すなわちヨーロッパや他の一部地域での〔共同市場〕協定ではもはや当然のこととなっている。一方、発展途上の社会では、世界の大都市に特有の人口集中と人口爆発の問題を克服するために、言語や宗教に基づく、より密接な共同体が求められている。(3)」こうした分析は、二十年以上前に書かれたものであるが、人間社会における地球レベルと地域レベルの間での複雑な相互作用と緊張関係が、二十世紀最後の四半世紀にどのように展開するのかという点に注目していた。民主化と世界的な宗教復興のプロセスはいずれも、一九九〇年代の世界を特徴づける一連のこうした複雑で変化しつつある人類の経験の一部をなすものである。

民主化とは、世界各地でますます多くの住民が政府や政治に対して一層発言権を求める運動である。管理や支配の構造がより複雑になるにつれ、一般に「民主的」であると見なされている国家においてさえ、多くの人々の間にますます周辺に置かれているという意識が広まった。二十世紀に入り、政府機能が拡大するのに伴って、行政はハイテク化され、官僚機構は巨大化した。こうしたテクノロジーの進歩により、伝統的な専制国家は比較的容易に、共産主義であれ資本主義であれ、権威主義的独裁国家に変貌しえた。また旧態依然とした民主共和制の指導者が、世論を操作し参加型政治が無意味であるという意識を大衆に植えつけるような支配者へと変貌することもあった。世界のあらゆる場所で起こっている社会の近代化と情報のハイテク化は、技術的に検閲不可能な情報へのアクセスをますます多くの人々にもたらした。第三世界だけでなく先進国においても、「国民の手の届かない」、あるいは抑圧的に思える巨大な支配体制に対して、より一層の敵対心が強まっている。また、表面的には民主的国家の形態をとっている権威主義体制下においても、資本主義であれ共産主義であれ、人々はより一層の政治的発言権と政治参加を要求しはじめている。こうした政治変動なしには、民主化の運動とあらゆる種類の支配構造の変容は起こり得なかったのである。

理論的には、人々の政治参加を認め、政治的発言権の拡大に対する期待を民衆に与える方法はいくつも存在するかもしれない。しかしながら、二十世紀の終わりに、これらの願望を表現するのに、最も広く認められていた方法は、民主主義を求める要求であった。世界中の民主的革命や運動の基礎となっているのは、民主主義から連想される豊かな概念やイメージなどの遺産である。今日では、民主主義の言説は、あらゆる社会において、政治の最も有力な言説となっている。いかに独裁的な支配者であっても、民主主義の言葉を用いて語らざるをえなくなっている。この言説は、民主主義のもつ遺産が複雑なために議論の的となっている。

数年前、W・B・ガリーは、「民主主義は本質的に異論の多い概念」であると語った。このことについて彼は次のように述べている。「[民主主義の概念]をめぐる論争があるが……これらの論争は、純枠に理論的なものである。つまり、民主主義とは何かについては、いかなる議論をもってしても答えを得ることは出来ないが、それでも説得力のある議論や根拠によって立証されるべきである。私が民主主義には本質的に異論の多い議論が存在すると言ったのは、真にこの意味においてである。すなわち、民主主義の概念は、それを正しく使おうとすれば、必ず使う側に正しい使い方とは何かという際限のない論争を引き起こすことになる。[4]」さらにガリーは、この本質的に異論の多い概念がどのように扱われているかを認識することの重要性を指摘した。「民主主義の既定の概念を本質的に異論の多いものとみなすことは、(こちら側を否定するような)相手の概念の使い方を単に論理的に可能だとか、人間的に(ありそう)だとするだけではなく、民主主義の概念が自分なりの使い方や解釈に対して批判的な価値を永続的に持つものとして認めることである。それに対して、相手方の使っているあらゆる民主主義を、偏執的で、愚かで、呪われた、常軌を逸したものだと一方的に見なせば、多くの場合、相手方の価値を過小評価するか、全く無視するかという人間が犯す危険な罠につねに陥ることになる。[5]」近年の世界情勢において、民主主義を支持する多くの人々が、民主主義を本質的に異論の多い概念であると未だに認めていない。その結果、彼らは民主主義について異なる解釈を行なう人々を「偏執的で常軌を逸した人」とみなす。それゆえ、他の解釈の有効性を過小評価する危険性を招くことになる。

こうした特徴は、とくに西欧やアメリカでみられる民主主義の形態を支持する人たちに見受けられる。彼らは、自分たちだけが正統な民主主義の伝統を継承していると信じ、それゆえ、民主主義を作り出そうとする他のいかなる努力も、偽りであり非民主主義的なものであると見なしている。

西洋の多くの人々は、例えば「イスラーム民主主義」という概念を忌み嫌っている。しかし、こうした態度が、イスラーム世界で台頭している様々な運動の強い主張を理解するのを一層困難なものにしている。多くの根源的な意味において、民主主義は本質的に異論を伴う概念であるからこそ、現在のイスラーム復興運動の中に存在する民主主義の概念を理解することが重要なのである。こうした点を理解することは、イスラーム復興を脅威と考える人々にとっても、民主主義の相対立する定義を理解する上で重要なことである。とりわけ、イスラーム復興を脅威と考える人々にとっては一層大事なことである。なぜなら、三十年前にガリーが語ったように、西洋民主主義を支持する人たちもまた、民主主義について他者から何かを学ぶことができるかもしれないからである。現代の世界情勢において、民主主義ほど重要な概念を狭く偏って理解することは、長い間かけて定着した西洋的民主主義制度にとっても危険なことであり、その発展性を損なわせることにもなる。

高まる民衆の政治参加と政治的発言権を求める運動は、固有のアイデンティティ、すなわち真の共同体を求める要求とともに起こっている。共同体的アイデンティティの真正性や正統性を主張する方法には様々な形態が存在する。ある地域では、こうした主張は、固有の文化、言語、民族的遺産から生じている。他の地域では、宗教的メッセージや伝統が妥当なものであるという主張となり、それは近年のいくつかの世界的な宗教復興という形で現われている。最も広い意味では、これらのすべての運動は、近代化により最終的に世界の中に基本的に類似した集団からなる均質的な社会が作り出されるという旧来の仮説に対する反証となっている。こうした仮説が形成されたのは、とくにアメリカにおいて、十九世紀末、大量の移民を積極的に受け入れた経験から、アメリカは異なる社会や文化をもった民族が一つに混ざり合い、均質的なアメリカ市民へと変貌させる巨大な「るつぼ」とみなされたからであった。しかし、一九六〇年代頃には、アメリカ社会に「溶け込もうとしない」一部のエスニック集団が存在していたことはすでに明らかであった。(6) 一九九〇年代頃には、基本的な共同体的アイデンティティの主張は明らかに世界情勢の重要な要因となっていた。多くの人々には、これは間違いなく理性を持たない「野蛮」な時代への誤った逆戻りに思われた。例えば、旧ユーゴスラビアにおける過度の「民族浄化」に見られるように、こうした見方はいくらかの真実を含んでいる。しかしながら、共同体的アイデンティティの主張はまた、ジョージ・オーウェルの古典的名著『一九八四年』の中で恐れられた近代化に伴う巨大な機構への強制的同化と近代世俗主義のもつ不道徳的な合理主義がポストモダンでは明確に拒絶されていることをあらわしている。こうした拒絶は、小規模な民族主義運動の枠を越えて宗教復興という世界的現象の中で生じている。

民主化の要求に加えて、二十世紀末の歴史において最も重要な変化は、「宗教や宗教に類似した関心(7)が人間活動のグローバリゼーションという状況下で、ほとんど世界的に発生していることである。しばしば、こうした事態は、「原理主義」運動という宗教復興を積極的に擁護する結果となった。「『原理主義的』な復興運動の枠組みの中で、(地方、民族、国民、文明、地域に関わる)固有の主義主張を推し進めることは、決して「グローバリゼーションの過程に対する」反証とはなっていないことに気づくこと」が大切である。(8) ……近年、世界は一つであるという考え方が一層広まる状況の中で、世界的に固有の思想を主張する流れが生じている。このような原理主義運動の中には、単に反動的で時代錯誤的なものもあるかもしれないが、「いくつかの原理主義運動は——たとえしばしば戦闘的であったとしても——『文化共存的』で、多元主義的を多少なりとも認める世界普遍主義にとって、新しい形態の固有の社会的アイデンティティをまさに提供していると考えてよい。[9]」

民主化とアイデンティティの主張という二つの大きな流れは、世界現代史の中で同時に起こっている極めて重要な部分である。人間の行動や経験がますます世界化される状況の中で、民主化の流れは政治的発言権獲得の要求へと、そしてアイデンティティの流れはアイデンティティ確立の要求へと、それぞれつながった。世界の各地域で、地域固有の条件がこの二つの流れを具現化しており、それらの条件は、時に相補的であり、時に対立的であった。各地域は固有の発展を遂げているが、その発展は世界情勢に影響を及ぼすだけでなく、また世界情勢の影響を受けているために、それぞれを独立して考察することはできない。

ムスリム世界では、重要なイスラーム復興がはっきりした形で生じている。こうした宗教復興による信仰やアイデンティティの肯定は、社会生活のあらゆる側面において大きな力となっている。そしてそのことは、政治や政治権力といった注目を集める領域だけでなく、衣服や変化する社会の生活様式、芸術の領域にも反映されている。このようなイスラーム復興と同時に、政治体制における一層の民衆参加の要求が高まっている。

ムスリム世界のほとんどの政府は比較的権威主義的である一方で、西洋の世俗的なモデルを用いて近代化の計画を推し進めようとしている。反対政党は、たしかに一部の国では名目的に容認されているが、現実に反対政党が選挙に勝利し政権を取るだろうと想像される国はほとんど存在していない。一九五〇年のトルコ総選挙での事例のように、反対政党が実際に選挙に勝利し政権を樹立するようなことは、他のムスリムの国々では再び起こらなかった。反対政党が政権を獲得することなど、伝統的体制においても、チュニジアのハビーブ・ブルギーバによるより自由で世俗的な体制でも起こらなかった。このように、反対政党が政権の座につけない以上、政治や近代化に対する世俗的な計画を推進するのは、権威主義的な政治体制にほかならなかった。

こうした状況下では、近代化とイスラーム復興は、多くの国々において、必然的に互いに補い合う力となっていた。イスラームのアイデンティティとイスラームの遺産を再肯定することが権威主義体制に対する最も効果的な反対となった。それに比べて、他の反体制のイデオロギーが人々に訴える力ははるかに弱かった。ますます多くの住民が最低限度の教育を受けるようになり、世界のメディアと接するようになれば、政治過程により多くの民衆が参加できる開かれた政治にせよという圧力が増大することになる。しかし、このようにして、新たに政治に参加するようになった人々が、西洋教育を受けた世俗的エリートと同じ考え方や世界観を持つとはとても考えられない。

民主化は、ナショナリズムがかつてそうであったように、社会の変動に左右されやすい。五十年ほど前、H・A・R・ギブは、「西洋的な色彩を帯びたナショナリズムは、西洋思想に直接かつ密接に触れた一部の知識人に限られたものである。ナショナリストの考えが民衆に広がるにつれ、それは積年のムスリム民衆の本能と衝動の力によって変容したが、それは必然的な変化であった」と指摘した。(10) ちょうどナショナリズムを支持する母体がムスリム民衆であればあるほど、その方向性は一層イスラーム的になるように、民主化に民衆が参加すればするほど、民主化は世俗的なものではなくなり、真の民主主義的な運動となる。このように、ムスリム世界の民主化を求める力は、イスラーム復興をより強力なものにしているのである。

民主化と政策

民主化とイスラーム復興との関係は複雑で、現代ムスリム世界の政治変動における極めて重要な要素である。より一般的な言い方すれば、この二つの過程には、民衆の政治的発言権の獲得と共同体的アイデンティティの肯定とが含まれている。これらの願望を一つ一つ詳細に定義し説明しようとするならば、いかにイスラーム世界が多様であるかが明らかとなる。イスラームの再肯定と政治の民主化を支持する様々な形態が、イスラーム世界のいたるところで見られる。西アフリカから東南アジアにいたる広い地域において、ムスリムは、こうした努力を既存の共和制、君主制、権威主義的独裁制の中で、また多元的社会でも比較的均質的な社会でも、さらには豊かな国でも貧しい国でも行なっている。

民主化と宗教復興についての様々なムスリムの経験はどちらも、より広がる現代の世界的状況と同時に、イスラームの歴史や伝統といった豊かなイスラームの遺産の中で生じている。

世界的に見れば、「民主主義」の定義は、欧米の政治伝統の重要な要素と密接に関わっている。多くの社会科学者にとって、西洋の経験は、民主主義を定義する際の基礎となっている。この意味において、著名な学者ジョバンニ・サルトーリが、「西洋の経験を語るとき、重要な言葉は『西洋』なのかそれとも『経験』なのか。民主主義への非西洋的な道はありうるのか」という問題提起を行なったことも首肯できる。(11) サルトーリのその問いに対する答えは、第三世界の民主主義や「民主主義を輸出する」可能性についての彼の議論を見れば明らかである。「第三世界のほとんど、特にいわゆる発展途上国に民主主義という言葉を当てはめた途端、その基準があまりにも低くなり、民主主義という言葉が適切なものであるか疑わしくなる……ウッドロー・ウイルソンが語ったように、民主主義は最も困難な政治形態である。したがって、我々は『完全』な西洋型民主主義を輸出することなど望むべくもない。反対に、新興諸国や発展途上諸国が、西洋の民主主義が到達した達成レベルから出発することなど不可能である。[12]」このようなことは、現代の専門家が共通して「民主主義」を西洋の経験と同一視し、西洋型民主主義をあらゆる社会が模倣すべき適切なモデルとみなしていることの明らかな例である。このような視点から、学者たちは依然として西洋から他の世界に「民主主義を輸出する」際の可能性を検証し[13]、なぜウエストミンスター・モデルがアフリカで失敗したのかということ[14]」を探究しつづけているのである。

西洋の伝統においてさえ、民主主義は本質的に異論の多い概念である。イギリスやフランスで発達した複数政党制による選挙や議会制度は、民主主義の唯一のモデルとして広く一般に受け入れられてきたわけではなかった。例えば、フランス革命の際、バブーフ主義者はヨーロッパの政治に長い間影響力を及ぼした重要な「議会制ではなく国民投票による」民主主義の形態を発展させた[15]。西洋における他の重要な伝統と言えば、マルクス主義によって提供されたものであった。「マルクスは、民主政体が資本主義社会の中では本質的に発展しないものであると信じていた。……ポスト資本主義国家は、議会政治体制と類似点を全く有してはいない。議会は被支配者とその代表者との間に、本来あってはならない障壁を作り出している[16]。」結局、マルクス主義者による政治的代替案は、実際には様々な形態を採っていた。そのほとんどは、原則的に、サルトーリの分析の中で示唆されたモデルやアメリカの政策立案者によって主張されたモデルとは全く異なる西洋の民主主義モデルであった。

政治や政治的言説のグローバリゼーションが一層進行するにつれて、論争の場は一層広がっている。民主主義が西洋の構築物として見なされるかぎり、民主化のプロセスは地域固有の共同体的アイデンティティの主張と衝突することになる。西洋の思想や制度の枠組みの中だけで、より多くの民衆の政治参加を概念化しようとすれば、西洋民主主義を支持する人たちは文化帝国主義という攻撃にさらされることになる。このように、民主化は、新しい宗教的共同体へのアイデンティティを主張する者からは、外来のまがいものの制度や規範を社会に導入する過程であると見なされるのである。したがって、民主主義の定義をめぐる論争は、「外来の」と「真正の」との間の論争へと広がっていくことになるのである。

ムスリム世界では、こうした論争において、民衆のより一層の政治参加を求める要求と真正のイスラーム国家を樹立しようとする願望とに適った方法で、「イスラーム民主主義」をどのように定義するかという問題が提起されている。イスラームに則った民主主義を定義する上で、二つの複雑な問題がある。一つは、西洋民主主義に対する解釈がいくつも存在し、しかもその解釈が変化しているということである。もう一つは、現代のイスラーム世界においてダイナミックで多様なアプローチが存在していることである。世界中のムスリムは、西洋での民主主義についての論争を意識し、少なからずその影響を受けている。したがって、イスラーム復興と民主主義との関係を理解するためには、これらの二つの要素を少なくとも簡潔に検証しておく必要があるのである。

民主主義の西洋的定義

西洋の多くの学者や指導者たちが、欧米以外の「民主主義」について語る時、その言葉の意味や権威主義体制に代わって「民主主義」を確立するために必要な制度について、意見の一致があるように思われる。世界的に民主化がはっきりとした形になり重要な勢力となると、アメリカの政治指導者たちは、民主主義を発展させるための援助を盛んに口にした。しかしながら、こうした議論に沿って支援を決定する際に、アメリカの指導者が特定のモデルを思い描いていたことは明らかであった。ソ連の崩壊が始まった時、ジェームズ・ベーカー国務長官は、一九九一年九月、モスクワで開催された全欧安保協力会議（CSCE）の演説の中で、「民主主義の時代」について語った。その中で彼は、複数政党制や自由選挙だけでなく、少数派の権利に関するジェファソニアン・デモクラシーの理解を含む、五つの基本原則をソビエト市民とその指導者に提示し、その原則に従うように促した。[17]

同様に、アフリカの民主主義に対するアメリカの援助が議論された際に、いくつかの基本的原則が民主主義の本質であるとして強調された。ここでも、複数政党による選挙は民主主義を説明する基本的要素の一部とされた。アメリカは「こうした［必要な］民主主義的基盤の促進」に直接財政援助を行なうという約束をしていた。このことに関して、西洋流の出版の自由だけではなく、「民主的な労働組合、文学や文化グループ、弁護士協会、女性協会、伝統的な人権監視人グループ」をもつ「市民社会」の創出に関わっていたアフリカ問題担当の次官補ハーマン・J・コーエンは次のように述べ、アメリカからの二種類の援助を確約していた。

一つは、民主化のプロセスを開始するための必要な援助である。つまり、自由で公平な選挙と複数政党制を発展させるための援助である。……しかし、……我々は、それ以上の援助を行なう覚悟であり……「ガヴァナンス（統治）」に対して一層の援助を行なうつもりだ。ガヴァナンスとは、民主主義を機能させるために人々に政治参加の機会を与え、国民が自己の責任を果たすことを可能にする全てのプロセスである。それは市民の連帯であり、独立した司法制度であり、民主主義を機能させ、政府権力を抑制する出版の自由なのである。(19)

ダンフォース・クエール副大統領は、「アフリカには、唯一無二の民主主義モデルなど存在しない」と述べた。彼は続けて、「大統領制、議会制、比例代表制、小選挙区制――これらの全てを我々は尊重する」と述べた。(20) 伝統的な西洋モデルを民主主義的な制度と呼ぶ傾向があるが、これらの諸制度は、必ずしも現代西洋における多様な民主主義の形態をあらわしているわけではない。しかし、実際は、こうした多様な民主主義形態の中に、アフリカの伝統と調和する可能性のある「反」民主主義的なものではない「合意による」民主主義が含まれている。(21)

クリントン政権はまた、「民主主義を海外に広めること」はアメリカの外交政策の三つの重要な柱の一つであると言明していた。ウォーレン・クリストファー国務長官の言葉を借りれば、「これは、世界を変えつつある民主主義という世界的革命を促進することであった。民主主義の促進を支援することは、我々にとって最も根源的な価値観を最大限に尊重することになる。さらにこのことは、我が国の安全保障の戦略的投資を行なうことにもなる。(22)」クリストファーが、ロシアの民主主義を支援するアメリカの提案の中で、「交換プログラムを通して、若いロシア人たちが西洋を訪れ、民主主義や市場の仕組みに触れることができる」と述べたことは、彼が世界的な民主化をアメリカのモデルと同一視していることをはっきりと示していた[23]。民主主義の支援を提案した新国務次官である前上院議員ティモシー・ワースは、「草の根的レベルで輸出できるたくさんの小さな民主化プログラムが必要である」と述べていた[24]。換言すれば、民主的な諸制度は世界の民主化を強化するためにアメリカから「輸出」されるものと考えられていたのである。

こうした議論においては、アメリカの民主主義モデルは効果的に機能しており、このモデルの主な特徴については意見の一致があるということが強く示されていた。世界の民主化の経験において、アメリカの政策立案者が唱えた西洋モデルはすでに定着しているという見方は重要な意味をもっていた。民主主義の定義をめぐって議論する際、本来西洋モデル自体も議論の対象となるべきなのだが、西洋モデルが民主主義の明確で具体的な基準となっているために、議論の内容は、個々の基準の中身ではなく、「外国のモデル」を採用するのが妥当であるかという問題となってしまうのである。こうした議論がイスラーム世界における民主化に対してどのように影響するかは、クリントン大統領の今後の外交政策の方針を分析することによって明らかになろう。クリントンがローズ奨学金を受けていたということを想起して、専門家は次のように論じた。

奨学金制度はさておき、一人の人間としてのローズは、苦い植民地時代の記憶を思い出させてくれる。彼は「より高等な人種」には民主主義を、「より低級な人種」には奴隷労働を主張した。民主主義が中東で叫ばれると、多くの西洋の専門家は、突然現代版のローズに姿を変えた。彼らはイスラーム原理主義の革命性を取り挙げ、イスラームと民主主義は両立しないという全く検証されていない仮説を主張しているのである[25]。

これらの「外交政策」をめぐる議論は、西洋一般、とりわけアメリカで起こっている難解な論争とは区別される傾向がある。こうした論争が存在することは、欧米の望ましい民主主義モデルがもつ固有の特徴について、明確な意見の一致など全く存在していないことを示している。こうした議論は同時に、民主主義をイスラーム世界の伝統的な概念から定義するための多くの可能性があることを示している。

この際、論争点となるのは、合意と多数決原理の相違についてである。西洋民主主義モデルを標準的に概念化する場合、選挙と多数決原理に重点が置かれる。しかしながら、「世界的には、合意による民主主義は、今なお多数決原理による民主主義以上に一般的なものである……西洋社会においてさえ、合意による意思決定は、我々が普通理解するよりもはるかに一般的なものである。というのは、形式的には多数決の手続きを取っても、実際は、こうした合意による意思決定がなされることがしばしばであるからだ。[26]」政党に関する議論の中にも、標準的な西洋モデルの場合と同様の相違がみられる。一九九二年のアメリカの大統領選挙において、政党が有効に機能していないことが広く認識された。多くの人々が、多党制に対する様々な案を熱心に唱えた。インターネットによる国民投票制度を含め、国民の意思決定過程における様々な制度変更を提案したロス・ペローは、約二〇%の投票を獲得した。このことは、民主主義制度における政党の役割について、無視できない多様な意見があることを示している。アメリカ型の複数政党制による選挙こそ、世界の他の政治体制が「民主主義的」であるかどうかの判断標準であるとアメリカが公然と主張する際、こうした意見の多様性は反映されていない。

事実、民主主義政権を確立するための要件には、必ず自由で公平な選挙の実施が含まれている。このような自由な選挙は、真に民主主義制度であるための最も重要な部分であると考えられている。しかし、歴史的に見ると、選挙の実施が必ずしも民主主義制度の本質的な部分であるわけではない。例えば、古代アテネでは、民衆の代表者はくじによって選出されたが、この方法により民衆は有力者や詭弁者の支配から逃れることができた。西洋の民主主義制度における必要な改革とは何かという論争の中で、様々な提案がなされてきた。例えば、オーストラリア人のある学者は、「民主主義を確立するために、我々は選挙を放棄すべきである……そして様々な公職につく人々をくじによって選んだ古代の原理に戻るべきである……［選挙］は本質的に寡頭制を生み出してしまう」(27)と述べている。

もし西洋の経験が民主化の世界的経験にどのような影響を与えるのかを理解しようとするならば、西洋においても民主主義の定義をめぐって幅広い論争があったことを心に留めておく必要があろう。どのような民主主義を選べばよいかという広範囲な世界的議論の中で、唯一つの特定の民主主義モデルが公然と主張されているのを見ると、西側政府が自らの固有のモデルを強要しているように思われる。幅広い論争の中では、民主主義は本質的に異論の多い概念であることが強調されている。西側政府が、こうした事実を無視し、自分たちの固有の定義を絶対的真理として強要しようとすれば、むしろ彼らの影響力は弱まることになろう。西洋民主主義の伝統は豊かで多様なものである。もしその遺産のほんの一部しか利用されないとすれば、世界中で新たな政治体制を創り出そうとする者にとって、この遺産の価値は減じることとなる。

正式に民主主義の西洋モデルとみなされるものだけでなく、西洋において民主主義の概念をめぐり幅広い多様性があることは、ムスリム世界における民主化のプロセスにも影響を与えている。コミュニケーションがグローバル化するということは、ムスリム知識人も幅広くその論争に加わることを意味している。西洋民主主義の「正式なモデル」とそのモデルに対する最近の批判の隔たりもまた、西洋の政策や地域の変化に対するムスリムの対応に影響を及ぼしている。

イスラームの遺産

多くのムスリムは、民主主義をイスラームに則って定義することに意欲的に取り組んでいる。彼らは、世界の宗教復興と民主化のプロセスは相互補完的なものになりうると考え、ムスリム世界においては、まさに相互補完的なものであると信じている。この二つのプロセスが矛盾し対立的なものとなるのは、「民主主義」を非常に限定的に定義し、特定の欧米諸国の制度を採用しなければ民主主義を実現することはできないと考えたり、あるいは重要なイスラームの原理を極めて伝統的な枠組みで定義する時である。二つのプロセスが矛盾し対立的なものであると考えてしまうと、民主化をめぐる論争は、より多くの民衆が政治参加するための最も効果的な手段とは何かという議論から、「外来」の政治制度を導入することは正当であるかという議論へと移ってしまう。

イスラーム世界でのこのような議論は、重要な他の社会的伝統、すなわち政治や文化に関する議論と似ている。民主主義を政治秩序をもたらす合法的な基礎として広く容認することは、世界的にみられる近代の現象である。十八紀末においても、依然として重要な政治制度は民主主義以外の原理に基づいていた。君主制における「王権神授説」に対して、近代初期から啓蒙時代にかけて、常にヨーロッパ政治において異論が唱えられていた。アメリカの建国者たちの民主主義に対する考え方は極めて曖昧なものであった。「堅固な貴族社会と教会権力が存在しなかったために、アメリカは近代民主主義の方向へ向っただけなのである。しかしながら、建国者たちがこの近代民主主義への道を必ずしも自ら

求めていたわけではなかった。[28]」西洋の政治哲学や政治理論の歴史をずっと広範に考察すれば、

二千五百年にわたる西洋政治思想を総体的に眺めれば、ごく最近まで、ほとんど誰も、民主主義が政治生活を構築する最良の方法であるとは考えていなかった……二千五百年間、政治思想家の圧倒的多数は、民主政がいかに邪悪なものか、民主主義政治がいかに無秩序なものか、また民主主義の性格がいかに道徳性を欠いているかを力説してきたのである。[29]

西洋において民主主義の理論や制度や慣行が登場して以来、非民主主義や反民主主義の伝統が既存の民主主義の伝統や社会、宗教、政治的要求や権利に対する人々の新たな認識と結びつくようになった。「人民主権という考え方は、王権神授説に基く国王の権力や尊大で堅固なローマ教会の権力とは決して相容れないものである[30]」という事実は、キリスト教徒であると自認する人々が西欧や北アメリカに民主主義制度を樹立することを妨げるものではなかった。

過去の主要な文明の支配エリートたちは、民主主義に関して非常に慎重な態度を取っていた。しかし、世界史を総体的に眺めれば、「世界の大部分の民族は、近代民主主義の基礎となる何らかの地域固有の伝統を有しており……民主主義の考え方や慣行が世界のいかなる地域においても、それほど珍しいことではないということは様々な証拠からも明らかである[31]」と指摘することができる。こうした様々な地域に存在する民主主義の伝統は、多数決原理というよりむしろ共同体の合意という伝統であり、それは多くの場合、比較的小さな社会単位と結びついている。

前近代的な諸制度を再概念化する作業は、ヨーロッパにおける民主主義の考えを発展させるのに重要な役割を果たした。例えば、十九世紀にイギリスの議会制度がより民主主義的な形態を整えようと

した時、歴史家たちは前近代的な諸制度の中から議会や民主主義の基礎となるものを探し出した。イギリス史の優れた学者の一人、ヒュー・チザムは、今では古典となった『ブリタニカ百科事典』の十一版の中で、「イングランド統治の際に発展したアングロ・サクソンによる政治形態の中に、議会の構成要素のすべてを見い出すことができる」と書いていた。[32] 近代議会の原型となったのは、ストーティング（Stort［h］ing）とアルスィング（Althing）という現在のノルウェーとアイスランドの議会の名称にその名残りがあるように、スカンジナビア半島における様々な集会（things）の中での独立自営農民の会合であったことが再び見直された。

近代の民主化プロセスとは、かつて反民主主義的であった内容を再び概念化し、修正された概念をあらゆる社会的伝統の中に存在する民主主義の原型や民主主義的要素に結びつけていく複雑なプロセスなのである。これらの地域固有の諸要素が、近代世界の変容とあいまって、現代社会における近代的民主化に対する様々な可能性（あるいは障害物）を生み出している。一般的に言えば、こうしたことは西洋社会だけでなく、他の社会もまた経験するプロセスなのである。地域固有の基盤が異なっているために、それぞれの社会が経験する内容もいずれも異なったものとなる。それゆえ、ムスリム世界に固有の民主化を促す特殊な条件を考察することが必要となるのである。とくに重要なことは、ムスリム社会において民主化をダイナミックに推進したり、（あるいはその障害となるような）形で再定義され見直されることになった、イスラーム伝統における重要な要素とは何かを見極めることである。

イスラームの歴史の中には、人間社会の本来あるべき姿に対して現代的な解釈を行なうのに、極めて重要な概念やイメージが多く存在している。これらの概念はイスラームの視点から民主主義を理解するための基礎となっている。現代におけるムスリムの政治思想は大きく変化し多様であるにもかかわらず、全てのムスリムの政治的立場の中心には、核となる概念が存在している。変化しているのは概念の定義であって、概念の存在そのものではない。英領インドと独立後のパキスタンで暮し、南アジアの中心的なイスラーム復興主義者の組織であるジャマーアテ・イスラーミーを創設したスンナ派の重要なムスリム思想家、マウラーナー・マウドゥーディーは、「イスラームの政治制度は、三つの原理、すなわちタウヒード（神の唯一性）、リサーラ（使信＝啓示）、ヒラーファ（カリフ制）に基づいている。これら三つの原理を充分に理解することなしに、イスラーム政体の多様な側面を正当に評価することはできない」と述べている。[33]

こうした問題を異なる形で表現する他のムスリム指導者も存在するかもしれないが、これら三つの核となる概念は、イスラームの政治を理解するための基礎となっている。現代の状況の中で、こうした概念がどのように再概念化されるかを考察することは、ムスリム世界における民主化の概念的基礎を理解する上で重要なことである。

どのような伝統に属していようが、すべてのムスリムは、タウヒード（神の唯一性）を認めることが、イスラームの信仰、伝統、慣行の核となる概念であると考えている。タウヒードは、様々な方法で表現されるかもしれないが、単純に定義すれば、「『アッラーのほかに神はなし』という確信と証明」なのである。その結果、「イスラームの宗教的経験の中心には、唯一の神が存在し、神の意思はあらゆる人間生活に対する命令と道しるべとなっている。[34]」政治哲学の観点からすれば、こうした事実に基づいて、ムスリムはたった一人の主権者しか認めず、それが神アッラーであると断言している。

非ムスリムの専門家も保守的な一部のムスリムも、人民主権の概念と神の主権の概念とは相対立するので、タウヒードの理念から、「イスラーム民主主義」など有り得ないと論じてきた。マウドゥーディーはその分析の中で、タウヒードと密接に結びついたイスラーム民主主義理論の中心となる解釈を明らかにした。神と政治的正統性との間には深い結びつきがあるために、「イスラームは、政治哲学の観点から言えば、世俗的な西洋民主主義に対するアンチテーゼそのものである……要するに、「イスラーム」は人民主権の哲学を否認しており、神の主権と人間の代理人（カリフ）の基盤の上にその政体を築いているのである。[35]」

こうした立場を採っているからといって、マウドゥーディーや他の近代的ムスリムが、民主主義的な政治制度の考え方を拒絶しているわけではない。彼らはただ、民主主義的な政治制度はタウヒードの世界観の枠の中に当てはめるべきだと主張しているに過ぎない。マウドゥーディーは、その枠組みについて、以下のように説明している。

イスラーム政体に対するより適切な名称は、英語では「神権政治」と表現される「神の国」であろう。しかし、イスラームの神権政治は、ヨーロッパが苦い経験をもつ神権政治とは全く異なるものである。イスラームによって築き上げられた神権政治は、ある特定の宗教的階級によって支配されるのではなく、一般大衆をも含む全ムスリム共同体によって支配されているのである。全てのムスリム住民が、コーラン（聖典）とハディース（預言者言行録）に則って国の運営を行なう。もし新たな表現を創り出すことが許されるならば、こうした国家体制は、「神権民主主義」、すなわち神の民主政体と表現することができる。なぜなら、この国家体制において、神が絶対的主権者であるという枠組みの中で、ムスリムに部分的な人民主権が与えられてきたからである。こうした国家体制において政府は、ムスリムの一般意思によって構成されており、ムスリムは政府を退陣させる権利も持っているのである。[36]

こうした体制において、「ムスリムは、イスラーム法について正しい意見を述べる資格を有し、必要があれば神の法を解釈する権利が与えられている。この意味において、イスラーム政体は『民主主義』である」とマウドゥーディーは述べている。しかし、誰一人として、たとえ全てのムスリム共同体が一体となっても、明示された神の命令を修正する権利など持っていないという意味において、イスラーム政体は神権政治である。(37) ただし、神の命令をいつどのように解釈するかについては、ムスリム自身が決定を下さなければならないという認識が存在していることに留意するべきである。

こうした大枠に沿って樹立され、現在も存続している政府がイラン共和国である。イランは、些細なことについてはシーア派の立場を採っているが、タウヒードに関わる問題については、マウドゥーディーのスンナ派に似た立場を採っている。イラン革命におけるシーア派の政治理論家の中心的人物の一人、アーヤトッラー・バーキル・アッ＝サドル（一九八〇年イラク政府によって処刑された）は、イランの政治構造の中には宗教的最高権威者である法学者が存在していると述べていた。その地位とは正式にはイラン革命後にアーヤトッラー・ホメイニーが就いた地位、すなわち「イマームという神の代理人」（シーア派神学では神によって選ばれた救世主たる指導者）である。この法学者は、イランの政治体制において、「宗教的権威である評議会の過半数を越える支持を得なければならない……宗教的権威の地位に就く資格のある者が二人以上いる場合、国民は国民投票によってその中から一人を選ぶ権利を有している。(38)」

アーヤトッラー・ホメイニー自身もまた、指導者を選ぶ際に国民が参加することの必要性を強調していた。彼は、『遺言書』の中で「最高指導者や最高指導評議会議員の選出にあたって、専門家や代表者」を選ぶのは「国民の重大な責務」であると述べた。彼はイランの国民に次のように助言した。

大統領選挙、国政選挙、また学者の中からイスラーム最高指導評議会議員を選出するための選挙など、あらゆる選挙に、あなたがたは参加しなければならない。マラジュ［宗教的権威］や偉大なウラマーから商店主、農民、労働者、政府役人に至るまで、あなたがた一人一人が国とイスラームの運命に責任を負っているのである。(39)

アーヤトッラー・バーキル・アッ＝サドルの見方によれば、このような考え方はイスラームの歴史において新しい重要な時代が到来していることをあらわしている。

歴史上のある時代においては、大きな影響力をもつ人物が一般大衆に提示した理論は、イスラーム社会の中に大きな影響を持っていた。しかし、環境が変化したことや、協議の原則や法学者による統治といった諸原理を考慮すれば、こうした理論は人民の真の代表者から構成される会議の結論にその座を譲るべきである。(40)

なぜなら、「国民こそがこの信頼できるもの（すなわち政府）の正統な担い手である」からである。(41) こうした理念においては、全ての人間は神の前では平等である。なぜなら、神が絶対的主権者であるという立場を採るならば、いかなる人間の序列もありえないからである。したがって、タウヒードは、政治体制において平等をことさらに強調するための概念や神学上の基盤となっている。序列を定める独裁体制は、歴史的には非イスラーム的であるとして非難されてきた。預言者ムハンマドの死後、ムスリム共同体の（スンナ派ムスリムの歴史で数えれば）第五代目の指導者であったムアーウィヤの時代には、すでに「王」（マリク）という呼称は、専制的な個人支配を意味する否定的な言葉となっていた。(42) つまり、絶対的主権を唱える独裁者や王は、正統な支配者とはみなされなかったのである。

多くの現代国家においては、タウヒードは平等を求める主張を越え、抑圧的な独裁者に対する革命的打倒を訴える要求の拠り所となった。イランにおいて、アリー・シャリーアティーは、「タウヒードの世界観では、人間は唯一の権力者である神を恐れ、唯一至高なる審判者である神に従順でなければならない……タウヒードは、人間に自立と尊厳を与えている。あらゆる存在の中で最高の規範である神アッラーのみへの服従は、まやかしの全ての権力者に対する反抗へと人間を駆り立てる」と書いている。(43) こうした意味合いにおいて、アーヤトッラー・マフムード・ターレガーニーはイラン革命を「タウヒード革命」と呼んだのである。(44) タウヒードは、非民主主義国家の理論的根拠として用いられることもあるが、専制的支配に対する革命と平等というイデオロギーの根拠にもなるのである。

現代ムスリムの民主主義を理解するのに二番目に重要な概念は、「ヒラーファ」である。イスラーム政治思想の研究において、この概念は主としてムスリム共同体の政治的リーダーシップをどのように定義するかという問題と関連してきた。「カリフ」という用語は、文字通り預言者の「後継者」という意味を持っているために、預言者ムハンマドの死後、ムスリム共同体の指導者の呼称は「カリフ（ハリーファ）」となった。そのため、カリフによる政治体制は一般に「カリフ制（ヒラーファ）」と呼ばれるようになった。その結果、中世イスラームの初期における政治思想は、「主にカリフ制を論じ、事実上カリフ制の起源と目的に関する理論であった。(45)」カリフ制に関する諸理論は、イスラーム世界における知的経験の重要な一部である。具体的に言えば、「カリフ」によって支配された政治体制は、二つの偉大な王朝であるウマイヤ朝（六六一〜七五〇年）とアッバース朝（七五〇〜一二五八年）の終わりまで続いたが、一二五八年のモンゴルによるバクダッド征服によって帝国の体制は事実上消滅した。十九世紀に入り、オスマー「カリフ」の称号は、宗教的政治指導者の地位をあらわす概念であった。

ン帝国のスルターン（「カリフ」の称号が使われなくなり、帝国の世俗的政治指導者の地位をあらわすのに用いられた称号）は、ムスリム国家の最も重要な指導者はスルターンであるだけでなく「カリフ」であるという考え方を復活させた。第一次世界大戦の終わりに、オスマーン帝国は滅亡し、ムスタファ・アタチュルクによって新生トルコ民族主義国家が誕生した。ムスタファ・アタチュルクは、オスマーン朝のスルターン・カリフ制を廃止し、トルコは「大統領」が指導する共和国となることを宣言した。(46)二十世紀前半、どのような形態であれカリフ制を復活させようという問題は、ムスリムの間で議論された重要なテーマの一つであったが、(47)次第にその重要性は失われていった。

カリフ制は過去の議論においても近代の議論においても、本質的に君主制だと考えられてきた。しかし、カリフ制という言葉には、君主制とは異なる奥深い意味があり、二十世紀後半、注目を集めるようになった。アラビア語のハリーファには「後継者」という意味の他に、代理人、代弁者、代表者という意味も含まれている。地上における神の代理人（ハリーファ）は人間であり、ヒラーファをより広く普遍的に捉えれば、神の創造物を管理するのは人間であるというふうに、コーランのいくつかの節を解釈することは可能である。マウドゥーディーは、このようにして、イスラームにおける民主主義を解釈する際の根拠としてヒラーファの概念を用いた。彼は次のように述べている。「それでは、ヒラーファトについて考えてみよう。アラビア語の辞書によれば、ヒラーファトは『代理』を意味する。イスラームによれば、人間の真の地位や立場は、この地上における神の代理人である。神の代理をするということは、取りも直さず……神の定めた範囲の中で地上における神の権威を行使する義務を負うということである。(48)」このことは政治体制にとって特別な意味を持っている。その特別な意味とは、「すべての民衆、すなわちタウヒードの諸原理を認めた上で代理の義務を喜んで果たそうとする共同体全体に、カリフの権威が与えられるということである……こうした共同体社会は、カリフの権威全体に対して責任を負っている。共同体の一人一人が神聖なカリフの権威を持っている。こうした考えを認めるところから、イスラームの民主主義が始まるのである。イスラーム社会に住む全ての人が神聖なカリフの権威と権限を享受しており、この点において個人はみな平等なのである。[49]」

ヨーロッパ・イスラーム会議で作成された文書、世界イスラーム人権宣言の中で「カリフ」は、一人の支配者や一つの政治制度と結びつくよりも、むしろ人類全体と結びつくということが確認された。[50]この理念によれば、「社会・政治的ヒラーファを実現」する第一段階は「信者の共同体を創出すること」であり、第二段階は「自治の水準にまで達すること」である。[51]こうした「カリフ」に関する解釈は、人間の責任という概念と支配体制に対する反対という概念の基礎となっている。またそれは、西洋民主主義とイスラーム民主主義とを区別する土台ともなっている。例えば、パキスタンのイスラーム主義の指導者、フルシード・アフマドはこの点に関して次のように述べている。「啓蒙時代以降に発展してきた世俗的民主主義の概念は、人間主権の原理に基づいている。これとは反対に、イスラームは神と人間の間には厳然たる差異が存在し、神が主権を有し人間がその代理人であると信じている。[52]」

タウヒードの概念で示された神の絶対的主権や唯一性と、ヒラーファの概念で定義された人間の役割が一つの政治的枠組みとなった。その枠組みの中で、スンナ派・シーア派両派の学者は、形式的にも実際的にも民主主義的な体裁を整えた固有の政治理論を発展させた。こうした理論には、人民主権についての独特な定義と認識、人間の平等に対する重要な強調、政府の責務の担い手としての人民の義務が含まれている。このような考え方は、西洋の民主主義の定義にはうまく適合しないかもしれないが、民主化が進行している現代世界の状況において重要な視点を与えている。

多様な民主主義をイスラームの概念的枠組みの中で提示する際には、それが社会や政治の面で実際どのように機能するかということに注視すべきである。とりわけ、イスラーム民主主義においては、昔からの三つのイスラームの概念、つまり協議（シューラー）、合意（イジュマー）、そして独自の解釈による判断（イジュティハード）が肯定されていると考えられている。西洋の政治的伝統における多くの概念と同様に、これらの用語は必ずしも民主主義的な制度という形で具体化されてはいない。したがって、現代ムスリムの言説の中では様々な使い方がなされている。しかしながら、これらの三つの用語は、西洋などでの解釈はさておき、ムスリム社会の民主化に関する論争や議論の中では中心に置かれているのである。

人間がカリフ（代理人）であるとする原則に従えば、政治的には協議が必要となる。「イスラーム国家において、人民が代理者であるという考えは、特に協議（シューラー）に関わる学説の中に示されている。男であれ女であれ、全ての良識ある成人ムスリムは神の代理者である。したがって、彼らは、自らの権限を支配者に委任しているだけであり、彼らの意見は国家の運営に反映されなければならない。[53]」イスラームの支配制度の一部としての協議の重要性は広く認識されている。ムハンマド・ハミードゥッラーは、イスラームの基本的入門書の中で、「協議」は広く受入れられている理念の一つであるとしている。

> 協議の重要性と有益性はいくら強調してもし過ぎることはない。コーランはムスリムに対して、公事であれ私事であれ、何事も協議したあとで結論を下すよう繰り返して命じている……コーランには明確な規定が定められているわけではない。選挙の回数や形式、代議員の任期などは、時代や国ごとに指導者

の自由裁量に委ねられている。大事なことは、指導者の周囲に民衆の信頼を得た高潔な性格を有する代議員がいるかどうかということである。[54]

現代ムスリム思想家の中には、このことをさらに分析し、次のように論じる者もいる。「コーランはムスリム共同体を善意と協力に基づく完全な平等主義からなる開かれた社会として描いている。またコーランは、共同体の意思決定過程を導くための協議という原理を定めている。」しかし、協議（シューラー）に関する古典的学説は、その発達過程で誤ったものとなってしまった。この誤った見方においては、協議は一人の人間、つまり支配者が他の人々に助言を求める過程としてみなされていた。それに対して、シューラー（協議）のコーラン的解釈は、「一人の人間が他の人に助言を求めるという意味ではなく、むしろ同等の有資格者が議論を通して相互に助言を求め合うことを意味している。[55]」十九世紀や二十世紀には、イスラーム民主主義の唱道者によって協議の概念を多様に解釈するための真摯な努力がなされてきた。ファズルル・ラフマーンは、この民主化の仕事の重要性を強調している。つまり「ウンマ（ムスリム共同体）は自らの意思を直接確認することにより、共同体の生活に影響を及ぼす政治・立法的決定に対して連帯し参加しようとすることを、拒絶することも先伸ばしすることも許されない。拒絶せよとか延期せよとか主張する人たちは、意識するしないにかかわらず、イスラームを全く無意味なものにするという罪を犯している。[56]」アーヤトッラー・バーキル・アッ＝サドルは、協議（シューラー）を人民の権利であるとした。つまり「人民はアッラーの代理人であるのだから、協議の原理に沿って自分たちの問題を処理する包括的な権利を持っている。[57]」そしてそこでは、この権利は、人民の真の代表者からなる会議を創設することも含まれている。したがって、シューラーは、イスラームと民主主義との関係における極めて重要な要素となっているのである。

合意（イジュマー）も同様に、重要な機能的概念である。合意は、とくにスンナ派ムスリムの間で、長い間、イスラーム法における有効な概念であると正式に認められてきた。「スンナ派イスラームは、イスラームを解釈するための最終的な宗教的権威を、合意、すなわちイスラーム共同体の集団的判断に求めるようになった。」その結果、「合意はイスラーム法の発展に極めて重要な役割を果たし、法の体系化や法の解釈に大いに貢献した。(58)」合意が法源たりうる根拠となっているのは、預言者ムハンマドが「イスラーム共同体は、過ちについては決して意見の一致をみることはない」と語ったというよく引用されるハディースの記述である。しかしながら、イスラームの大部分の歴史において、イスラーム法の法源の一つである合意は、権威ある法学者間の合意に限られていた。そのため、一般のムスリム民衆の合意は、ムスリム共同体の個別の実際的な生活においてそれほど重要性を持っていなかった。こうした状況はまた、保守的な勢力を生み出す土壌となっていた。というのも、ある問題に関して合意してしまえば、そのことについて深く熟考する必要がなくなるからである。

しかしながら、近代のムスリム思想において、合意の概念に潜在的に含まれている柔軟性が以前に増して強調されるようになった。一例を挙げれば、イスラーム共同体は過ちについて意見の一致をみることはないというハディースを引用して、ある学者は、「こうした合意はイスラーム法を発展させ、またイスラーム法を環境の変化に適応させるための大きな可能性を秘めている」と語った。(59)多様な議論の中で、合意と協議は、近代的意味におけるイスラーム民主主義の有効な拠り所であるとしばしばみなされてきた。合意の概念は、多数者の支配を公認する制度を受け入れるための基礎となった。現代の学者の中には、次のように指摘する者もいる。イスラーム社会において、コーランには国家体制についての明確な記述が全く存在しておらず、「国家の正統性は、国家組織や権力がどれほどウンマの意思を反映しているかにかかっている。なぜなら、伝統的な法学者が主張しているように、国家の諸制度の正統性は、コーランから引き出されたものではなく、主にイジュマーの原理に基づいているからである。[60]」こうした考えによれば、合意はイスラーム民主主義に正統性を与える根拠となりうるし、正式な制度ともなるわけである。

重要な意義をもつ三番目の機能的概念は、イジュティハード(学識者が独自の意見を下すこと)である。ムスリム思想家の中には、イジュティハードがいかなる時代や場所においても、神の意思を遂行するための鍵となると考えている者が多い。パキスタンのイスラーム主義指導者、フルシード・アフマドは、こうした考え方を次のようにわかりやすく説明している。「神は大まかな諸原理のみを啓示され、時代の精神や様々な状況に適した方法で、それらの諸原理をどの時代にも適用する自由を人間に授けられた。それゆえ、あらゆる時代において人々は、イジュティハードにより、神の教えをその時々の問題に適した形で実践しようとしたのである。[61]」近代の世界情勢において、イジュティハードの主張は、次のアルターフ・ゴーハルの言葉が示すように、急進的な改革を求める要求へとつながった。

今こそ我々の社会を再構築する絶好の機会である。帝国主義や植民地主義の勢力は退潮しつつある……我々は英知の停滞した現状から抜け出さなければならない。世俗的指導者にとって、権力は銃身から生まれるものかもしれない。しかし、イスラームでは、権力はコーランの中から生まれものであり、決して他の源からは生まれてこない。あらゆるレベルで、普遍的なイジュティハードの解釈を再開するのはムスリム法学者の義務である。信仰は常にみずみずしく、曇っているのはムスリムの心である。イスラームの諸原理はダイナミックなものであり、停滞しているのは我々が採るアプローチである。探究、革新、創造力への道を開くよう根本的に考え直そうではないか[62]。

こうした論調は、二十世紀のほぼ全てのムスリム改革主義者の間でみられたイジュティハードへの熱望をあらわしている。一九三〇年代にはすでに、偉大な南アジアの知的な改革主義者、ムハンマド・イクバールは、合意、民主化、そしてイジュティハード、この三者の関係について政治的用語を用いて言及していた。

ムスリム世界において、共和主義精神が成長し、立法府が漸進的に形成されていることは、前進への大きな一歩である。対立する諸学派が伸張していることを考えれば、イジュティハードの権限を諸法学派の個々の代表者からムスリム立法議会へ移行することが、近代においてイジュマーが唯一いかされる形態である。このような移行により、様々な問題に対して鋭い洞察力をもっている一般信徒（法学者でない人）が法律上の議論に多大な貢献をすることになる。唯一このような方法によってのみ、法体系の中に眠っているムスリムの活力を呼び覚ますことができるのである[63]。

このことが代議政体にどんな意味をもつのかという点について、イクバールは次のように明快に述べている。「イスラーム世界で新しい勢力が次々と生み出されている状況を考えれば、共和政体はイスラームの精神と完全に一致しているだけではなく必要なものとなっている[64]。」

イジュティハードは、誤って用いられる危険性があったために常に議論された概念であった。「世俗主義者や不信心なムスリムが唱えるように、ムスリムは自由気ままな行動を取るようになる可能性がある。彼らは、イジュティハードをできる限り広く解釈し、その解釈が伝統的なフィクフ（イスラーム法学）の基準に沿ったものであるかどうかに関わらず、自らの行為の結果を正当化するためにイジュティハードを利用するようになるのである。[65]」しかしながら、イクバールは、イジュティハードの重要性も強調している。彼はイジュティハードを正しく解釈することにより次のことが可能になるという希望をあらわしている。

ムスリムの社会科学者は、イスラームの枠組みや認識論的なパラダイムを用いて社会現象を研究し、その社会科学の知識の基礎の上にイスラーム文明を再構築することが可能となる。他の共同体に対して、ムスリムのウンマが神から与えられた地位を明確に示そうとするならば、このように、一旦イスラーム思想から離れたのち、再びそれを再構築する作業が必要となるのである。[66]

神は唯一無二であり、人間が神の代理としての責務を果たすという思想的な枠組みの中で、イスラーム民主主義を明確に表現する重要な概念となるのは、協議、合意、イジュティハードである。これらの用語の意味に関して、様々な解釈が行なわれ、そうした解釈に基き、ムスリムはイスラームの枠組みの中で、正統で真正な民主主義とは何かを理解するのである。しかしながら、これら三つの用語が、イスラーム世界の中で様々に解釈されたとしても、これらの用語は、現代世界におけるイスラームと民主主義との関係を理解するために間違いなく重要な鍵となる。多様な解釈の存在はまた、多文化が共存している世界的状況の中で、民主主義の意義と本質をめぐって様々な議論が沸き起こっていることをあらわしている。

こうした論争を見れば、ムスリムが進んで西洋の民主主義モデルそのものを採用しようとしていないことは明らかである。西洋の経験から生み出された用語や概念を無条件で借用する時代は(昔はあったかもしれないが)すでに過ぎ去っており、目下真正なイスラーム民主主義を確立するためにその努力が傾けられている。こうした努力は、本質的に反西洋的なものであるとはいえないが、少なくとも西洋の民主主義には重大な問題点があるという認識を含んでいる。二十世紀前半のムハンマド・イクバールの立場は、こうした歴史の大きな変化をすでにあらわしていた。イクバールは、近代イスラームにおいて重要な人物であるとみなされているが、熱狂的な愛国的民族主義者や宗教的原理主義者だとは考えられていない。しかし、彼は西洋民主主義に対して極めて厳しい批判を行なっていた。

イクバールは、正真正銘の民主主義者であった……しかし彼は西洋の民主主義制度を痛烈に批判した。彼の批判の核心は、西洋の民主主義社会は単に物質的な目的の達成を目指しているというものである。イクバールは、倫理的・精神的問題が欠落しているとして、西洋の民主主義制度を拒絶したのである。間違っているのは、西洋の民主主義形態や過程ではなく、その方向性と価値体系である。[67]

道徳を重視するムスリム世界と物質を重視する西洋世界との対照は、民主主義をめぐる現代の議論において重要な要素となっている。しかしながら、西洋の経験は、民主主義体制や制度に関して、イスラームの論争に依然として大きな影響を与えている。ムスリムが過去一世紀にわたり行なってきた多くの議論は、イスラームの伝統の中に西洋民主主義の重要な概念と類似した点があることを示そうとしてきた。同様の視点から、エジプトの著述家、アッバース・マフムード・アル＝アッカードやアフマド・シャウキー・アル＝ファンジャーリーが行なったように、イジュマーと世論を同じものとして単純に対応させることが、民主主義とイスラームについての初期の主な議論の中で行なわれた分析の中心となっていた。[68]

イスラーム民主主義に対するこのような旧来の近代主義的アプローチは、ハミード・エナーヤトによって次のような厳しい批判にさらされている。

近代主義的アプローチとは正反対の主張があるにもかかわらず、民主主義に関する現代ムスリムの著作に完全に欠けているのは、イスラームの道徳的・法律的な戒め、あるいは伝統的社会の持つ制度や態度を民主主義の観点から捉え直すという作業である。これは明らかに、民主主義の原理をイスラームの用語を用いて言い換えることよりもはるかに複雑で厄介な仕事である。こうした努力がなされてこなかったために、イスラームの状況に適合した一貫性のある民主主義の理論を発展させるという目的は、未だに実現されないままなのである。(69)

こうした批判は、一九七〇年代末になされた。その当時、中東以外の種々の重要な運動だけでなく、チュニジアのナフダ党、アルジェリアのイスラーム救国戦線、スーダンの国民イスラーム戦線のようなイスラーム主義運動を担う新世代はまだ登場していなかった。現在、行なわれている最新の研究は、現在の運動が「イスラームの状況に適合した一貫性のある民主主義理論」を発展させることができるのかという問いに答えることをその目的としている。

政治理論、とりわけ民主主義と関連のある分野において、ムスリムの学者や行動主義者は重要な過渡期に差しかかっている。こうした過渡期は、経済学に顕著にみられた過渡期と似ている。著名なムスリム経済学者、フルシード・アフマドは、こうした変化を次のように説明している。「最初は、イスラームの経済に関する教えを説明することや、現在の西洋の理論や手法に対してイスラームの観点から批判を加えることに重点が置かれていた……そして次第に、ムスリムの経済学者や他の専門家たちは新たな困難な作業に取りかかることになった……つまり、『イスラームの経済の教え』から『イスラーム経済学』への移行を［開始したのである(70)。」ムスリム社会において民主化の重要な問題となっているのは、ムスリム学者や指導者が、「イスラームの民主主義に関する諸学説」を単に列挙することから一歩前進し、民主主義に関する西洋的解釈を、ムスリムの用語を用いて単なる言い換えではなく、一貫性のあるイスラーム民主主義の理論や体系をつくり出すことができるかどうかということである。

民主化の世界的なうねりは、現代の劇的な世界情勢の変化を反映している。世界中の学者、指導者、そして「一般民衆」は、より有効な民主主義の体系をつくり上げようと積極的に努力を行なっている。アメリカの政治指導者たちが積極的に「行政改革」を行ない(71)、イタリア人が議会制度の再編に賛成するなど、重要な変化が至るところで起こっている。このような時代においては、民主化に取り組んでいる人々が無条件で採用する普遍的で明確に定義された民主主義モデルなどどこにも存在しないのである。このことは、西洋民主主義モデルについても同様である。東欧諸国において新しい民主主義体制がうまくいかないのは、世界中で起きている民主化がいかに困難で複雑であるかを物語っている。

世界的潮流から判断すれば、ムスリムが実現可能で真正なイスラーム民主主義を発展させようと努力するのは極めて重要なことである。長年の伝統に加えて、協議や合意などの概念を用いる努力は、「参加型民主主義」というより効果的な形態をつくり上げようとする西洋においても注目されている(72)。世界中で民主的な社会、民主化されつつある社会、非民主的な社会との間にますます双方的コミュニケーションやネットワークが密になってきている。そのため、各地域で民主主義を発展させるために行動を起こすことが重要となっている。ムスリムは、現在行なわれている再概念化において重要な貢献を成しうるのである。学者の中には、主要ないつくかの世界的共同体を「価値観や利害がはっきりと異なる」独立した固有の文明とみなす者もいる。このような観点に立って、彼らは、世界の文明間で戦争が拡大する状況になれば、「政府や集団は一層共通の宗教や文明のアイデンティティに訴えることによって支持を得ようとするであろう」と予言している。(73) こうした終末論的な見方をすれば、結局、民主化のようにある思想が世界的に広まれば、必然的に一つの文明の概念や形態が他の文明を支配するようになるという結論が導き出されてしまう。しかし、過去一千年以上にわたり大きな文化障壁を越えて、民主主義の諸制度や慣行が広まってきた世界の歴史を振り返れば、グローバリゼーションという新たな潮流は、戦争を根絶できないとしても、少なくとも様々な民主化の経験が互いに影響し合い、助け合うことを可能にしていくように思われる。

文明間の衝突が終末を招くというシナリオにしろ、文明は共存できるという平和的シナリオにしろ、ムスリム世界で今起こっているダイナミックな民主化の経験を理解することは重要である。

第二章　イスラーム史における国家と「反対」運動

イスラーム行動主義運動は、既存の体制を攻撃することもあれば支持することもある。イスラーム復興主義グループは、その政治的志向性により既存の政府に対して革命的反対運動を行なったり、あるいは、既存の政治体制に反対勢力として参画することもある。場合によっては、イスラーム運動が、政府の一翼を担ったり、彼ら自身が政治体制における支配勢力となることもある。こうしたイスラーム運動が採りうる多様な形態は、イスラームの復興と民主化がせめぎあう四つの異なる状況を生み出している。すなわち、イスラーム行動主義が㈠既存の政治体制に対する革命的反対勢力であったり、㈡既存の政治体制内部で活動する合法的かつ協力的反対勢力であったり、㈢他の政治勢力と連携して積極的に政権に参加したり、㈣既存の政治体制の中での支配勢力となっている状況である。これら四種類それぞれの場面で実際に起こっている事柄に、イスラーム世界に姿を現しつつある民主主義の理想や、発展過程にあるイスラームの新政治秩序の本質があらわれている。

ムスリム社会における民主化は、あらゆる社会に存在する民主的政治体制を定義したり、作り出そうとする幾多の諸問題を含んでおり、個別の事例において、民衆の政治参加や多数派と少数派の権利という基本的諸問題が検討されるべきである。民主化のプロセスとイスラーム復興の展開とが相互に影響し合う中で、イスラーム行動主義運動は、既存の体制を時には攻撃し、時には支持してきた。こうした相互作用は、民主主義社会において「反対」の本質とは何かという重大な問題を投げかけている。民主主義の維持や保護の名の下に、アルジェリアで起こったように、民主化のプロセスを中断することは許されるのだろうか。民主化が現実に進行している状況では、「反対」に対してどのような制約が存在するのだろうか。また、民主化の進む社会における「反対」を、イスラームの視点から発展的に定義する際に助けとなる特別なイスラームの伝統は存在するのだろうか。

「反対」の概念

支配者と彼らに反対する民衆との関係は、あらゆる社会に一般的にみられる政治状況である。「全ての施策に対して全面的に国民から支持されている政府」[1]など存在しないし、政治体制が行なうべき重要な事の一つは、政府と反対勢力との間の均衡をいかに図っていくかということである。しかしながら同時に、「組織化された政治的反対勢力を国家体制における正常で有益な構成要素と考えることは、とっぴな考え方であり、そのような考え方は、正しい原理と慣行への普遍的忠誠に基づき、より良い国家を追求しようとする伝統的な政治思想とは全く相容れぬものである。」[2]イギリスのように充分根づいた議会制度においてさえも、少なくとも十九世紀から二十世紀初頭にかけて、著名な知識人の中には、正式に認められた合法的な反対勢力に対して相変わらず懸念を抱いている者がいた。[3]伝統的な政治理論やその実践において目標とされたものは、最良の政治制度を生み出すことであり、その場合、しばしば反対勢力は、建設的要因であるというよりはむしろ阻害的要因であると考えられた。

民主主義は、国民の権利と自由を守り国民の言論の自由を認めている。しかしながら、「国民の意思」は、しばしば複数形であらわされ、民主主義の伝統は、その言葉を様々に定義して反対勢力に対処してきた。民主主義の原理には、政府に反対する個人や団体の権利も含まれている。しかし、このような「反対」に対しては常に懸念が表明されてきた。例えば、民主主義の多くの定義は、「反対」の権利を認め、ある定義においては反対政党の存在の必要さえ認めている。しかし、「党派的政治」という言葉は、複数政党が政治的に競合する必要性を確信する人々の会話の中でも、否定的意味合いで捉えられてきた。もっと一般的な言い方をすれば、政治の世界において、調和と安定に対する願いと反対意見を容易に表明できる環境を作る必要性との間には、基本的に緊張関係が存在している。古典的な西洋の理論において、例えば、プラトンの理想国家は、労働の分業を強調しているが、「彼は政治的反対勢力が発展する方法を制度化しようとする意思は全く持っていなかった。[4]」近代アメリカの国家に対する忠誠の誓いにおいても、「神の下での不可分の国家」という概念と「全国民に対する自由」の定義との間には緊張関係が存在しうる。言論の自由が許される範囲と暴力や革命に対する許されぬ扇動との境界線には、常に問題が含まれていた。一九九三年、ニュージャージー滞在中にテロ活動を指導した容疑で告訴されたムスリムの導師、シャイフ・ウマル・アブド・アッ＝ラフマーンが、逮捕、裁判、釈放を繰り返したエジプトでの一連の出来事は、この際限のない議論の重要な事例となっている。

「反対」は、既存の体制を破壊しようとする革命的なものから、政治体制内での権力者との多様なレベルでの意見の相違に至るまで様々な形態をとる。暴力的手段によって公然と政権の打倒を目指す活動を許す政府などどこにも存在しないことは明らかである。しかしながら近年、民主化過程の努力の一環として、既存の政治体制に終止符を打ち、多様な原理に基づいた体制に変えようとする運動を組織化したり、少なくともそうした運動に協力する政府が現れてきた。東欧や旧ソ連のように権威主義的一党独裁制の多くは、民衆による（非合法的）大規模な反対運動の圧力の下に、自らの体制の崩壊に手を貸すこととなった。アフリカの軍事政権は、文民による民主主義の復活に努力すると繰り返し表明したが、成功を収めるかどうかは、彼らが実際にどの程度努力したかにかかっていた。こうした政府は全て、政権を打倒するために積極的に暴力的行動には参加してはならぬという最小限の要求を反対勢力に対して課していた。

ほとんどの政府は、反対勢力に対して新たな制約を加えている。例えば、一九五〇年代から六〇年代にかけて、アメリカの多くの州で、州職員の採用条件の一つは、採用希望者が実際に暴力的活動に参加したことが無くとも、アメリカ合衆国政府を暴力的手段により転覆することを目的とする団体に、「過去においても現在においても」所属していないということを宣誓することであった。この場合の基本的判断基準は、政治体制の基本原理を反対勢力が認めるかどうかということである。軍事政権が世界の多くの地域に存在した一九六〇年代初頭において、トーマス・ホッブスの「政治とは、プレーヤーがどのカードが切り札であるかを決めなければならないという点で、カード遊びのようなものである」という言葉がしばしば引用された。彼は続けて、「カード遊びとの違いは、政治においてはどの札が切り札であるか合意が得られない場合は、クラブ（軍事政権）が切り札となる」と述べていた。(5) つまり、「ゲームのルール」は、反対者にも了解されねばならず、そうでなければ、クラブ（軍事政権）が権力の基盤を得てしまうのである。

民主主義をより良い政治制度として認めるようになったのは、比較的近年のことである。既存の体制に対する反対勢力に対して、少なくとも権力者の側は常に懸念を抱いていたが、あらゆる時代において、支配者の権力に対して、制度的ないし慣習的な様々な制約が設けられていた。いかなる時代においても、全ての事柄を思い通りにできる権力者など存在しないのである。社会や文明は、暴君の権力を制限するための重要な概念を発展させてきており、これらの概念は社会の様々な固有の伝統を反映している。例えば天の意思は、古代中国の周王朝が自らの権力を正統化する手段として定義されたと考えられ、王朝の正統性に対する中国的概念の核心をなしていた。しかし同時に、天の意志は、それに続く数世紀にわたる不安定と混乱の時代においては、王朝に対する革命の理論的根拠ともなった。既存の政治体制に対する革命的反対は、「政治的反対」をめぐる多くの議論で用いられた意味とは異なる。G・K・チェスタトンは、彼独特の言い回しで、この事を明快に説明している。すなわち、「政府に反対勢力を組織するよう頼むことは馬鹿げている。スルターンのもとへ行き、非難がましく『弟君があなたを退位させカリフの地位を奪うことができるように、あなたは何故何の手立ても講じなかったのか』と言えるはずがない。また、中世の王のもとへ行き、『あなたに反旗を翻そうとしているので、二千の槍の使い手と千の弓の引き手を用立ててくれないか』などと言えるはずがない。[6]」最も一般的な西洋政治思想においては、民主的状況における法的に正当な「反対」は、特別な意味を持って解釈されている。つまり、「ほとんどの政治思想の著者たちは、反対は、政治的共同体のレベルでも政治体制のレベルでも、等しく基本原理に同意することをその前提としていると強調している。反対勢力が真に反対するのは、政権に対してであり、政府という政治機構に対してではないのである。[7]」

この「反対」の概念が依拠しているのは、「憲法」の基本的概念、すなわち、反対者をも含め政治体制内部の全ての人々が正当と認める一連の基本的規範である。憲法で規定された政府という考え方が登場したことは、近代国家の発展における重要な要素である。しかし、それは比較的近年、西洋での出来事である。「個人的感情に左右されず法に基づく憲法に規定された秩序」という考え方は、しばしば近代の西洋政治思想における国家観と結びつけられたが、それは「十六世紀後半までは中心的な関心事ではなかった。合法的に規定された権力構造が、領土の絶対的支配権を伴った領主・領民という関係から独立したものであるという考え方は、近代に起こった現象なのである。(8)」

一般的な近代西洋思想において、民主主義制度の中で容認される「反対」は、憲法に規定された政府という概念と密接に結びついている。こうした概念においては、政治という「ゲームのルール」についての基本的合意が存在している。「反対」とは、成文法であろうが慣習法であろうが、相互に認め合った憲法の基本原理の枠内での、ある政策に関しての指導者と民衆との合法的な意見の相違である。しかし実際には、近代西洋政治において、様々な革命的形態をとった急進的反対の伝統も存在している。

近代の西欧政治史において、民主主義をめぐる二つの異なる解釈の間には、長年にわたって緊張関係が存在しており、この二つの解釈は互いに厳しく対立している。「リベラルな民主主義」を標榜しているJ・L・タルマンは、これらの相対立する立場を次のように説明している。「十八世紀の世界の状況は、リベラルな民主主義と共に、我々が全体主義的民主主義と呼ぼうとする新しい民主主義の傾向を生み出した。これらの二つの流れは、十八世紀以来ずっと隣り合わせに存在しており、両者の間の緊張は近代史の重要な一章となっている。一九六〇年の今日において、それは現下の最重要問題となっている。(9)」こうした二つの相対立する考え方とは、個人の権利と政府権限の制約を強調する考え方（リベラルな民主主義）と国民全体の意思と共同体の集団的構造を強調する考え方（全体主義的民主主義）である。これは、西洋の伝統の中で延々と繰り広げられてきた論争であり、民主主義のあらゆる議論の核心をなすものである。

長年にわたるこのような論争は、一九九〇年代に入り、過去二世紀にわたる旧来の自由主義対社会主義の論争という対立軸を越えて、新しい多様な形態をとるようになった。タルマンが社会共産主義左派の「全体主義的民主主義」と呼んだものが失敗したために、リベラルな自由主義信奉者の思想に代わりうるものは、新たな左翼的（あるいはポスト左翼の）ラディカルな民主主義の思想であった。このようなラディカルな民主主義の一形態を主張する人々の考えによれば、

> ラディカルな民主主義の立場は、自由主義論者だけでなく共同体主義論者とも異なる政治的考え方を採用している。いくらかの共同体主義論者の間でみられる、政治的共同体は公共善という根本的思想により統合されるとする前近代的考え方は、リベラルな民主主義を社会の新たな一つの政治的形態として認める多元主義に対するアンチテーゼとなっている。ラディカルな民主主義論者は、「公共善」、「公民道徳」、「政治的共同体」などの思想を復活させる必要性を認めているが、彼らは、これらの概念をリベラルな民主主義に伴う対立、分裂、反目の認識と矛盾しないように再定式化しなければならないと考えている。[10]

この「ラディカルな民主主義」は、市場経済を強調する新保守主義の形態であろうと、文化多元主義を強調する「ポストモダン」の形態であろうと、現在優勢である「リベラルな民主主義」に取って代わる重要な概念形態となっている。

歴史的には、こうした急進的伝統は、西欧社会における急進的な革命的伝統の核となり、資本主義

とリベラルな民主主義を結びつけて発展する産業社会を理想郷とすることへの批判という形で表現されてきた。このような伝統において、「反対」は、大部分の民主主義理論にみられる「憲法に基づいた反対」というよりもむしろ、急進的な革命的反対であった。民主主義社会の中に伝統的な急進的考え方があるからといって、ラディカルな民主主義に基づく社会に革命的反対の権利が認められているわけではなかった。それゆえ、タルマンがフランス革命とその政治的後継者たちの「急進的」側面は「全体主義的民主主義」を構成するものであると表現したのは的を得たものであった。

古い伝統における過激な暴力的革命は、二十世紀末までに民主主義政治が国際化する状況においては、もはや現実的なものでも効果的なものでもなくなってしまった。リベラルな資本主義に基づく民主主義とラディカルな民主主義の新たな形態との対立において、

もし我々が革命という言葉を暴力的な反乱や内戦を引き起こすものと考えるならば、革命は非現実的で馬鹿げたものとなる。このような性質の革命は、人々が相互に依存する現代の状況下ではまさに病的である。民主主義論者は新たな革命の概念を必要としている。その典拠は、カール・マルクスではなく、ジョン・ロックに求めるべきだ。なぜなら、問題なのは、市民階級が権力を手中にすることではなく、市民生活に関わる民主主義の概念をあらわす形態や方法を再考案することであるからだ(11)。

現代の世界情勢において、古典的で十九世紀的な民主主義革命が起こりうるのは、民主化を求める圧倒的多数の民衆を前にして、体制が明らかに反民主主義的立場を取り続けた時のみである。一九九〇年代、ほとんどの国において、過激な反対勢力さえも共通した概念の枠組みの中で活動を行なっている。世俗的な人道主義に基づいた政治理論と宗教的教義に基づいた政治理論との関係のように、世

界観に基本的な違いがある場合は、暴力的な反体制革命が起こる可能性がある。しかし、ほとんどの場合は、実効ある形での自由と平等や民衆の政治参加を要求することが当然の事であるとする幅広い合意が存在している。

しかし、もし民主主義が成功を収めようとするならば、その幅広い合意は、反対運動の可能性や継続的反対の必要性を排除するものではない。リベラルな民主主義の最も純粋な形態においては、「民主主義的な統治であるための試金石は、第一に、自由で公正な選挙を実施する権利」があるかどうか、第二に、これらの選挙が「複数の政党に開かれたもの」であるかどうか、第三に、「勝利を得た政党が、選挙公約を実行できる政府を樹立できる」かどうか、さらには、「その政党が、次回の選挙結果によっては権力を放棄する用意がある」かどうかということである。[12] しかしながら、反対勢力に対してこのような見方をすれば、必然的に厳しい条件がついてくる。すなわち、このような政党が政権の座に就いた時、「その政党が、憲法の基本的規定を変更して現憲法に新たな権限を附与し、新たな選挙を中止しようとすることは禁止される」[13]という条件である。しかし、このような制限を当てはめて考えると、一九五〇年代のフランスにおけるピエール・プジャードやシャルル・ド・ゴールを支持する野党は非合法とみなされ、その結果、フランスの第四共和制から第五共和制への移行は容認されなかったということを覚えておく必要がある。同様に、一九九二年、アメリカの大統領選挙において、ロス・ペロー率いる野党勢力が、全国的なインターネットによる国民投票のような選挙方法を主張したが、このことも新たな憲法的権限を得ようとする試みであったと解釈されることになる。

民主主義体制における反対勢力の必要性をもっと幅広い観点から述べるならば、いかなる政府機構も、たとえ、その中で民主主義が機能しているとしても、決して完全なものではないということである。というのも「政府は絶えず変化するものであり」、「政府を新たに作り直す」努力は、多くの人々の目から見れば単に想像の上だけでなく、実際に必要であるからだ。[14] 建設的な批判や反対は、反対勢力の人々にも指導的地位を与えることを認める制度が必要だという点からも、さらにより急進的な意味においても、民主主義の必要不可欠な要素となっている。ラディカルな民主主義の考え方は、

民主主義を最終的に実現することは不可能であるということをその前提としている。こうした考え方によれば、平等と自由という原則の間に解決不能な緊張関係があるために、近代民主主義につきものの優柔不断さや決断力の無さが永遠に続いてしまうことになる。また、急進的な考え方は、政治に関わる人々の排除など、最終的に民主主義の否定につながる閉塞状況を生み出す企てに対して、原則的保証を与えてしまうことになる。[15]

フランシス・フクヤマの「歴史の終り」での解釈をめぐって論争が湧き起こったことをみれば、一九八〇年代に政治的に勝利を収めたはずのリベラルな民主主義でさえも、人類の社会・政治的発展の最終段階をあらわしていないと多くの人々が考えていたことがわかる。フクヤマの論争において、多くの異なる解釈が存在するが、核心となっているのは、「我々が今目撃しているのは、冷戦の終結でも戦後史の特定期間の経過でもなく、歴史そのもの、すなわち、人類の理論的進化の終着点、あるいは人間の作った政府の最終的形態としての西洋のリベラルな民主主義の普遍化の終着点である」[16] というフクヤマの基本的立場に対する意見の相違である。この「歴史の終わり」という考え方においては、政治的諸原理のさらなる発展は必要でなくなる。なぜなら「リベラルな民主主義国家の基本原理は、これ以上改善される余地がない」からである。また「歴史が終わってしまえば、全ての社会が素晴ら

しい自由な社会になる必要もなくなる。単に自らの社会が人間社会のより高度な異なる形態をあらわしているという観念上の見せかけが終わるだけのことである。[17]」

この勝利を収めたリベラルな民主主義がこれ以上改善される余地のない最終的な体制であるとする見方は、「歴史の終わり」という考え方だけでなく、リベラルな民主主義においては「反対が存在しない」という考え方にも通じる。せいぜい、誰が最良の指導者であるかというような論争が起こり、それをめぐって激しい選挙戦が繰り広げられるかもしれない。しかし、その際、現在のリベラルな民主主義の体制を改善せよと主張するならば、必然的に最終的到達点とはなり得ぬ過去の政治体制に逆戻りすることになってしまう。このように民主主義における「反対」の概念は、必要なものと考えられる一方で、フクヤマの議論のように分裂を引き起こしたり破壊的なものともみなされるために、明確に定義することが難しいのである。

政治体制の指導者との意見の相違を単に表明するような「反対」は、古くからみられる現象である。そうした「反対」は、通常、政府を転覆させたり、破壊しようとする運動として現れた。それゆえ、当然、支配者からは合法的な政治的選択肢の一つには数えられなかった。政治体制において許容される選択肢としての「反対」は、世界史においては、多くの点で比較的近年の現象とされる。法に基づく「反対」は、民主主義の近代的思想と共に現れたと考えられている。

近代民主主義における「反対」は、いくつもの基本的条件を含んでいる。一般的に言うと、体制内のあらゆる人々の間で、政治体制の基本的構造についての合意があることがその前提となっている。たとえ、この合意がなかったとしても法に基づく「反対」は、既存の体制を転覆させようとする暴力的軍事的企てにはつながらない。法に基づいた反対であれば、反対勢力が権力の座に就いても暴力的手段に訴えなければ、再び改革することができないように既存の体制を変えることなどないと考えられている。法に基づく「反対」は、急進的であったり、リベラルであったり、保守的であったりと様々な形態をとりうるが、長期にわたって、体制の変化、発展、維持のために役立つのである。しかし、こうした反対勢力は、個人や団体の権利を認め、体制内の人間が絶対的統治権を持つと認めた上で、これらのことを成さねばならないのである。

民主主義社会における「反対」の概念は、民主主義とイスラームとの関係についての重大な問題を提起している。民主主義、あるいは民主主義が発展途上にある状況において、通常、「反対」を解釈する際に、合法的な「イスラーム的反対」というものは存在しうるのだろうか。同様に、イスラーム国家においては、言葉の持つ通常の意味における「反対」は存在しうるのだろうか。イスラームの伝統の中には、イスラームにおける民主的な反対や反対を認めるイスラーム的民主主義の存在を可能にする側面や特質は存在しているのだろうか。

イスラームの伝統

全てのムスリムが必ずしも支配者と同じ考えを持っているわけではなかった。その結果、他の社会と同様に、ムスリム社会にも「反対」の伝統が存在していた。こうしたことは、七世紀前半の預言者ムハンマドの時代、つまりイスラームの萌芽期にまで溯ることができる。ムハンマドが生きていた頃、彼の信徒たちの共同体で行なわれていたことは、それ以降多くのムスリムにとって規範となる様式となった。これらの経験は、法、国家、共同体の本質に関しての、ムスリムの信仰や日々の営みの先例となっただけでなく、同時に現代のムスリムにも通じる伝統の一部をなす「反対」というイスラーム的概念の先例となったのである。イスラーム共同体（ウンマ）が特殊な体験をし歴史的発展を遂げたことにより、ムスリムは、「反対」のための様々な異なる状況に当てはまる概念や教えを持つことができた。

ウンマは、七世紀アラビアの町、メッカにおいて、迫害を受けたムハンマドとそのわずかな弟子から始まった。ムハンマドの根本的教えは、メッカの支配層の政治や信仰全般に対する断固たる挑戦であった。その後、ムハンマドと他のムスリムたちが、後にメディナと呼ばれるヤスリブの町に移住した時、彼らは、多元社会のための「憲章」を定めた。最終的には、ムハンマドの使命の成就とその後のイスラーム社会やイスラーム国家の拡大と共に、ムスリムたちは、何が許容される多様性であり、どのような「反対」が反乱となるのかを定めねばならなかった。こうした多様な経験がムスリム共同体における合法的な意見の相違や「反対」を規定する際の、多くの有効な概念の基礎となった。

メッカにおいてムハンマドが神の啓示を受けた後、最初の数年間では、信徒の数はなかなか増えなかった。時が経つにつれ、ムスリムたちは阻害され、自分たちを庇護してくれる有力な親戚を持たぬムスリムたちは、しばしば攻撃され迫害された。イスラームの根本的教えは、既存の社会・政治的秩序に対する断固たる挑戦を示している。しかし、多数派の敵意に対して、ムスリムたちは暴力的な争いや紛争を行なうことなく、懇願、説得、改宗などの手段を用いて対応した。ムスリムたちが集団でメディナの町に移住した時、彼らは多元社会の中で目覚しい団結力を発揮した。こうした新たな社会・政治的状況は、イスラーム史において後に「メディナ憲章」と呼ばれる協定の中で定義されることになった。その協定の中で、（メッカ出身であれメディナ出身であれ）ムスリム内、また非ムスリム内における、紛争解決や共同体活動の権利や手続きの大枠が規定されていた。[18] 現代のムスリムは、このメディナにおける憲章と経験が、イスラームの伝統や啓示に適う多元的社会政治体制の先例となったと考えている。[19]

ムハンマドの死後、数世紀にわたる「伝統的」ムスリム社会は、イスラーム法、すなわち「シャリーア」が正式に定義される環境を整えた。イスラームの政治的伝統の基本的概念や象徴が発達したのは、イスラーム多数派の環境においてである。合意(イジュマー)、協議(シューラー)、イジュティハードの考え方が実際的に規定されたのもこの時代であった。また同時期に、政治的反対という問題により直接的に関わる概念が発達した。民主化が世界的潮流となっている現代において、これらの概念は、現代のイスラーム思想家や指導者が、「反対」という問題に対処する際の重要な典拠となっている。

より形式化されたイスラームの慣習や法といった幅広い伝統が、支配者や政府に優る特権的な法秩序という概念が発達するための基礎となり、この概念に基づき指導者たりえるかが判断されたのである。この意味において、イスラーム法はムスリム社会に対する「立憲主義的」秩序を示している。それは、政治社会における大部分の人々が合法的で権威のあるものと認めている一連の基本的規範となった。近代に入ると、このような基本的原則は様々に規定されるようになった。原典であるコーランとスンナに焦点を合わせて規定する思想家もいれば、中世の学者によって定められたシャリーアの法典集を利用して規定した者もいた。しかし、イスラームの原理が、ムスリム社会の「憲法」であるという考えは、幅広い層の思想家から支持されていた。

より保守的で伝統的な様式は、サウジアラビアの政治体制の中に認められる。そこでは、コーランは「王国の憲法」として、シャリーアはサウジアラビアの司法制度の根幹として規定されている。「正しく施行されるならば、聖なるコーランはいかなる世俗的憲法よりも我が国のムスリムにとってより適しているというのが、サウジアラビア政治の基本的な考え方なのである。[20]」中世に作られたイスラーム法は、もはや今日の社会には当てはまらないと主張する学者たちでさえ、コーランとシャリーアは、近代ムスリム社会の立憲主義の基盤であると認めている。例えば、スーダンの学者、アブドゥッラーヒー・アン＝ナイムは、「立憲主義に対するイスラーム的正当性や支持はムスリムにとって重要であり必要なものである」と述べている。コーランは「立憲主義について言及していないが、立憲主義はコーランによって述べられた公正で善良な社会を実現するために必要なのである。[21]」

広義における憲法は、法に基づく「反対」に対しての基礎を提供する際に重要な要素となる。憲法は、革命的転覆を企てることなく、為政者の行為に挑戦したり、改革を進めるための基礎を提供するのである。それゆえ、サウジアラビアの保守的で忠実な反対勢力は、憲法の永遠の真理とそれを実施しようとする際に誤りを犯す人間とを区別することができる。

誰であろうと、コーランやスンナによって示された神や預言者の意志を勝手に定義したり、シャリーアに基づく支配を一人で決定し全国民に押しつけることはできない。必要なことは、現実的かつ断固とした方法で実践されねばならないと広く認められている、完全で聖なるシャリーアの規定を、常に何の制限もなく検討、評価、質疑を行なわねばならないウラマーの人間的見方や解釈から区別することである。[22]

コーランとスンナの最高の権威は、イスラームの歴史を通じて、現状批判のための根拠となってきた。イスラーム的反対、革新、改革の運動は、より高い権威を求めるこうした要求の中で、正統性や合法性を見い出すことができた。このことが近代において、イスラーム的立憲主義の基礎となり、国家を定義したり、「反対」の合法性を認める枠組みを提供するのに役立った。

二つの重要な思想が、「意見の相違」と「反対」というイスラームの伝統的考えに対して概念上の制限を加えるのに役立っている。その二つの思想とは、フィトナ（国家的混乱）とイフティラーフ（意見の相違）である。前者は非難されるべきものであり、後者は許容されるべきものである。また、ムスリム社会における少数派（特に非ムスリム）の役割や権利を規定する概念や、統治者の支配に優越した「立憲主義的」原則や事実上の権力分立を認めることによって、統治者の権力に制限を加えようとする概念も存在している。これらの概念のどれ一つとして、またそれらをどのように組み合わせても、近代において了解されている民主的な「反対」の概念をあらわしてはいない。しかし、それらの概念は、イスラームの伝統の中で、民主的「反対」を概念化するための土台となっている。

フィトナは、どのような意見の相違が許されるのかということについて、イスラーム伝統の観点から制限を加えている。コーランでは、フィトナという用語は、メッカの人々によるムハンマドとその信徒に対する迫害をあらわすのに用いられ、ムスリムであることを止めさせようとする誘惑や試練をあらわしている[23]。フィトナは、必要であれば暴力を用いても、積極的に阻止しなければならないものである。このことに関連したコーランの重要な一節には、「アッラーの道において、汝を攻撃するものとは戦え。しかし、こちらから不義をしかけてはならない。アッラーは不義を行なうものを好まぬのだから。不義を行なうものに会ったならば、彼らを殺せ。そして彼らが汝たちを追放した場所から彼らを追放せよ。なぜなら彼らのフィトナは、殺人という行為よりも罪深いのだから。」（二章、一八九〜一九〇）と記述されている。こうした初期の状況においては、フィトナは、ムスリムの信仰そのものを脅かすイスラーム共同体に対する「反対」であり、必要ならば武力によって阻止しなければならないものであった。

フィトナの意味は、後年拡大されたが、現統治者に対するあらゆる「反対」の総称的用語とは決してならなかった。実際には、フィトナの意味は、少なくとも暗黙のうちに、「ムスリムの信仰の純粋性を危険にさらす教義的態度により引き起こされる騒乱ないし内乱として定義されたままであった。」[24]しかし、中世のイスラーム政治理論の一般的傾向は、「権威は無政府状態よりも好ましい」[25]ということを認める方向にあり、無政府状態を引き起こすようなものを全てフィトナとみなす傾向があった。しかし、全ての反乱がフィトナというわけではない。信徒たちは、不信心で神を受け入れぬ統治者に対して抵抗する権利と義務を有しているという原則はそのままであった。したがって、このような不敬な統治者に対する抵抗は、実際にはフィトナに対する戦いとみなされた。というのも、フィトナは抵抗の行為ではなく、信仰を脅かすムスリムに対する攻撃であったからだ。このような攻撃は、メッカにおいて初期のムスリムが経験したように、統治者自身によって行なわれた。この場合、フィトナに対する戦いは抑圧的統治者に対する戦いであった。

近代における多くのムスリムの学者たちは、フィトナを避けるために必要となる制限の中で、革命的行動という問題や表現の自由について論じている。大部分の学者は、常に不正で独裁的な政府に対する革命は合法であると認めている。スーダンの政治学者、ムッダティール・アブド・アッ＝ラヒームは、ムスリム信徒の社会は「このような権力者を力づくで退ける権利だけでなく義務を負っている。このような状況では、革命は聖戦の適切かつ必要な形である」[26]と述べている。しかし、アブド・アッ＝ラヒームは続けて次のように述べている。イスラームの言辞では、革命は最後の手段であるべきだ。なぜなら、「革命はすぐに制御できなくなり、また社会全体の機構を破壊しフィトナを引き起こす予測不能な暴力や対立を引き起こしかねないからだ。……革命とは、イスラーム史上、多くの著名な思想家や法学者が（幾分ホッブス風に）述べているように、権力の強奪者さえも（ある条件の下で）従わねばならぬフィトナが引き起こすあらゆる結果を避けるために行なうべきものである。[27]」アブド・アッ＝ラヒームや多くの近代の学者たちは、強奪者も合法でありうるというこうしたイスラーム的考えを否定しているが、ラヒームは、「正しいことを行ない、常軌を逸した無能力な統治者による悪政を阻止するためには、シューラー（協議）を尊重すれば、反乱や謀反などのような過激な手段に訴えるよりも、まず不当に苦しめられたウンマ、すなわち一般ムスリム市民による手段に訴えねばならないということを結論として強調している。[28]」このようにして、フィトナの概念は、現代ムスリム政治思想における法に基づく「反対」の定義の一部となったのである。

フィトナはまた、言論の自由を定義する際にも重要な概念となっている。法学者であるモハンマド・H・カマーリーは、「扇動的言論に対する近代的解釈は、表現の自由を制限する傾向にあるが、シャリーアは言論の自由をかなり認めている。それは、社会の秩序に対する切迫したフィトナの危険を回避するために必要な手段ならば一切の制限はないからだ[29]」と主張している。「扇動的フィトナとは、ムスリムと非ムスリムを区別できなくなるほど、人々の中に不満や論争を引き起こすような言動を指している。[30]」カマーリーはラヒームと同様、フィトナの定義を含む問題は、善なる事をなし、悪なることを禁止する市民の能力というより広範囲な問題と関わっていると考えている。これは政府が、民衆に直接に政治参加を促す能力とも関係している。すなわち「現代の扇動的フィトナは、政府の協議能力や政府が一般市民にインスピレーションと道徳的指導を与えるだけでなく、政府が一般市民をその意志決定過程に関わらせる度合いと密接に関連している。[31]」

騒乱や無政府状態がムスリムの信仰を脅かすという考えが、ムスリムの伝統における「反対」の概念に強力な制限を加えている。共同体の統一を乱すことは、大変な騒動であり、ムスリム社会において国家に反旗を翻した人々は、イスラームの萌芽期からフィトナを引き起こす者として糾弾されてきた。しかし、フィトナは「反対」を制限するのにも統治者に反抗するのにも両方用いられる複雑な概念である。それは、現代のムスリムの伝統における概念を豊かなものにし、ムスリム社会を民主化する際の「反対」の権利に関する多くの論争の背後に存在しているものである。

イスラームの伝統には、社会内部で許容される多様性の本質や役割を定義するいくつかの要素が存在している。イスラーム的世界観の土台としてタウヒード（神の絶対的唯一性）が強調されているにもかかわらず、イスラーム社会においては、かなりの多様性を合法的だとみなすいくつもの解釈が存在してきた。二つの重要な概念が、社会における、ムスリム内の多様性と多宗教から生じる多様性を理解するための基礎となっている。その二つの概念とは、イフティラーフというムスリム内での意見の相違をあらわす概念と、非ムスリムが社会の中でムスリムとの関係においてどのような意味や地位を持つかを定義する際の、「協約の民」（アフル・アル＝ズィンマ）あるいは「啓典の民」（アフル・アル＝キターブ）という概念である。

イフティラーフは、イスラーム法学においては、比較的あいまいな用語であるが、イスラームの伝統においては、多様な見方に対する重要で幅広い態度をあらわしている。イスラーム法は、完全に整った単一の法令集として発展したわけではなかった。実際のところ、イスラーム法は、イスラーム史の最初の数世紀における多くの異なるグループの考え方や律法に基づく裁定から生まれた。七世紀から十世紀にわたって急速に拡大したイスラーム世界において、地方の統治者や裁判官たちは、イスラームの原理を多様な状況下で発展的に理解しようとする一般的枠組みの中で、多くの裁定を下すことを求められた。その結果、多くの異なる法学の伝統が発達し、イスラーム法の独立した学派へとしだいに形が整えられていった。スンナ派イスラーム世界では、このような複雑な状況から四つの学派が生まれた。そして十三世紀末までに、イスラーム法の法源とその解釈を提供したこれらの学派は、「一般に互いに寛容な姿勢を取っていた」が、こうした姿勢は、「教義の元来の地域的違いを当然のものとして認めていた四学派成立以前の時代から続いてきたものであった」[32]。イフティラーフについては、これら四学派の間でイスラーム法の個別の解釈において相違がみられた。

こうした違いは、「初期イスラームにみられる法思想の特徴的自由」[33]を反映し、神の啓示は、イスラームの言辞においては、戒律や帝国法のように単一の完全に体系化された構造を示すものではなかった。法学派が定義するまでは、預言者ムハンマド以降の伝統では、このような「ムスリム共同体における意見の相違は神の慈悲のあらわれである」[34]と一般に受けとめられていた。イスラーム史を通じて重要な思想家たちは、イフティラーフを意識し、学派間の違いと意見の相違を説明しようと試みてきた。諸学派間の違いを調和させようとする学者も多く存在し、このような努力は、しばしば復興運動の一部となった。南アジアの偉大な思想家、シャー・ワリーウッラーやアラビアの厳格なワッハーブ派の創始者の師、ムハンマド・ハーヤー・アル＝スィンディーなど、十八世紀におけるイスラーム復興と改革運動の中心人物たちは、イフティラーフに関する学派間の違いが歴史的にどのように生じたのかを論述した重要な著作を残した[35]。これらの学者は違いを説明しようとしたが、その違いの存在自体を悪いこととは考えていなかった。

近代のムスリム思想家たちは、イスラーム法学の持つ多様性を欠点というより利点であると考える態度を採っている。二十世紀における新しい形態のイスラーム運動発展の中心人物であったハサン・アル＝バンナーとマウラーナー・マウドゥーディーの二人は、こうした考え方を強調している。マウドゥーディーは、「四学派間にみられる違いは、真実には様々な側面があるということの証にすぎない」(36)と述べている。現代の指導的イスラーム思想家であるユースフ・アル＝カラダーウィーによって、「意見の相違の本質と倫理を理解する上での重要人物とみなされたアル＝バンナーは、ムスリムの団結という大義に対して積極的な対応をしていたが、意見の相違は避けられないということを充分認識していた。」(37)アル＝バンナーは、「些細な宗教的問題に関しての意見の相違は、多くの理由（例えば、異なる地域における集団はそれぞれの異なる考え方を持っている）から避けることができない。もし彼らに一つの考えに従うように万一強要したとするならば、フィトナを引き起こすことになろう」(38)と述べている。

二十世紀後半の思想家たちは皆、些細な問題では意見の相違があることを認めながらも、基本原則を統一しなければならないとする点でアル＝バンナーに同意した。しかし彼らは、基本原則に関しても解釈の違いを認めるべきだという考え方を持っていた。ムスリム同胞団の伝統における重要な学者であるサイード・ハッワーは、アル＝バンナーの立場について触れ、次のように述べている。

真の信仰を持つ学識のある人物によれば、聖なるコーランと預言者ムハンマドの言行に関する伝承のみが真正なものである。したがって誤りとは、それ以外の人々の思想や考え方に見い出されるものである。イスラーム史の各時代において、様々な集団が、多様な異なる考え方を持っていたし、ウラマーはこれまで、互いにそれぞれの意見を自由に斥けてきた。もし誰かがある考え方を持ち、その意図が公明正大なものならば、それらの人々に対しては寛容であるべきであり、彼らを非難したり攻撃する代わりに慈悲を施すべきである。[39]

ユースフ・アル＝カラダーウィーは、イフティラーフが実際にムスリム共同体の利益に適うという伝統的考えを再確認している。

最も深刻な問題の一つは、信仰心の篤い人々の中にもアフカーム（法的有効性）がシャリーアと同じくらい重要で永続的なものであるということがわからない者がいるということである。アフカームの重要性を認めて初めて異なる解釈が許される。……様々な問題に関して真のイジュティハード（博学な学者による独立した判断）に基づく意見の相違は、何の害も脅威も及ぼさないのである。[40]

カラダーウィーは、預言者ムハンマドの存命中でさえも異なる解釈が存在していたことに触れ、近代の急進論者を批判している。

最近、全ての真実と答えを知っていると考えているだけでなく、他の人々を自分たちに従うように強要しようとする人々がいる……このような人々は、コーランに対する自らの理解や解釈が、正しいとも誤りともしれぬ単なる仮説にしかすぎないということを忘れているようだ。まして、いかなる人間も（ウラマーでさえも）、イジュティハードを行なうためのあらゆる条件や前提を満たしていても完全無欠ではありえないのだから。[41]

現代の経験においては、スーダンのイスラーム指導者であるハサン・アル＝トゥラービーは、こうしたより柔軟なアプローチをスーダンでの体制の目標だと述べている。「知的態度は、規制化も成文化もされるべきものではない。前提となるものは、人々が自由であるということだ……自由によって、人々が一般的なイスラームの理解に反した意見を持つようになるという問題が生じるとは、私は思わない。なぜなら、イスラームの歴史を見れば、自由は一般的に認められていたからだ。つまり、人々は、いずれのマズハブ（法学派）にも所属する資格を有しているのだ。[42]」トゥラービーは、次のように続けて述べている。極端な例を挙げれば、背教というケースは、彼の言葉に従えば、スーダンで「（大罪として）裁くためには、単に知的背教以上のものでなければならないということである。背教は、扇動として解釈されるだけでなく社会に対する現実の謀反であると解釈されるべきものだ。[43]」ジャーファル・ヌメイリー政権によって一九八五年にマフムード・ムハンマド・ターハーが処刑された悪名高い例に関して、トゥラービーは、裁判官が罪状を扇動から背教に変えたのは、彼自身の判断によれば、「間違いなく誤った決定であった[44]」と述べている。

法学に関する多元主義の正当性は、イラン・イスラーム共和国において明確に示されている。イラン憲法は、シーア派の十二イマーム（ジャーファル）派をイランの正式な学派であると定め、次のように続けている。

ハナフィー派、シャーフィイー派、マーリキー派、ハンバリー派、ザイディー派を含む他のイスラーム学派は、十分尊重されるべきであり、信徒たちは宗教的儀式を行なう際に自分たちの所属する法体系に基づいて自由にふるまうことができる。これらの法学派は、宗教教育、私事（結婚、離婚、相続、遺言）、それらに関連した法廷における訴訟などの事項について公的権利を有している。[45]

この容認された根本原理の枠内での多様性に対する寛容さは、法律の些細な部分だけにとどまらない。こうした寛容さは、政治思想が法学派以前の時代に発達を遂げた時も、政治思想の幅広い分野で存在していた。

スンナ派の共同体においては、カリフ制に関して普遍的に認められた教義など存在しない……実際、スンナ派の根本思想においては、唯一つの決定的で最終的な思想を認めることなど決してない。その根本思想が定めているのは、カリフ制とは、シャリーアの規範を順守し実行に移そうとする政府の形態であるという原則である。その原則が適用される限りは、その応用の方法に関して多様性はいくらでも認められるのである。(46)

もっと幅広い観点からみれば、ヒラーファの人間的使命は、法を施行する際に生じる違いが合法であると認める枠組みの中で考えられる。このような構造は少なくとも、人間をアッラーの意思を実践する「カリフ」としてみようとする拡大解釈の中では、「立憲主義的反対」にかなり通じるところがある。

イスラームが多様性を容認しているという事実は、前近代の非ムスリムの扱い方に端的にあらわれている。コーランの教義自体は、ユダヤ教徒やキリスト教徒に対する聖書をアッラーからの啓示として認めている。アッラーからのメッセージが預言者によって明らかにされた人々を「啓典の民」と呼ぶが、イスラームは、「啓典の民」の特別な権利を正式に認めている。ムスリムの政治体制が発展し、イスラーム法がより正確に定義されるにつれて、非ムスリムの権利と地位は、より明確に法の中で規定されるようになったが、実際的適用の面では、地域により大きな違いがみられた。イスラームの根本的概念は、ズィンマ、すなわち「啓典の民に対して、ムスリム共同体が、イスラームの主権を認めるという条件の下に、厚遇と庇護を与え続けるという契約(47)」が存在するということであった。このことから、ムスリム社会における非ムスリムの人々は、しばしばズィンミーと呼ばれた。

ズィンミーという立場は、明らかにその行動に対する重大な制限を伴っており、政治構造の観点からは「二流」の地位に置かれていた。しかし同時に、このような少数派の人々は、ムスリム社会の中で、迫害から実質的に庇護され諸権利を保証された正当な構成員であると公式に認められていた。多くの人々が、このようなことは、前近代においてほとんどの西洋社会で行なわれていたこととは対照的であると述べている。「ズィンマの民」という概念は、近代における少数派の民主的権利の概念とは明らかに異なるものであるが、多くの類似点を備えており、他の大部分の前近代的社会にみられたものよりも、民主的概念に対してより明確な土台を提供している。この概念はまた、意見や慣習の多様性は正当なことであるとかなり明確に認めている。したがって、ズィンマという概念は、少数派の権利を認めることが民主的反対の存在にとって重要であると言ってもいいほど、立憲主義的反対という概念の基盤となっている。

西洋の政治制度の歴史を眺めれば、立憲主義的反対に対するもう一つの基盤は、統治者の機能を制限することのできる独立した組織の発展に見い出すことができる。例えば「ローマ帝国において、執政官や元老院の決定に対する拒否権を与えられていた護民官の創設は、少なくとも初期においては立憲主義的反対の概念にまさに沿ったものであった。後に教会が中世の封建君主に対して同様の役割を果たすようになった。[48]」さらに時代を経ると、近代の民主的政治制度という概念の形成に大きな役割を果たした権力分立という概念が発達した。政府の立法、行政、司法という三者の関係は、政治的反対という言葉が民主的制度の中で通常意味する権力闘争というようなものではなく、民主的政府という概念にとって重要な要素である。それは、モーリス・デュヴェルジェが「西洋民主主義の不可欠な要

素であり、東洋民主主義に欠けている要素と呼んだ『統制された反対』という種類のものである。」(49)

長い歴史を持つ「東洋的専制主義」という概念の中では、権力分立や統治者の権力を制限する構造などの考え方は全く存在していない。しかし、このような無制限の権力は古典的ムスリム社会の指導者には当てはまらなかった。このことは政治的構造に関するイスラーム法をみても歴史上の事実をみても明らかである。「教会」的組織は、イスラーム社会では全く発達しなかったが、ウラマー(学識者)と呼ばれるイスラームに関して極めて博識で教会の役割を果たす指導層が初期の世紀に登場した。正式なイスラーム法の基礎となったのは、カリフの命令や支配ではなく、これら学識者の合意であった。いかなる統治者も法に優るものとはみなされず、全ての統治者は法によって審判されたのである。

このような歴史の流れの中で、「宗教」と「政治」はイスラームにおいては、分離不可能なものであったと言えよう。つまり、「政治」の世界は、「宗教的」世界観によって定義され形成されたのである。「教会」と呼ばれる組織がイスラーム社会においては現れず、それゆえ、少なくともその意味においては、イスラームの歴史の中では「教会」と「国家」の分離という問題は存在しなかったと言える。しかし、イスラームに関わる国家組織や社会秩序の制度が発達したことは、法学派が発展し学識者の階級であるウラマーが出現したように、イスラーム国家において宗教と政治が必ずしも一枚岩でなかったことを示している。初期のイスラーム社会における宗教と国家の関係を分析した中で、イラー・ラピダスは次のように結論づけている。

初期の宗教と政治が一体化した状態は、イスラームの諸制度が発展する過程の中で、政治生活と宗教生活が、それぞれ組織化された部分的自律性を備えたものへと分離される段階へと変化した……イスラーム世界における「国家」と「宗教」の形態は、西洋の「国家」と「宗教」の形態とはかなり異なるが、イスラーム社会は、理論上はそうでないとしても、実際は宗教組織と政治組織が分離している社会なのである。(50)

この一般的な宗教と政治の分離は、統治者とムスリム共同体との間の宗教・政治的契約という正式な概念へとつながった。二十世紀後半のイスラーム復興に重要な影響を与えた十四世紀の復興主義思想家、イブン・タイミーヤは、この概念について明快に述べている。アッバース朝のカリフ制が崩壊した後、彼は次のように述べた。ムハンマド以後、最初の四代の後継者たちは一時的なカリフであり、「彼らのイマームとしての権威は、ムスリム共同体一般との相互契約により得られるものである。彼らはウラマーと緊密に協力しながら、シャリーアが示すように、宗教や政治の機能を行ない、その代償として人民からの忠誠を受けるのである。(51)」現代イスラーム復興の分析者たちの中には、一九六〇年代から一九七〇年代にかけて、ムスリム急進派がイブン・タイミーヤの思想を聖戦の大義名分として用いたということを強調している者がいる。(52)しかしながら、これらの分析者たちは、イブン・タイミーヤ自身と彼の思想を利用している現代の革命論者の双方が用いた「社会契約」という要素に必ずしも言及していない。聖戦を権威づけする時でさえも、イブン・タイミーヤは、イスラーム法に従わぬ統治者に対する「反乱の権利」に触れていた。この反乱の権利こそが統治者と社会との「契約」の基礎をなしているのである。

その後数世紀を経て、オスマーン帝国において、この契約という考えは法体系の中で形式化された。オスマーン帝国は、イスラーム国家であり、その元首であるスルターンは、イスラーム法に従がわねばならなかったが、法として機能する行政上の法令を発布する権限を有していた。しかし、帝国のウラマーたちは、（実際には政治的理由のためにあまり行使されることはなかったが）、もしスルターンによって出された法令がイスラーム法と相容れないものだと判断したならば、その法令を無効にする公認の権利を有していた。[53]さらには、帝国の正式なウラマー階級の長であるシャイフ・アル＝イスラームは、スルターンがもしイスラーム法の根本を侵せば、退位させる決断を下すことができた。この権限はほとんど行使されなかったが、実際に、イブラーヒーム（一六四八年）、メフメト四世（一六八七年）、アフメト三世（一七三〇年）、セリム三世（一八〇七年）等のスルターンはこの権限の行使により退位させられた。これらの公式な手続きをみれば、ウラマーがイスラーム法という「憲法」の代弁者であるという事実に基づいて、統治者の権力に対する歴史の点検が行なわれていたことがはっきりと理解できる。このことは、権力分立がイスラームの伝統においてもともと備わっていた要素であったことを示している。

このような独特な権力分立の伝統は、イスラーム主義者が権力の座についた二つの現代国家、イランとスーダンの政治体制の一部となっている。イラン・イスラーム共和国の基本的な政治原理は、ヴェラーヤテ・ファギーフという「イスラーム法学者による統治」である。この幅広い概念は、一九七〇年に『イスラーム政府論』（フクーマテ・イスラーミー）という名で出版されたアーヤトッラー・ホメイニーの一連の講義録にかなり詳細に記述されている。[54]ホメイニーは、「イスラームの法学者（ファギーフ）が統治者に優る権威を持っていることはすでに確立された原則であり、もし統治者がイスラームに従うならば、彼は必然的に法学者に従い、イスラームの法と規則を実践するために法学者に尋ねることになる。これが実状であるのだから、真の統治者は、法学者自身であり、統治権は法学者のものである」[55]と述べている。ホメイニーによる「十二イマーム派」の伝統というシーア派の思想では、真の統治者は、神により定められた不可謬なイマームであるが、現代においては、このイマームは、「お隠れ状態」にあり、神によって隠微された存在であるために直接統治を行なうことはできない。このような解釈によれば、法学者による統治は、「未成年者の後見人が任命されるように、（イマームからの）形式的任命といった形でのみ存在する。その義務と地位に関しては、国家の後見人も未成年者の後見人も何ら違いはない。法学者による統治は、まるで未成年者の後見人を任命するように、イマームが誰かを地方の統治者の職、あるいはその他の役職に任命するようなものである。[56]」このことは、イラン憲法の中で正式に定められており、イラン憲法には、隠微の時代においては、ウンマの権威と指導権は、「時代の状況を充分認識し、勇気があり、知略に富み、行政能力を備えた公正で篤信の法学者（ファギーフ）が負う[57]」と規定されている。

しかし、イラン・イスラーム共和国においては、法学者（ファギーフ）は権威的指導者であり、行政上の指導者ではない。行政上の指導者としての職務は共和国の大統領によって遂行される。憲法には非常に注意深く構成された抑制と均衡の機能があり、憲法第百十一条においては、ファギーフそのものの罷免の手続きも示されている。選挙で選ばれた国民議会であるイスラーム議会は、内閣の構成に対する信任投票を行なわねばならず（第八十七条）、また議会は各大臣や大統領の不信任投票も行なうことができる。議会の活動は憲法擁護評議会によって立法がイスラーム法と矛盾することのないように審査されている。

事実、イランの政治体制は、きわめて高い柔軟性と権力の均衡を備えている。議会における論争や意見の相違は、不信任決議を経て内閣の一員の罷免につながることもある（例えば一九八三年四月）、また大統領に対する信任投票が（一九八九年の憲法改正以前は首相に対する投票も）満場一致には程遠い場合も時にはみられた。憲法擁護評議会が立法を退けた場合もあったが、その判断は絶対的なものではない。例えば、離婚を求める夫に対して女性が現金での賠償金の請求を可能にする法律が議会によって可決された時、憲法擁護評議会はその法律を無効とした。しかし、大統領が率いる公益判別会議は、一九九二年にその法律を最終的に認めたのである。[58] このような立憲主義的状況下では、多様な「反対」が複雑な抑制と均衡の機能を持つ枠組の中で可能となるが、その枠内における最高の権威は、実際には、政府組織の外にいる指導者に帰するのである。

スーダンの体制は、一九八九年の政変以来、徐々に発展している。以前の複数政党による議会制とは異なる民衆参加型の政治制度を作り出そうとする努力が続けられてきた。あるスーダンの官僚は、次のように述べている。「その際、問題となるのは、スーダンの独立以来、三たび期待通りの結果が得られなかったのだから、西洋の複数政党による民主主義に再び戻るかどうかということではない……問題は、民主主義の他のどんな形態を採用するかということである。[59]」

発展途上にあるスーダンの政治体制は、ウマル・アル＝バシールが率いる軍人グループによって指導されているが、徐々に政治構造の市民化が行なわれ、地方から国レベルに至るピラミッド型の民衆による委員会や議会の創設が実現した。こうした成果の土台となる世界観は、明らかにイスラーム的なものであり、指導層はこれがイスラーム化の過程であると自ら宣言している。しかし、こうした発展の重要な一面は、新しい政治に対する知識階級の大部分が、ハサン・アル＝トゥラービーに率いられた国民イスラーム戦線（ＮＩＦ）出身者であるということである。彼は海外のジャーナリストから国民救国革命の「首謀者」であるとか、スーダンの「事実上の統治者[60]」であると表現されているが、トゥラービーは、自分自身は政府の一員ではないと強調している。しかし、トゥラービーは、イスラーム化の努力に対して多くの知的枠組みと刺激を与えている。彼の立場は、イランの指導者のように明確に定義されてもいなければ、組織の中に組み込まれてもいない。しかし、スーダンの体制におけるトゥラービーの地位は、イランにおける最高指導者である法学者の役割と多くの点で一致している。

行政的指導者と精神的指導者との間の関係は、対立の関係ではなく、権力は集中化されないということをまさに示している。現在の政治体制の中でいくつもの異なる国務大臣の地位についてきたスーダンの著名なイスラーム主義者、ガージー・サーラー・アッ＝ディーン・アタバーニーの考え方によれば、権力の多極化が、現在のスーダン政府を「絶対的権力が一人の人間の手中にあった独裁的政府と区別するのに役立っている。また、我々が現在行なっていることは、国家や社会の中で様々な権力の中核を創設し、それらを統合することによって権力構造を制度化するということである。[61]」このような構造においては、合法的権力は正式な国家構造の外に位置することがありうる。トゥラービーや他の国民イスラーム戦線指導者たちの見解によれば、シャリーアは、道徳的市民社会の基礎を提供し、独裁的統治者の抑止力として働いている。[62]

指導者である法学者が、政府の正式な行政構造の外に位置するこのような形態は、現在のイランやスーダンに限ったことではない。イスラームの歴史上、このような形態は、姿を変え、いくつもの改革運動の構造の一部となっていた可能性がある。おそらく最も類似しているのは、サウジアラビアの建国や十八世紀のアラビア半島におけるワッハーブ派運動である。その当時、イスラーム復興主義の指導者であったムハンマド・イブン・アブド・アル＝ワッハーブは、自らのイスラーム改革思想を広めるための国家を建設しようとして、地方の首長であったムハンマド・イブン・サウードと手を結んだ。二人は、いくつかの事項については意見が一致していたが、サウドは政治・軍事的指導者を目指し、ワッハーブは教師や宗教指導者としてふるまった。その結果、両者の間で指導上の違いが生じてしまったのは、当時の歴史的状況の中では自然の成り行きであった(63)。

イスラームの遺産は、合意や協議など、民主化に対して、潜在的に重要な意味を持つ広範な概念を含んでいる。同時にそれは、「立憲主義的反対」という概念に対する基礎を提供したり、独裁政権の権力を制限する概念や伝統も含んでいる。どのような社会であれ、「反対」に対しては制限が加えられている。イスラームの伝統においては、フィトナの概念がこれらの制限の重要な例となっている。しかし、これらの制限内でも、イフティラーフのような概念や非ムスリムである少数派との契約は、イスラーム的民主主義における多様性や「反対」にとって基礎となる可能性を示している。統治者の制限された主権に対する幅広い解釈、憲法上の幅広い合意内での社会的契約という考え、国家内での効果的な権力分立など、これら全ては、現代イスラーム社会の中で、民主化プロセスに参加している人々がイスラームの伝統の中で共有している政治的概念の重要な一部となっている。

この枠組みの中でこそ、イスラーム的反対に対する知的で思想的な基礎を提供することが、現代の状況においては可能になるのである。フィトナという概念は、革命的な意味での「反対」に対する概念的基礎となり、他の概念が「立憲主義的」反対に対する基礎となっている。近年では、イスラーム的反対は、ほとんどの場合、既存の政治体制内での協力という枠組みの中で、民主主義の言辞を用いて表現されている。しかし、このような「反対」は、既存の政権から革命的であると宣言されれば、革命的色彩を帯びることになる。この意味において、次の六つの事例を検討することは有益なことである。その中の二つは、イスラーム運動が非合法で弾圧された反対運動であったアルジェリアとエジプトの例であり、他の二つは、イスラーム運動が合法的反対勢力の地位を得て複数政党による議会に参画したマレーシアとパキスタンの例であり、最後の二つは、イスラーム運動が政治体制の基盤となっているイランとスーダンの例である。

郵便はがき

1 6 2 - 0 0 4 1

恐れ入ります
が郵便切手を
おはり下さい

(受取人)
東京都新宿区
早稲田鶴巻町五一四番地

株式会社
成 文 堂
企画調査係 行

お名前＿＿＿＿＿＿＿＿＿＿ (男・女) ＿＿＿＿歳

ご住所(〒　　　－　　　)

☎

ご職業・勤務先または学校(学年)名＿＿＿＿＿＿＿＿＿＿

お買い求めの書店名

〔読者カード〕

書名〔　　　　　　　　　　　　　　　　　　〕

小社の出版物をご購読賜り、誠に有り難うございました。恐れ入りますがご意見を戴ければ幸いでございます。

お買い求めの目的（○をお付け下さい）

1．教科書　2．研究資料　3．教養のため　4．司法試験受験

5．司法書士試験受験　6．その他（　　　　　　　）

本書についてのご意見・著者への要望等をお聞かせ下さい

〔図書目録進呈＝要・否〕

今後小社から刊行を望まれる著者・テーマ等をお寄せ下さい

第三章　イラン

政権の座についた革命的イスラーム

イラン革命は、「人類史上最大の民衆による蜂起の一つ」[1]と考えられてきた。一九七八年から七九年のイラン・イスラーム革命は、多くの人々には、政治的イスラーム、すなわち「イスラーム復興運動」の典型的な事例として映っている。このイラン革命は、同時代のイスラーム復興主義に関連する様々な問題、例えば信仰、文化、権力、政治といった多くの問題を内包していた。アイデンティティ、文化の真正性、政治参加、社会正義を強調すれば、必然的に、西洋化、政治的権威主義、腐敗、富の集中を拒絶することになった。ホメイニーのイランは、革命的で急進的なイスラームに理論的枠組みを与え、革命が輸出されるのではないかという恐怖を、西洋世界ばかりでなくムスリム世界の政府にも抱かせた。「アメリカに死を」というスローガンはすぐに忘れ去られることはなく、時折叫ばれていた。

「イスラームと革命」や「イスラームと民主主義」に至る諸問題と関連づけて、「イスラーム復興主義」の本質と脅威について議論するとき、多くの人々にとって、依然としてイランは最初の参照すべき事例であった。(2) 国家的アイデンティティと革命という二つのシンボル、すなわちシャーとターバンを巻いたアーヤトッラー・ルーホッラー・ホメイニーほどイラン・イスラーム革命を象徴しているものはなかった。「地上における神の影」と呼ばれ、自らをシャーハーンシャー(王の中の王)と称したシャーは、髭をたくわえたルーホッラー(神の息)という名のムッラー(宗教者)が、勝利の凱旋を行なう前に逃げ出した。(3) パフラビー朝は、民衆の政治参加、国家的アイデンティティと独立の保持、より公平な社会の実現を約束する「イスラーム革命」を前にして崩壊してしまった。イラン・イスラーム共和国は、イランの宗教・文化的遺産とアイデンティティに正当な地位と評価を与える近代国家への道を歩みはじめた。

イラン・イスラーム共和国は、今日まで革命的イスラームの重要なシンボルであったが、建国以来十五年以上経った一九九〇年代の中ごろには、イラン革命の経験は、実際に機能している近代の政治的イスラームを研究するための重要な事例となっている。イランのモデルが近代的な宗教国家を樹立しようとする壮大な実験であることは明らかである。こうした実験から生まれたイランの政治体制は、西洋社会で発展してきたような民主主義の形態とは合致しない。イランで誕生した政治体制は、イスラームと民主主義との関係における極めて重要な問題を反映する形で、権威主義的統治と民衆の政治参加を結びつけている。

アイデンティティとしてのシーア派イスラームとイラン民族主義

十六世紀にはじめてイランの国教として宣言されて以来、シーア派の教義はイランのアイデンティティと政治的正統性の拠り所として不可欠なものとなっていた。シーア派イスラームは、その歴史的起源から政治と深く関わっており、そうした過程において、政治的危機に陥るたびに、再解釈され利用されてきた信仰の体系であった。イランの歴史上、十二イマーム派はほとんど政治に関心を示さず、王朝とそれなりにうまく折合ってきた。しかしながら、歴史の重大な局面では、シーア派の信仰、リーダーシップ、諸機関はイランの政治や社会において重要な役割を果たしてきた。シーア派の教義は、国家的アイデンティティと独立を守り、民衆の支持を結集するために解釈され利用されてきた。十九世紀と二十世紀において、ウラマーは自らを王朝から民衆を庇護する者とみなし、民衆の抗議運動に参加してきた。ウラマーは、「専制政治を行ない、外国の帝国主義者に国を売り渡そう」とする王朝に反対した。(4) 一八九一年から九二年のタバコ・ボイコット運動において、ウラマーは全国的なタバコ禁輪を巧みに指導し、反体制運動の一翼を担っていた。「有力な商人の強い支持を得た一握りの知識人からなる行動主義者は、絶大な影響力を持つ聖職者を利用し、民衆を動員することができた。」(5) 一八七二年のロイター利権譲渡の中で、シャーはイギリスに対して鉄道建設、銀行業、鉱山業の利権を認めたが、一八九一年から九二年にかけて、反対運動が起こったために、イギリス企業にタバコの専売権を売却するのを取り止めざるをえなかった。

一九〇五年から一一年の立憲革命において、ウラマーは再びバーザール商人や近代改革主義者(知識人や世俗的民族主義者）と共に、王朝の専制に制限を加えるための憲法改正を要求して行動を起こした。このように外国の侵略に対して、初期の民族主義運動や抵抗運動が起こっていたにもかかわらず、他のムスリム世界と同様に、イランも依然としてヨーロッパ帝国主義の強い影響下にあった。

こうして、イランは半植民地となってしまった。イランでは、ベルギー人が税務局を管理し、スウェーデン人の役人が国の警察官を指揮し、ロシア人の役人が警察保安隊員となり、ハンガリー人が財務局を管理し、オランダ人が唯一の電信事業や……大規模な工場［繊維］を所有し運営していた。(6)

外国勢力がかつてイランに存在し影響を与えた負の遺産は、主権、正統性、民衆の政治参加が絡み合う危機的状況を生み出し、その状況は、パフラビー朝時代に再び表面化した。(7) こうした危機は、異議申立てや反対のイデオロギーを提示するために、シーア派イスラームが再解釈される先例となった。すなわち、歴史的に見れば、時として政治に無関心であったウラマーが、自分たちの役割は政府(国家)の絶対主義や専制政治から、イスラームやシーア派共同体(国民)を庇護することであると主張するための重要な先例ともなったのである。(8)

近代イラン

近代イランの歴史は、パフラビー朝（一九二五～七九年）の歴史である。レザー・ハーン・シャー（一九二五～四一年）と彼の息子モハンマド・レザー・シャー（一九四一～七九年）の下で、近代イランは形成された。一九二〇年代末から一九三〇代にかけて、軍の司令官レザー・シャーは権力を掌握し、パフラビー朝を築き上げた。レザー・シャーは、同時代のトルコのムスタファ・ケマル・アタチュルクの改革に影響を受け、近代的軍隊や官僚制に基づく強大な中央政府の樹立と近代化を目指していた。アタチュルクとは異なり、彼は社会全体を世俗化する政策を推進しようとはしなかった。彼は宗教的諸制度を排除することよりも、むしろそれを規制し管理しようとした。政治的には、レザー・シャーのイランは、共和制国家、すなわち近代化を志向する国家というよりは、むしろ王朝君主制国家であった。彼の目指した国家政策(反抗的な部族の封じ込めや強力な中央政府と軍隊の確立)や目標は、民衆の政治参加を認めることではなく国民を統合することにあった。

レザー・シャーの治世は、当初イスラームに対して表面上は(口先だけの)忠誠を示して、シーア派指導者の支持を獲得した。しかし、ウラマーの権力や地位だけではなく、イスラームの信仰やアイデンティティを脅かす政策をいくつか実施したために、次第に多くのウラマーや伝統的階級の人々から疎まれるようになった。まずゾロアスター教がイスラームと並んで国教として認めれた。政府はまた、イスラーム以前の名称(パフラビー)とシンボル(ライオンと太陽)を採用し、西洋的な法や教育の改革を実行した。服装に関しても様々な規則が設けられた。聖職服の着用は制限され、男性の服装は西洋風にすることが命じられ、一九三五年にはベールの着用も禁止された。さらに政府は、ウラマーから宗教的寄付を管理する権利を取り上げた。エジプトや他の近代化を志向するムスリム国家と同様に、ウラマーは、近代的で世俗的な裁判官、弁護士、判事、公証人、教師に取って代わられ、自分たちの権力や富の基盤を奪われたのである。パフラビー朝の改革は、上流階級や中産階級にとって都合のよいものであり、彼らはその恩恵に浴することができた。その結果、近代化された階級と大多数のイラン人や伝統的エリートとの間には、社会・経済的、文化的格差が拡大した。

モハンマド・レザー・シャーの治世は、イギリスがレザー・ハーンを退位させ、その息子であるシャーを王位の座に就かせた一九四一年にはじまった。しかしながら、シャーが、西洋政府（とくにアメリカとイギリス）や西洋の多国籍企業からの強力な支援を受けて自らの権力を強大化したのは、彼が一九五三年にアメリカの計画の下、イギリスの後ろ盾を得て、亡命先のイタリアから帰国してからのことであった。

西洋への従属をますます深める中で、シャーは西洋やイスラエルで訓練された軍隊や警察を後ろ盾にして、野心的な西洋志向の社会・経済的近代化プログラム、いわゆる白色革命（一九六三〜七七年）を推進した。しかしながら、こうした近代化プログラムの推進には、重要な民衆の政治参加が含まれておらず、反体制勢力をコントロールするために懐柔と威圧が行なわれた。シャーは一九七〇年代に一層独裁的になり、あらゆる反体制勢力、すなわちマルクス主義者だけでなく、リベラルな世俗的民族主義者や宗教的民族主義者までをも抑え込むためにサーヴァーク（SAVAK）、すなわちCIAやモサッド（イスラエル）で訓練を受けた秘密警察を利用した。ジェームズ・ビルが述べたように、「シャーは威圧と懐柔、抑圧と改革といったバランスの取れた過去の政策を放棄した……彼は国内での抗議運動や政治的反対に寛容ではなくなり、新しい政策は結果的にテロの支配を招くことになった。」(9)

シャーの治世は当初、ウラマーの支持を獲得していた。多くの人々は、君主制は拡大する世俗主義や共産主義の脅威から社会を擁護するものだと考えていた。一九七〇年代まで、有力な反体制勢力は形成されていなかったが、一九六〇年代に入り、宗教組織が政府の攻撃にさらされるようになると、体制の過度の抑圧に対する批判が出はじめた。パフラビー朝の政策により、かつてウラマーが管轄していた多くの領域は次第に国家の統制下に置かれるようになった。一九三〇年代にシャーの父、レザー・シャーの下で行なわれた教育、法律、宗教寄進に関する政府の改革に続き、一九六〇年代には土地改革が実施され、ウラマーの財産、収入、権力はさらに制限されるようになった。ウラマー階層は、これまで地位や権力を政治的エリートとの結婚を通して強化してきた。それだけに、イランの教育や社会面で二極化が進んだことは、結果的にアイデンティティと世界観について、近代的で世俗的なエリートや知識人層と宗教心の篤い聖職者との間に重大な差異を生み出した。権力が、ますますシャーや世俗的指導者や西洋化されたエリートの手に集中するにつれ、ウラマーと国家の関係は次第に悪化しはじめた。ウラマーは、当然の成り行きとしてバーザール商人と協調し、国家の官僚支配に対抗して民衆に根ざした政治、経済、社会問題に取り組むようになった。

ウラマーの一部は、イスラームとイランが危険にさらされ、自分たちの権力が衰退するのを目の当たりにして、ウラマーはもっと政治に関わるべきだと主張した。一九二三年から六三年にかけて、ホメイニーは、こうしたウラマーの高まる声を代弁して政府批判をし始めた。西洋化を志向するシャーの近代化プログラム(とりわけ土地改革や女性の参政権)と、シャーとアメリカ、イスラエル、多国籍企業との密接な結びつきは、イスラームにとっても、イランのムスリムにとっても、また国家の独立にとっても脅威と考えられていた。聖地コムの説教壇から、ホメイニーは、絶対王政と外国の「支配」やその影響力に対して強硬に異議を唱えた。

政府は国の独立を売り払い、イランを半植民地にしてしまった。そして世界の人々に、イランのムスリム国家は野蛮人の国よりも遅れていると思わせた。……もし宗教指導者が影響力を持っていたならば、イランがイギリスやアメカの奴隷になることなど許さなかったであろう。宗教指導者はイスラエルがイランの経済を乗っ取ることなど許さなかっただろうし、イスラエルの商品をイランで売ることなども許さなかっただろう——実際は、関税なしで売られていいのだ！……イランが弱い国家でドルを全く持っていないという理由だけで、イランはアメリカに踏みつけられねばならないのか。アメリカもイギリスも始末に負えない。そしてソ連はそのどちらよりもタチが悪い。しかし、我々が今問題にしているのはアメリカである。(10)

コム（一九六三年三月二十二日）やマシュハド（一九六三年六月三日）での衝突に伴い、ホメイニーは六月四日に逮捕され、大都市でのウラマー主導による民衆デモは厳しく弾圧された。

ホメイニーは、一九六四年にトルコに国外追放され、その後一九六五年にはイラクに逃れ、一九七八年にはフランスに亡命した。亡命先においても、彼はイスラームの教えを説き、書物（例えば、『イスラーム政府』）を著わし、シャーへの反対意見をはっきりと表明し、シャーの「非イスラーム的」政策を非難し続けた。ホメイニーの演説のテープやパンフレットは、イランに密かに持ち込まれ、モスクを通じて広く流布された。彼のイスラーム的イデオロギーは包括的なものであり、イスラームを、社会や政治生活に指針を与える総合的で完全な生活様式とみなすものであった。

イスラームには、社会のありとあらゆる事柄、すなわち統治と行政の形態、対人関係における規制、国家と国民の関係、外国との関係、他のあらゆる政治・経済的事柄を規定する体系とプログラムが備っている……モスクは、これまで一貫して社会問題を検討・分析し、指導と指揮を行なう拠点であった。(11)

ホメイニーが、歯に衣着せぬ強硬な批判を行ない、革命ではなく改革を最初に唱えることができたのは、国外追放によって身の安全が確保されていたからであった。一九六〇年代末までには、次のような状況がすでに存在していた。「ホメイニー個人への絶対的忠誠に支えられ、宗教的に鼓舞され導かれたシャー体制に対する不屈な抵抗運動の潮流が存在していた……近代化のあらゆる影響にもかかわらず、イラン国民の意識は未だにシーア派イスラームに固執したままであった。[12]」シャーの政治体制に代わるものがますますイスラームの言葉ではっきりと表現されるようになった。

君主制、民族主義、宗教

先に述べたように、歴史的には、イランの統治者とウラマーとの間は悪い関係ではなかった。法的には、シーア派はイマームを共同体の唯一正統な宗教・政治的指導者として認めていた。したがって、統治者による一時的な支配は正統なものとはなりえなかった。しかし実際には、イマームが不在の間、シャーは、正統な支配者に代わるもの、すなわち国家の一時的な統治者として認められていた。こうしたことは、一九〇六年の憲法に正式に定められていた。この正統性を得る代わりに、シャーはウラマーの利益を守り、イスラームやイスラーム法の擁護者となった。ムスリム世界の多くの国々と同様に、イランはヨーロッパの植民地主義の影響だけでなく民族主義の高まりも経験した。ムスリムの衰退に直面し、イランのムスリムは、世界中のムスリム共同体と同様に、スンナ派・シーア派を問わず、自分たちがこうした事態をどのように理解し、それにどう対応すべきかについて意見が分かれた。近代的な教育を受け、西洋の影響を受けた少数の新しいエリートたちは、時代遅れの聖職者の司どるイスラームがムスリムの知的・文化的衰退の原因となっていると考え、世俗化（宗教と社会生活との分離）とヨーロッパ・モデルに基づく近代化こそがムスリム共同体を再生させ、独立を取り戻す唯一の方法であると結論づけた。他のムスリムにとって、イスラームは、権威主義体制、西洋の世俗エリート、西洋の政府や多国籍企業にかかわる問題の原因ではなく、問題を解決するための拠り所であった。イランでは、世俗的な民族主義者が優勢であったが、タバコ・ボイコット運動や立憲革命に見られるように必要な時はいつでも、世俗勢力と宗教勢力は、国民の利益のために連合を形成した。

モハンマド・レザー・シャーのイランは、名ばかりの立憲君主制であった。理論的には、近代イランは、一九〇六年に改正された憲法に基づく立憲国家であった。その憲法の条文には、君主制と国家のイスラーム的性格に対する憲法上の制約が盛られていた。イランには近代的憲法が存在していたが、政教分離の立場を採っていないという意味では世俗的国家ではなかった。君主は、十二イマーム（シーア）派の信奉者であり、信仰の擁護者であった。そして立法がイスラーム法と全く矛盾しないようにするために、議会は五人のすぐれた聖職者を含むことになっていた。憲法の条文では、君主の権力は制限され、君主が議会に責任を負うことになっていた。[13]

憲法が存在しているにもかかわらず、パフラビー朝のレザー・ハーンとモハンマド・レザー・シャーは、一九五三年に亡命から帰国した後も、憲法を無視し、自らの個人的な権威に基づく国家を目指した。シャーは、イランの民族主義とパフラビー朝とを結びつけ、ウラマーに対して協調するよりもむしろ懐柔と威圧を行なった。

民衆の政治参加に対するパフラビー朝のシャーとその政府の対応は、懐柔と協力から反対と抑圧へと変わった。同時代のトルコのアタチュルクと同様に、レザー・ハーンは、反体制運動を一切認めなかった。しかし、一九四一年、第二次世界大戦の連合軍によるイランの再占領とレザー・シャーの強制的な退位によって、「不完全な民主主義」の時代が始まった。[14] モハンマド・レザー・シャーが支配した最初の十年間、この若い君主は、統治者というよりはむしろ飾りにすぎなかったのであった。

政治がより開かれたものとなったために、多くの政治勢力が支配的立場を獲得しようとする状況が作り出された。政治舞台に行動主義イスラーム・グループが現われたのは、まさにこの時であった。その中の一つは、レザー・シャーの世俗的な法律の廃案とイスラーム法の実施を求めるアーヤトッラー・カーシャーニーが指導するグループであった。もう一つのグループは、テロリストの小グループ、フェダーイーヤーネ・イスラームであった。「カーシャーニーは政治的には現実主義者であり、フィダーイーはイスラーム原理主義のイデオロギーに傾倒していた。[15]」しかし、シャー体制に反対して現われた最大の政治勢力は、モハンマド・モサッデクの率いる国民戦線であった。国民戦線は、近代的でより世俗的な民族主義の時代において重要な勢力であった。イスラーム・グループは、基本的にはモサッデクの指導する反体制勢力の一部となった。

タバコ・ボイコット運動の時のように、モサッデクは連合を組織し、シャーがイギリスに石油採掘権を与え、イランを経済的に従属させたことに反対し、イギリスの所有するアングロ・イラン石油会社の国有化を要求した。[16] こうした闘争は、一九五三年にシャーの国外脱出という事態につながった。しかし、シャーはイギリス、とりわけアメリカの後押しで六日後に帰国した。その後の数十年間、シャーは、西洋への従属を一層強め民衆の政治参加を制限し、治安部隊にますます依存するようになった。その結果、シャーの個人的権力は強化され、シャーやパフラビー朝への崇拝とイラン民族主義は同一のものとみなされるようになった。短い自由化の時代が終わって、王朝絶対主義が再主張された。さらに、政治改革を迫るケネディー政権からの圧力によって、一九六〇年代初頭に誕生したアリー・アーミーニー首相の改革主義政権は、一九六三年一月に幕を閉じ、民族主義運動の指導者たちは投獄された。長続きする政党は存在せず、政治指導者はしばしば自由と監獄の間を行き来し、イランは一九七五年までは二党制であったが、それは名目的なものに過ぎなかった。マードム（野党である人民党）とノヴィン・イラン（政権与党である新生イラン）との関係は、非常に厳しい対立関係にあった。(17)

一九七〇年代中ごろまで、シャーの近代化と世俗化の政策は、明らかに民主的な政治体制を作ろうとはしていなかった。シャーの政策に対しての高まる不満と反対は、マルクス主義者、左翼主義者、自由主義者だけでなく、ウラマー、伝統的階級、宗教心の篤い知識人をも巻き込んだ。しかし、政府は統制や抑圧を行ない、勢いを増す反政府勢力に対し、彼らが合法的に活動する機会をほとんど与えなかった。

宗教と政治的反対

一九七〇年代を通じて、シャー体制に対する反対運動は増大した。民衆の政治参加が欠如し、国家が西洋へ一層従属を強める中、国家の自律性は失われていった。社会が西洋化する中で、宗教・文化的アイデンティティを喪失したことは、政治・宗教的立場の違いを越えて共通の嘆きとなった。信仰とアイデンティティ、政治参加、社会的公平といった問題は、増大する反対運動に勢いをつけることとなった。聖職者は、とくに知識人や学生の間に影響力を持つ、世俗的でイスラーム志向の強い知識人と手を結んだ。歴史的観点に立って彼らが発した、西洋に従属し自国文化が疎外されるような危険な状態はイランのアイデンティティと民族主義にとって脅威であるとするメッセージは、多くの人々、たとえば世俗的な人々や宗教的な人々、伝統主義者や近代主義者、一般信徒や聖職者の心を強く捉えた。

かつてトゥーデ党（共産党）の党員であったジャラーレ・アフマドは、イランの西洋一辺倒の危険性と、西洋化、いわゆる「西洋かぶれ」の文化的危険性について次のように警告した。

「西洋かぶれ」はコレラのようなものである……それは少なくとも小麦畑にいるハバチと同じくらい始末に負えない。ハバチが小麦をどうやって食い荒らすかを見たことがありますか。内側から食い荒らされ、正常な表皮が残っていても、中身は空である。まるで木の上のセミの抜け殻のようである……我々は、衣服と住居、食と文学、出版物、そして最も危険なことには教育の面においても、独自性をほとんど失った国民である。我々は西洋式の訓練を受け、西洋式思考を身につけている。そして我々は西洋的方向に従ってすべての問題を解決している。(18)

ソルボンヌ大学で教育を受けた知識人、アリー・シャリーアティー博士は、宗教心の篤い一般ムスリムの新知識層を代表していた。彼らのシーア派イスラームの改革主義的解釈においては、社会・政治改革を行なうための革命的イスラームのイデオロギーが提示された。それは第三世界の反帝国主義、西洋の社会科学的用語、イラン・シーア派の教義の三つを結合したものであった。したがって、シャリーアティー博士は「西洋かぶれ」を公然と次のように非難した。

愚かなヨーロッパの物まねに終止符を打とうではないか。常に人間性を口にしながら、至る所で人間をないがしろにするようなヨーロッパは見捨てようではないか。(19)

シャリーアティー博士のイスラームの再解釈では、ラテン・アメリカにおけるカトリック解放神学と同様に、宗教はチェ・ゲバラやフランツ・ファノンの説く第三世界の社会主義と結びついていた。彼はイランにおける西洋帝国主義を打倒するために、イランの国家的アイデンティティ、イスラームの宗教・文化的アイデンティティを再生することが必要であると主張した。多国籍企業と文化帝国主義、人種差別、階級搾取、階級抑圧、階級不平等、そして「西洋かぶれ」(ガルブザデギー)を含む、世界の帝国主義による支配から脱するために、彼の革命的ヴィジョンの二つの焦点は、国家の統一およびアイデンティティと社会正義に向けられていた。(20)

ジャラーレ・アフマド、アリー・シャリーアティー、メフディー・バーザルガーン(彼らはそれぞれ技術者、政治家、イスラーム近代主義思想家であった)の考え方や世界観は、学生や知識人の若い世代に影響を及ぼした。こうした彼らの考え方は、理工系の世俗的大学の卒業生を多数含む、伝統的中産階級や近代的中産階級から多くの支持を得るようになった。彼らの大部分は都市部出身であり、シャーの近代化プログラムにより生まれた、高等教育と雇用を求めて村や地方から移ってきた者たちであった。これらのイスラームを志向する一般信徒の学生や若い専門職業人は、聖職者や神学校の生徒、バーザール商人(伝統的な商人)と連帯するようになった。その結果、作家、詩人、ジャーナリスト、大学教授や学生、自由民族主義者、マルクス主義者、世俗主義者、伝統主義者、イスラーム近代主義者といった多様なイデオロギーを持った人々が結集した。

軍事、経済、政治面での従属が進むにつれ、文化的疎外は一層進行した。一九七二年から一九七七年にかけて、イランは西洋への依存を一層深めた。莫大な石油収入によって、シャーはアメリカから武器を十億ドルで購入し、さらに十二億ドル相当の武器の発注もしていた。

シャーはイランを世界の軍事五大国の一つにするという夢を描いていた。そしてワシントンは、シャー体制にペルシア湾における警察官の役割を担わせることによってシャーの野望を煽った。多くのイラン人は、こうした傀儡的なシャー体制をアメリカへの完全な従属とイランの独立の喪失の象徴とみなしていた。[21]

同時に、政権初期に石油価格が高騰し、好景気への期待感が高まったが、一九七七年までに好景気が不景気へと一転したために、不満が一層増大する結果となった。政治的に、シャーは国民の政治参加を制限し、より一層自らの権力強化に努めた。彼は、政府の支持を得ていたノヴィン党を含むすべての政党を廃止し、一九七五年にレスターヘーズ党（復興党）と呼ばれる、国民全員を党員とする唯一の政党を作った。この党に加わりたくない者は、パスポートを持って国を出ることになる」とシャーは述べた。[22]

一九七〇年代半ばから末にかけて、シャーが抑圧政策を行ない、サーヴァークへ一層依存したことは、改革者から革命家へ転じようとしていた人々に、広範な反体制運動を展開するための共通の大義を与えた。シーア派イスラームは、ますます大衆を運動へと効率的に動員するための最も有効な地域固有の手段であると認められるようになった。シーア派イスラームは、歴史やアイデンティティ、シンボルや諸価値についての共通認識を人々に与えた。シーア派の教義は、権利を奪われ抑圧された人々の反体制運動に意味と正統性を与えるイデオロギー上の枠組みを提供した。その枠組みを用いて様々な党派は、自己のアイデンティティを確立し、その枠組みに沿って行動した。ウラマー・モスクからなるシステムは、ムスリム間の対話や政治行動における草の根的リーダーシップの源泉となっていた。同時に、宗教・政治的リーダーシップや全国的規模のネットワークの中心でもあった。ホメイニー、ムタッハリー、ターレガーニー、ベヘシュティのような聖職者たちは、メフディー・バーザルガーン、アリー・シャリーアティーのような一般信徒の知識人とともに、イスラーム改革主義や革命的イデオロギーを発展させた。彼らは、エジプトのムスリム同胞団のハサン・アル＝バンナーやサイイド・クトゥブ、ジャマーアテ・イスラーミーのマウラーナー・マウドゥーディー、パキスタンのムハンマド・イクバールのようなイスラーム行動主義者の著作から影響を受けていたが、地域固有の状況に照してシーア派の歴史や信仰を再解釈した。

イラン革命に対する宗教・政治的パラダイムは、六八〇年のカルバラーで、ウマイヤ朝のカリフであったスンナ派の「強奪者」、ヤジードによるフサインの殉教に基づいていた。フサインは、ムハンマドの女婿アリーの息子であったので、シーア派の人々は、彼をイスラーム共同体の宗教・政治的指導者として正統な後継者だと信じていた。この疑いようのない歴史的事実は、最も重要で神聖な物語であり、抑圧と反乱の象徴、苦難と殉教、すなわち絶対王政の暴力と社会的不正に対する聖戦（ジハード）のための象徴となった。これは抑圧者と被抑圧者との戦いであった。つまり、権利を奪われた人々が、政治的暴力（絶対王政と専制）と社会的不正に対して戦うために立ち上がったのであった。フサインの殉教に基づくパラダイムは、イマームの再臨を求めるシーア派の救世主願望と結びついていた。十二イマーム（シーア）派は、共同体の宗教・政治的指導者として十二人のイマームを認めていた。八七四年に姿を隠した第十二代イマームは、「お隠れ」の状態に入ったと信じられていた。やがて彼はマフディー（救世主）として地上に再臨することが待たれた。シーア派の人々は、隠れイマームの再臨が、専制と腐敗を終わらせ、正義の支配を回復させ、抑圧と不正義が公正と社会的正義に取って代わられる社会をもたらすと信じていた。

聖職者と一般信徒の連合、とくにモスクとバーザールとの結びつきは、一九七〇年代後半に再び登場した。こうした連合は、自立できる経済力だけでなく、宗教の正統性と真正性（宗教・国家・文化的アイデンティティ）をもたらした。外国による支配、国家的アイデンティティと独立の維持、立憲政治、国内におけるイスラーム法の立場といった問題が再び表面化した。しかしながら、タバコ・ボイコット運動や立憲革命の時とは異なり、聖職者は一九七九年の革命を単に支持したのではなく、自ら指導し、その革命によって誕生した政権において実権を掌握したのであった。

イラン・イスラーム共和国

一九七三年のアラブによる石油禁輸は、多くの人々の目には確かにムスリムの経済力とその成功の復活を象徴するものであったが、近代ムスリム世界において「イスラーム」政治革命を最初に成し遂げたのはイランであった。それは「アッラーは偉大なり」（アッラーフ・アクバル）と叫びながら、シーア派の革命的イデオロギーや象徴に基づき、聖職者だけでなく一般信徒のリーダーシップの下で、イスラームの名において戦われた革命であった。イスラームのアイデンティティとその慣行がこれまで以上に強調されるようになり、スンナ派とシーア派はともに、長い間超大国に支配されてきたイスラーム世界の中で、ムスリムの誇りと力が復活する確かな兆しが見えはじめた時代を享受していた。さらに、ホメイニーが指導したイランの経験や課題は、政治思想において変容を遂げようとしている世界中のムスリム共同体（ウンマ）の道しるべとなり、東洋と西洋が政治や文化の面で対立する中で全てのムスリムを一つにした。しかし、その戦いに勝利したのはイランだけであり、イランは高らかに勝利を宣言し、革命原理を国内で着実に実行し、ホメイニーの下でその原理を海外に広めようといた。「ホメイニーはシャーを打倒し、イランの二千五百年にわたる君主制に終止符を打った。彼こそ、アメリカとイランの三十年間にわたる友好関係を激しい憎しみを持った対立関係へと変え、以後十年間、絶対的指導者として君臨した人物であった。[23]」

一九七九年から一九八一年にかけて、イランではイスラーム共和国が誕生し、国家体制が整った。ホメイニーが指導する革命は、明らかにイスラーム共和国を正統化する主要な構成要素、すなわち反帝国主義と民族主義、宗教・民族的アイデンティティ、文化的アイデンティティ、民衆の政治参加、立憲政治（この場合、国王権力の抑制）などを実現しようとしているように思われた。これらすべてがイラン民族主義を歴史的に発展させる拠り所となった。[24]十九世紀末から、イランの民族主義者は、イギリスやロシア、後にアメリカの侵略と戦った。彼らは、外国に様々な専売権を与え、外国の進出や従属に手を貸そうとする統治者に抗議し、君主の持つ権力を制限しようとした。シーア派・イスラームは国教であり、聖職者はタバコ・ボイコット運動の時のような民族主義の大義のために、他の社会勢力と連帯することもあった。ホメイニーは、何十年間にもわたってパフラビー支配下の非道な政策に対する抵抗のシンボルであり、彼と彼に従う聖職者は革命の精神的支柱となった。

シャーは、（西洋、特にアメリカに従属・追従し、民衆の政治参加を認めず弾圧したために）、宗教、民族主義、憲法上の観点から非難されてきた。革命が一段落ついた新たな時代においても、宗教、民族主義、立憲主義、そして国家の正統性に関する問題が互いに絡み合う状況が依然として続いていた。国家と宗教の関係、国家的アイデンティティ、諸制度、リーダーシップなどの問題は、国家形成過程において議論すべき重要な問題であった。当初、一般信徒（しばしば西洋教育を受けたテクノクラート）と聖職者のリーダーシップの二つの勢力は、密接な関係を保ちながら良い方向に進むように思われた。パフラビー朝のトップ・ダウン式のエリートが支配する体制は、民衆が政治参加する体制に取って代わられるだろうと思われた。ホメイニーがコムに戻ったのに対して、バーザルガーン、アボル＝ハサン・バニーサドル、サーデグ・ゴトブザーデ、イブラーヒーム・ヤズディーのような一般信徒（世俗的）の指導者たちは、政府の重要な職に就いた。

選挙制度に関する重大な憲法上の改革が行なわれた。一九七九年三月の国民投票により、イランは君主制からイスラーム共和制へと移行した。聖職者が多数を占める専門家会議のメンバーが選挙で選ばれ、彼らが新憲法を起草した。その草案は、一九七九年の十一月から十二月の国民投票によって承認された。しかし、国家の性質や国家の指導をめぐる憲法上の論争が行なわれていたことを見れば、イランにはまだ統一した国家的アイデンティティが形成されていなかったと言える。イスラーム政府よりも世俗的政府を望む人々の間だけではなく、イスラーム政府は望むが「ファギーフ（最高法学者・権威者）による統治」というホメイニーの説を拒絶する人々の間でも同様の論争が起きていた。

ホメイニーは、ずっと以前から神学校での講義や著作の中で、彼の説、すなわちイマームという正統な統治者がいない場合、法学者が統治すべきであるという考え方を展開してきた。シーア派の教義では、ムスリム社会はシャリーア（イスラーム法）とファギーフ（イスラーム法学者）、すなわちシャリーアの解釈者（ムジュタヒド）によって導かれるべきであると説かれていた。イスラーム政府や法学者の役割についてのホメイニーの著作は、ほとんど知られておらず、彼自身もその役割については明確な態度を表明していなかった。ホメイニーは、政治に無関心な宗教指導者や支配者に協力してきた宗教指導者を批判していた。礼拝や儀礼の重要性を認めた上で、彼は行動主義的なイスラームの宗教・社会的解釈を強調した。つまり、彼によれば「儀式の作法を教えることは確かに重要である。しかし、真に重要なのはイスラームの政治、経済、法律に関わる問題である。このことはこれまで我々の活動の要であったし、今でもそうあらねばならない[25]」ということであった。ホメイニーは次のように記述していた。「ファギーフが国を治めなければならないと言っているわけではない。国家は、国民の幸福のために神の法に則って運営されなければならない。国民は当然このことを要求し、その実現は宗教指導者の監督なしには不可能であると言っているのだ[26]。」しかしながら、ホメイニーは次のようにも述べていた。「『ファギーフは統治者以上の権威を持っている』ということは確立された事実である……したがって、真の統治者はファギーフ自身であり、統治を行なうのは、イスラーム法を知らぬためにファギーフの指導に従わねばならない者ではなく、ファギーフ自身である[27]。」シャリーアの権威としてホメイニーは、ファギーフこそがイスラーム法に基づいて確実に統治を行なうのに最も学識を備えていると論じた。彼は、法学者による監督・統治は預言者ムハンマドによる統治と同様のものであると述べた。イスラーム法学者はムハンマドと同じというわけではないが、国政を司どる権威を持っている。こうした法学者による統治は、集団でも個人でも行なうことが可能であった。憲法論争において、ホメイニーの解釈は、世俗的な改革者からもイスラーム改革者（一般信徒も聖職者も）からも否定されたが、ホメイニーは、『ヴェラーヤテ・ファギーフ（イスラーム法学者による監視・統治）』は専門家会議によって定められたわけではない。それは神が定めたものである」(28)と主張した。

シャリーアトマダーリーやターレガーニーのようなアーヤトッラーの長老だけでなく、バーザルガーンやバニーサドルのような近代的な世俗指導者は、聖職者が直接統治するというホメイニーの考え方は、シーア派の教義に基づかない拡大解釈だとみなしてその採用に反対した。彼らは、ウラマーは神学校やモスクにとどまるべきであり、もしウラマーが国政に関わる場合は、立法がイスラームと矛盾していないかどうかを判断する諮問委員会の活動に制約されるべきであると考えていた。

ホメイニーのイデオロギー上の解釈を支持する聖職者は、ホメイニーの解釈が権威主義的で独裁的なものに陥る危険性があると警告した少数派の聖職者とは意見を異にしていたが、専門家会議で多数を占めており、はるかに優勢な立場に立っていた。一九七九年の十一月、国民によって承認された最終的な憲法草案は、イスラーム政府についてのホメイニーの考え（ヴェラーヤテ・ファギーフ）に基づいていた。この憲法により、国家を監視・統治する上で聖職者の最高権威が確立された。

憲法論争の末、憲法が折衷的なものとなったこと自体、神権政治の要素と共和制の要素を混合するという試みがいかに困難であったかを示している。このことは、神の主権という概念と国民主権という概念、また聖職者による統治と世俗的指導者による統治との間に緊張関係が存在していたことをあらわしている。国教であると宣言されたのは、単なるイスラームやシーア派イスラームではなく、十二イマーム派であった。憲法は国民主権の立場を採っているが、神の法とその代理者であるファギーフが最高の地位にあった。直接選挙で選ばれた大統領は、主権者である国民の声を代弁しているが、ファギーフは神の法に基づく神聖な主権を代表していた。ファギーフは国民によって直接選ばれないが、国民が直接選んだ専門家会議の議員の中から選出された。

イラン憲法には、「宗教法学者による統治」の原理やイスラーム法の優位（神の主権の優位）が謳われていた。ファギーフは、ホメイニーが任命した六名と議会が任命した六名の計十二名のイスラーム法学者から構成される憲法擁護評議会によって補佐されることになっていた。この評議会の役割は、大統領と議会（国民議会）の選挙を監視するだけでなく、憲法を解釈し、すべての立法活動がイスラーム法と憲法に則って行なわれるように監視することであった。その権限の範囲は、イラン憲法の第九六条に示されており、憲法擁護評議会は議会で可決された全ての法案に対して非イスラーム的であると判断した場合、拒否権を行使できると宣言されていた。ムジュタヒド（イスラーム法解釈権利所有者）からなる最高司法評議会も創設された。

神権政治の特徴、とりわけシャリーアに基づくファギーフによる統治を認めている以上、イランには国民による完全な民主主義など存在していないことは明らかであったが、憲法の中には「共和制」であると明記されている。ファギーフと憲法擁護評議会は議会に拒否権を行使することができ、とりわけファギーフの任期や権限から判断すれば、彼らに広範囲な権力が委任されていたことがわかる。一九七九年の憲法論争において、ホメイニーは、新体制を「民主主義的なイスラーム共和制」と呼んではならないという命令を発した。なぜなら、ホメイニーや他のイスラーム主義者にとって、「民主主義」という用語は、西洋や西洋の影響を連想させるだけでなく、しばしば神の法ではなく人間の法によって統治される社会を意味していたからであった。

その一方で、イスラーム共和国の憲法には、民主的な制度も含まれていた。憲法によれば、司法府・行政府・立法府という、権力分立からなる抑制と均衡の機能を備えた議会制度が存在していており、大統領も国民によって直接選挙で選ばれる。（一九八九年、憲法が改正され、強い権限を持った大統領が首相の役割を果たすようになった。）憲法の前文には、「思想や社会制度におけるいかなる独裁も経済的独占も拒絶することを保証し、国民の運命は国民自身に委ねられるべきである」と謳われている。[29] ある条項は明確に国民の意見や選挙による政治の重要性を強調している。例えば憲法第六条では、イラン・イスラーム共和国において、国事は大統領、国民議会の代表、憲法擁護評議会のメンバーの選挙を含む、選挙、あるいは国民投票によって表明された国民の意見に基づいて運営されなければならないと明記されている。

憲法はまた、憲法擁護評議会の拒否権にも制限を加える複雑な抑制と均衡の構造を備えている。一九八八年、ホメイニーは、国民議会と憲法擁護評議会が意見の一致を見ることが出来ない場合に、法律問題を調停するために「公益判別会議」を創設した。この「公益判別会議」の権限は、（一九八九年に修正された）憲法第百十二条において規定されている。その権限は、一九九二年に実際に行使された。公益判別会議は、国民議会は承認したが、憲法擁護評議会が拒否していた離婚を望む夫に対して妻が慰謝料として現金を要求することを認める法案を最終的に承認したのであった。[30]

憲法において、ホメイニーは終身のファギーフと定められた。彼の死後、その地位は資格ある後継者、あるいは三〜五名の法学者からなる評議会によって引き継がれることになっていた。憲法下では、ファギーフは国家における宗教と政治の最高指導者として、最終的な権威が与えられている。ファギーフはイスラーム法の最終的な解釈者であり、憲法擁護評議会議員、司法府長官、総参謀総長、革命防衛隊総司令官などを任命し、さらに大統領、首相、議会の仕事を監督した。

イランにおいて、聖職者が国家を運営するための権限と正統性を有していたのは、イスラーム法と法学者（ファギーフ、憲法擁護評議会、司法府）の優位が認められていたからであった。イラン革命は当初民衆の支持を得ていたが、次第にその社会的支持を失っていった。世俗的指導者が指導し、聖職者も支持していた民主的な国政選挙により、国民が国家を再構築しようとする試みが根底から揺らぎ始めた。急進的な聖職者はその権力を強化し、一九八〇年代初頭には完全に国家権力を掌握したのである。パフラビー王朝の世俗的な権威主義は、イスラーム共和国の宗教的権威主義に取って代わられた。新体制では、国王絶対主義とトップダウン式による政治が慎重に規制された参加型政治へと移行しただけだった。厳密に言えば、新体制は完全な民主国家が持っている多くの特性を欠いていた。それでも、当時のアラブ近隣諸国と比べれば、イランは民主政体に見られる政治的特徴をほとんど備えているように思われた(31)。

こうした新体制の政治構造は、宗教的権威と民衆の政治参加という微妙なバランスの上に成り立っていた。権力の頂点には、ファギーフ、最高司法評議会、憲法擁護評議会が位置していた。それらは、政府の行政府・立法府・司法府だけでなく、新聞や他のマスメディア、さらに一九八〇年までに、国民議会において多数の議席を獲得していたイスラーム共和党までも掌握するようになった。革命後の数日間には多くの政党が現われたが、今やバーザルガーンの率いる自由党とイスラーム共和党だけが、その存在を許されていた。しかし、自由党の事務所は度々抜き打ちの手入れを受けたり、党指導部は嫌がらせを受けたりした。他の全ての政党が弾圧され、選挙候補者は皆、憲法擁護評議会の承認を受けなければならなかった。政府機関、教育機関、そして他の全ての社会的機関の要職にある者と同様に、選挙候補者もイスラーム共和国を支持することが必須条件であった。真剣で活発な議論や意見の対立は議会において許されていた。異なる党派に属している議員たちは、様々な政策課題をめぐって激しく議論し、政府要人の考えを自由に批判し拒絶することができた。しかし、議会での論争には一定の枠が設けられていた。ホメイニーと政府のイデオロギー上の基盤を批判することはどちらも許されなかった。

革命防衛隊（パスダーラーン）は国内の治安を維持し、また正規軍の権力に対するチェック機能を果たしていた。また、革命諸組織の代表には、革命防衛隊の他に、革命委員会、建設聖戦隊、殉教者財団などがあり、治安維持から社会奉仕まで、様々な活動を担っていた。反政府新聞は禁止され、政府は自らの信念と価値を広めるためにメディアを検閲し、「イスラーム化計画」を推進した。

反対勢力と意見の対立

イラン・イスラーム共和国の新政府は、発足当初から対立と分裂の火種を抱えていた。多様な政治・宗教的立場を代表する宗教エリート、世俗エリート、社会諸階級、諸政党、ゲリラ組織が結集し革命が行なわれた。これらの反対勢力は共通の敵（パフラビー朝の専制と外国による支配）と共通の大義（一層の正義と平等な社会の実現）を掲げていたが、新政府の形態とリーダーシップに関して事前の合意が全くなされていなかった。イラン・イスラーム共和国の樹立後に直面するであろう事態に備えができている反対勢力は少なかった。ほとんどの反対勢力は、政府や政治の本質に対するホメイニーの著作や考え方を知らなかった。ホメイニーによるシャー体制の批判と新しい政治・社会秩序の要求は、パフラビー支配に対する他の批判と大差がないものだと受け止められていた。さらに、ホメイニーがパリに在住していた時や帰国した当初、彼の側近には、フランスで教育を受けたバニーサドル、アメリカで教育を受けたゴトブザーデやマンスール・ファルハーン、そしてシャリーアティーの思想に影響を受けた近代志向の非聖職者、イブラーヒーム・ヤズディーなどが含まれていた。革命のシンボルであったホメイニーが中心的指導者として登場した時でさえ、多くの人々は、革命後にはこれらの聖職者たちはそれぞれのモスクやマドラサ（宗教学校）に戻ると考えていた。

ホメイニーと彼を支持する戦闘的な聖職者たちは、基本的な部分での異なる見解や反対意見を唱える諸政党に対して寛容ではなかった。革命を引き起こした幅広い層による連合は、宗教的権威主義がシャーの世俗的権威主義に取って代わったとたんに崩れはじめた。シャーの時代と同様に、国家の統一は権力分立、多元主義、反対勢力への寛容に基づいていたのではなく、弾圧、権力の集中、新「イスラーム的」秩序の強要によって成り立っていた。公務員や旧体制の諸機関（軍隊、警察、省庁、大学、学校）の職員は一掃された。世俗的、イスラーム的、左翼的反対者や敵対者は処刑、投獄、流刑によって一様に沈黙させられた。ほとんどの反対者は、西ヨーロッパやアメリカに亡命した。政府役職の任命は個々の専門的能力ではなく、革命やイスラームにおける功績やイデオロギーの正しさに基づいて、有力な聖職者によって決定された。イランの初代首相、バーザルガーン（在任、一九七九年一月〜十一月）や、初代大統領のバニーサドルのような優れた非聖職者の指導者は権力の座を追われた。バーザルガーンは国内にとどまり、自らが率いる反対組織、自由党を指導し続けた。しかし、バニーサドルは生命の危険を感じてパリに亡命した。外務大臣を含む多くのポストに就いていたゴトブザーデは、ホメイニー暗殺に関与した疑いにより処刑された。ホメイニーの「イスラーム法学者による統治」という考え方には賛同せず、イスラーム共和国の行き過ぎを批判していたアーヤトッラーは圧力を受け、ときには沈黙させられた。[32] 長い間、ウラマーと連帯してきたバーザール商人たちは、政府によって提案された経済改革に失望し、体制支持を改めようとしていた。

イスラーム共和国におけるリーダーシップ

新体制に異議を唱える聖職者と一般信徒の声は、革命に従事した多数の聖職者と一般信徒によって打ち消された。新体制によってイデオロギーの純化が強要され、革命イデオロギーを促進するための一連の政策が実施された。革命に参加した聖職者からなる闘う聖職者協会は、ウラマーの中心的機関となり、反対者と真の聖職者とを明確に区別し、伝統的なシーア派の宗教体系とその制度をウラマーの政治的執行機関へと変えた。金曜集団礼拝の導師のネットワークが設立され、ホメイニーの代役として、市町村における革命のイデオロギーと政策を促進した。宗教や政治に関する説教が行なわれる金曜日の集団礼拝は、民衆をイデオロギー的にイスラム化し（新体制をイスラーム色にするための説教と教育）、世論を形成する有効な方法であった。戦闘的な聖職者は、「政府内で働き、官僚機構において、多くの重要な地位を占めるイスラーム共和国の聖職者ではない一般信徒」[33]によって支持された。彼らのほとんどが共通の社会・教育的背景を有していた。彼らは下級中産階級やバーザール商人の出身であり、国内外の大学で教育を受けた最初の世代であった。そのほとんどが四十歳以下で、科学や医学を学んだ人たちであり、首相のフセイン・ムーサヴィーや外務大臣のアリー・アクバル・ヴェラーヤティに代表されるように、多数の閣僚、官僚、議員などであった。このようにイスラーム共和国は、聖職者と一般信徒との協力関係の上に成り立っており、両者はヴィジョンや政策の違いにもかかわらず、イマームであるホメイニーを支持し、革命精神の貫徹に努力した。バーザール商人がイスラーム志向の世俗的改革者、不満を持つ聖職者、そして女性と連携するにつれ、新体制の社会的支持基盤はますます狭まった(34)。その結果、「イラン・イスラーム国家は、都市部に移り住んだ貧困層から広範な支持を受ける本質的にプチ・ブルジョアジーの国家となった(35)。」

イラン社会のイスラーム化は、非イスラーム的要素の根絶とイスラーム的秩序の強要を伴っていた。大幅な人事刷新と革命委員会の設立に続き、人々を教育し、イスラーム社会を形成するための新しい法律や政策が立案された。道徳推進と犯罪防止のための協会が、社会の道徳的病根と取り組んだ。公の場での音楽やダンスは禁止され、ナイトクラブやバーは閉鎖された。酒、ギャンブル、麻薬、売春、同性愛、ワイセツ図書も禁止された。革命裁判所によって迅速な裁判が行なわれ、厳しい刑罰が下された。売春、麻薬売買、その他の「腐敗・堕落」に対しては死刑判決もあり得た。モスクやマスメディアは、国家のイスラームによる指導とイデオロギーを普及させるために利用された。何千という教師が一掃され、教科書は検閲・改訂され、男女共学の学校は男子校・女子校に変更された。イスラーム協会が校内に作られ、そのメンバーはしばしば非イスラーム的な行為を監視し、教師や反体制的な学生を摘発した(36)。

とくに女性は、新しいイスラーム規律の影響を受けていた。イスラーム的志向のある者だけでなく、世俗的志向の者も、その多くが革命の一部に組み込まれ、また他より目立つことを恐れて、革命のシンボルとしてのチャドル（全身を覆う長衣）を着用した。イラン・イスラーム共和国憲法の前文は法の前の男女平等を謳っているが、革命後、女性を「解放」し、イスラームの節度ある規範を実践しようとする体制は、政府機関で働く全ての女性に勤務中のチャドル着用を義務づけようとした。そのことに反対する大衆デモが起こり、ホメイニーによる統一見解が示され、その規則は撤回された。一九六七年から一九七五年にかけて、一夫多妻制を制限していた家族保護法が廃止された。政府は、あらゆる女性はヒジャーブ（頭を覆い隠す衣）を被り、手と顔を残して身体のすべてを覆い隠す衣服を着用することとした服装規定を厳格に実行した。服装規定は、ムスリム・非ムスリムを問わず、西洋人を含め全ての女性に適用された。革命委員会は化粧したり、質素な（イスラーム的な）服を着ていない女性をしばしば捜し出しては処罰した。政府は、妻や母親としての女性の役割を最重要視し、（裁判官や法律家のような）職業は女性には不適当なものと判断した。その結果、これまで聖職者が支配する政権を支持してきた女性たちは、よりイスラーム的志向のグループと新しい諸規制に反対するより世俗的志向のグループとに分裂し、比較的統一されていた女性運動は二極化するようになった[37]。

時の経過とともに、イスラーム主義の女性は、イスラーム共和国建国以前に比べて活発で目立った役割を果たすようになった。彼女たちは、男女の違いを認めながらも、男女平等の原則を訴えるようになった。一九九〇年代まで、一層多くの女性たちが、国政選挙に立候補し、数議席を獲得するようになり、彼女たちは女性問題に積極的にかかわる人々の中心となった。こうした女性たちと、（一九九五年までに五〇以上あった）非政府女性組織の中で活動する多くの活動家たちは、イスラーム共和国という枠組みを尊重しながらも、重大な変化をもたらすことに成功した。こうした変化の中には、一九九〇年代半ばまで、離婚法の中で、離婚した場合に主婦としての労働に対する補償を認めることや、大学の法学部や工学部に女性が入学することに対する規制の撤廃なども含まれていた。一九九四年には、政府職員の三〇%、大学生の四〇%が女性であった[38]。イスラーム共和国の権力構造の中枢近くにいた女性たち、例えばホメイニーの娘、ザフラー・モスタファヴィー、ハーシェミー・ラフサンジャーニーの娘、ファエザー・ハーシェミーのような女性は、イスラーム的平等原則を積極的に訴えることにより、イランの女性たちに「より大きな政治的発言力」と「より平等な雇用機会」をもたらした。その結果、近年の研究者は次のように述べている。(39)「イスラーム世界で最も厳格な地域に暮すムスリム女性にとって、揺れるチャドルを口にくわえながら、モーター・バイクに跨がり通勤するイラン女性は、羨望の的であった。」

革命当初、一般国民の多くは、政府や社会の国民重視の姿勢を歓迎していた。イスラーム共和国は、より広範な社会的支持を受け、(ムッラーの支配に従う人々の)政治参加を認め、町や村に住む恵まれない人々に社会的サービスを提供していた。革命成功の絶頂期と将来への希望が次第に色褪せていった後でも、国民がすぐに幻滅しなかったのは、ホメイニーのカリスマによるものだけでなく、反対勢力の人々を政府が大量に殺害しその勢力を弱体化させたためであった。政府に対するこうした不満は、政府は何世紀にもわたるアラブとペルシア、スンナ派とシーア派との敵対関係の延長線上にあるイラン・イラク戦争(一九八〇～八八年)を行なったために、目立たぬものとなった。イラン民族主義への情熱と現体制への支持は、ホメイニーがサッダーム・フセインに対して「正義」の戦いを指導したときに再び高まり、イランの民族は祖国を守るために一致団結した。しかし、終戦後多くの人々の生活がシャー体制下よりもずっと悪化していたために、(多くのイラン人が「敗北」と受け止めた)停戦のショック、戦争による多くの犠牲者、そしてイラン経済の甚大な被害は、政府に対する不平と反対勢力の増大を生み出す結果となった。停戦のショックに続いて、一九八九年にはホメイニーがこの世を去った。多くの研究者は、ホメイニーの死によりイスラーム共和国は終わりを迎えるだろうと考えた。というのは、イスラーム共和国は一九八〇年代にホメイニーの力によって創設されたものであったからである。しかし、国家権力は直ちに、憲法に則って整然と、ホメイニーの晩年に重要な指導者となっていた人々に委譲された。大統領であったアリー・ハーメネイが最高宗教指導者（ファギーフ）に選ばれ、議会に影響力を持っていたハーシェミー・ラフサンジャーニー議長が、一九八九年に憲法改正の結果、強大な権力を持つ大統領となった。

ポスト・ホメイニーの政治体制は、より明確な権力の中枢機能をもつ組織を備えていたが、その中心となっていたのは、旧来の体制を支えていた中心的な聖職者とその他の支持者であった。国民の多くは、国家権力と国軍を掌握している少数の指導者が支配する政治的現実を受け入れていた。しかしながら、指導部が定めた枠組みに沿って行なわれた選挙でも、しばしば激しい選挙戦が繰り広げられ、議会は提出された法案を機械的に承認することはなかった。こうした枠組みの中で、政府役人の汚職に対して批判が高まり、反政府の声は、一九九〇年代中ごろになると、慎重な扱いではあるが積極的に新聞等で報じられるようになった。イスラーム共和国自体に対する組織的な反対勢力のすべてのメンバーは、実際には亡命中であり、国内の反政府運動の発展にほとんど影響力を与えることができなかった。

多元主義と意見の対立

イラン革命は、人々にパフラビー王朝の社会的腐敗に満ちた政治的権威主義がより民主的で公正な社会を実現するイスラーム共和国に取って代わるだろうという期待感を与えた。その革命により、サーヴァーク（秘密警察）やテヘランのエヴィン刑務所によって象徴されるシャーの独裁的専制からの自由が約束された。シャー体制は、人権抑圧と大規模な人権侵害に対する批判にさらされていた。シャー体制下では、検閲や政党の禁止が実行され、反政府運動のメンバーに対する逮捕、投獄、拷問、処刑、暗殺が行なわれた。そうした社会では、個人の運命は公私にわたって国王の意向に沿うかどうかで決まってしまった。体制を批判する人々は、政治参加と言論、集会・結社、出版などの基本的な自由を要求した。

一九八〇年代の初頭から末にかけて実施された粛正と弾圧は、イラン版の「イスラームの正義」がもたらす恩恵がいかに幻想であったかを多くの支持者や支援者に悟らせた。「国王による恐怖支配」は、「聖職者による恐怖支配」へと移行し、政治的権威者が変わっただけで実態は何も変わらなかった。投獄、恣意的な裁判、拷問、検閲、国軍による監視などが続いた。人々から恐られた悪名高いエヴィン刑務所からパフラビーの囚人がいなくなった代わりに、今度はイスラーム共和国の囚人で一杯になっただけであった。サーヴァークは、サーヴァーマ（SAVAMA）と改名され、シャーは政治舞台から姿を消したが、彼の行なった弾圧の伝統はそのまま残った。今や弾圧は、イスラームの名の下で正統化された。例えば「ヒズブッラー（神の党）の強硬派に属する町のごろつきのような者たちが、反政府の集会に乱入したり、女性たちに嫌がらせをしたりしている。刑務所はイスラーム共和国の囚人で溢れ、拷問は依然として日常的に行なわれ、処刑は革命以前の時代よりも一層頻繁に行なわれている。[40]」ヒズブッラーの熱狂は、指導省の公文書の中に示されている。

ヒズブッラーの徒は、想像を絶するほど激しい感情を持っている……彼らは東洋や西洋に対する如何なる傾倒をも嫌悪するマクタビー（全面的にイスラームに従う人々）である。彼らは実に誠実で怒りを持つ人たちである。彼らを怒らせてはならない。彼らを一旦怒らせれば、行く手にあるものを全て破壊してしまう。ホメイニーは彼らにとって精神的拠り所であり……ヒズブッラーの徒は、香水はもちろんのこと、ネクタイもしないしアメリカ製タバコも吸わない。彼らはどこで情報を得ているのかいぶかることもあろう。彼らはどこにでもいる。食堂の店員であったり、アイスクリーム売りであったりするのである。(41)

ヒズブッラーの徒は、「宗教的強要者」としての役割を果たしている。彼らは、ほとんど何の統制も受けず、手に負えない宗教的狂信者からなる多くのグループの一つであった。(42) ファギーフとしてホメイニーの後継者であった当時の大統領、アリー・ハーメネイでさえ、こうした狂信者に対してイマーム・ホメイニーよりも革命的であってはならないとたしなめたほどである。

革命後のイランでは、イマームや彼の「聖職者による独裁政治」がシャーやシャーの世俗エリートに取って代わられた。パフラビー朝時代の役人だけでなく、新体制とは考え方を異にする全ての人々は、イスラーム主義者であれマルクス主義者であれ皆沈黙した。広範に存在する反政府の立場を採る政治家や知識人だけでなく、女性や宗教的少数派の人々までもが、革命防衛隊や裁判所によるイスラームの正義の裁きがすぐにも身辺に及ぶのを感じていた。裁判とその執行が、頻繁にあまりにも略式に行なわれたので、ホメイニー自身でさえ、こうした行き過ぎた行為に対して、やむなく介入し警告を発したほどである。イスラーム共和国の初代首相、バーザルガーンは、こうした状況を憂い自ら辞職した。一方、初代大統領であったバニーサドルは国外へ亡命し、外務大臣であったゴトブザーデは、ホメイニーの暗殺計画に関与したかどで処刑された。ホメイニーを信奉する者は皆、彼の厚遇を受けて官職に就いた。「イスラーム法学者による統治」というホメイニーの原理を受け入れなかった宗教指導者は沈黙するか、それとも他の聖職者によって自宅に軟禁されるかであった。一九八〇年代初頭に実施された広範な反政府運動に対する弾圧は、逮捕と処刑という新たな動きを伴って、一九八〇年代後半まで繰り返された。こうした事態に対して、国際人権団体だけでなく、当時ホメイニーによってファギーフとして彼の後継者に予定されていたアーヤトッラー・アリー・モンタゼリーのような傑出した聖職者さえも、書面で明確に批判した。モンタゼリーは、ホメイニーに次のような公開質問状を送った。「いかなる正当な理由で裁判所はこれらの処刑を認めているのか。こうした処刑は結局我々の革命や体制の威信を損うことになるだけである。[43]」

国際アムネスティの報告によれば、一九九三年当時、「政治的理由による逮捕、拷問、不公平な裁判、即決による処刑がイランの至る所で報告されていた。[44]」逮捕された人々の中には、政府批判の嫌疑をかけられた人々、ジャーナリスト、シャリーアティーの信奉者、モンタゼーリーの信奉者を含め、スンナ派・シーア派を問わず、反体制の聖職者、軍部や防衛軍の現隊員や元隊員、バローチ人やアラブ人のような少数民族の代表者までもが含まれていた。[45]それればかりか、イランは、イラン国外における反政府及び反イスラームの立場を表明する者に対する誘拐や殺害を繰り返していた。

イランの超法規的な正義の裁きで、一般に知られた最も有名な例は、おそらくサルマン・ラシュディー事件であろう。イラン研究者の多くが、西側との関係正常化の方向へイランが動き、アメリカとの関係改善の可能性が出てきたと考えていた矢先、こうした流れは一九八九年の一月十四日に、サルマン・ラシュディーの『悪魔の詩』がもたらした衝撃により急変した。イラン革命十周記念の国家的祝典が行なわれている最中、『悪魔の詩』の出版をめぐってパキスタンやインドでも暴動や流血の惨事が起きていた。ラシュディー事件は、ホメイニーを柔軟で現実的な陣営から遠ざける格好の材料を急進派に提供した。その結果、ホメイニーは再び自らのイスラームの指導者としての役割を国際的にアピールし、イスラームを擁護するための軍事的情熱を燃え上がらせた。さらに彼は、国民の関心をイランの差し迫った社会・経済的問題や増大する社会的不満からそらすこともできた。ホメイニーが『悪魔の詩』とその出版社だけでなく、イギリスやアメリカに対しても激しい非難を行ない、ラシュディーの処刑を要求したことによって、国際的緊張が一気に高まった。亡命中のかつての反体制運動の中心的人物は、ホメイニーの死後、新しい指導者を全く支持しなかった。イラン国内において、政府の経済政策、抑圧、腐敗に対する多様な抵抗運動が存在していた。しかし、

イスラーム共和国に対するこれら様々な抵抗運動は、体制の変更を主な目標としているわけではなく、役人の職権濫用、基本的人権の侵害をなくし、当局の不当な介入を受けず、自分たちの生活や労働に従事することのできる社会を作り出すことであった。彼らは既存の法の枠内で、説得、公教育、非公式なネットワークの創出を通して働きかけることによって変革を行なおうと努力していた。(46)

こうしたことは、少なくともある意味では、「国家に忠実な反対勢力」の出現とみなすことができる。なぜなら、イランの大多数の人々がイスラーム共和国と呼ばれる体制を終わらせたいと願っている兆候はほとんど見られないからである。

こうした反対勢力のもつ潜在的影響力は、共和国下の人口政策が進展していく中にあらわれている。イランにおける人口政策の進展は、西欧におけるイメージとは反対に、イスラーム共和国が極めて厳しい社会・経済的現実に直面しながらも、素晴らしい回復力と適応力を発揮したことを示している。その政策

は、国民に情報を開示し広範な合意形成を行なうことが、とくに国民に最も身近で日常の生活に関わるすべての向上計画を成功させる最も重要な要素であることを、政府が十分に自覚していたことを示している。君主制とは異なって、イスラーム政府は人間社会にとっていかに人口問題が重要であるかを国民に理解させたのである。(47)

こうしたことは、リベラルな思想に基づく民主的な情報の開示とは異なるが、一般大衆が体制の基本原則を受け入れているだけでなく、体制側も合意の形成という一般原則を尊重していたことを示している。

宗教的少数民族の扱いについて、イスラーム共和国の対応は首尾一貫したものではなかった。憲法上は、公認された宗教的少数派の権利は保証されていた。憲法第十三条には、「ゾロアスター教、ユダヤ教及びキリスト教のみが宗教的少数民族と認められ、法の範囲内で、自己の宗教行事を行なう自由を有し、民事事項及び宗教教育を自己の教義に則って行うものとする」と謳われている。第十四条では、「コーランの教えにより、イラン・イスラーム共和国政府及びムスリムは、非ムスリムに対して、公正及び正義をもって対処し、彼らの人権を守る義務を有する」としている。イランの主要な宗教的少数民族には、三百五十万人のスンナ派ムスリムが含まれており、その中の多くがクルド人である。その他に、三十五万人のバハーイー教徒、八万人のキリスト教徒、三万人のユダヤ教徒が存在している。ユダヤ教徒及びキリスト教徒、ゾロアスター教徒は、比例代表制(ゾロアスター教徒＝一議席、アルメニアのキリスト教徒＝二議席、アッシリアのキリスト教徒＝一議席)により議会で議席を獲得していた。憲法によって保証され、社会生活を営み、その役割を果たすことができたにもかかわらず、宗教的少数民族は、危うい立場ではないにしても、ときどき自分たちが難しい立場に置かれていることを意識していた。彼らに対する政府の宗教的寛容さは、現実主義者と軍部のイデオローグとの権力闘争などの国内政治を反映して変化した。宗教的少数民族は、アルコールの禁止や公的行事(儀式)での男女の分離を遵守することが要求されていた。ムスリムのユダヤ教徒への改宗は禁じられ、背教は大罪とされた。どの宗教をどのような理由により非合法とするのかがまだ議論されていたにもかかわらず、実際には宗教的迫害が行なわれていた。

ユダヤ教の共同体は、革命以前にすでに国外へ移住していたためにその規模は半減しており、革命後はしばらく、苦難の時代を過ごしていた。一般的にユダヤ教徒は、今でも「あまり目立たない形で」自らの宗教行事を行ない、社会生活を営んでいた。[48] ラフサンジャーニーの下では、ユダヤ教徒は再び複次旅券が与えられ、テヘラン・テレビはユダヤ教徒の大祭(過ぎ越しの祭り)の祝宴の模様を革命後初めて放映した。[49]

一般的に、キリスト教徒やキリスト教教会は、布教活動を行なうことはできなかったが、自分たちの信仰を実践し、社会生活を営むことはできた。しかし、迫害される事例も幾つか存在していた。プロテスタントの指導者が、たびたび逮捕され投獄された。一九九四年七月の第一週に、二人のプロテスタントの指導者が、明らかに宗教的な動機を持つ者によって殺害された。イランのプロテスタント聖職者会議の議長、タトゥス・ミシュリアンは明らかに暗殺されたものであり、アセンブリーズ・オブ・ゴッド教団の司祭、メフディー・ディバージは、背教(イスラームからキリスト教への改宗)の罪で投獄された。一九九四年一月、彼に対して死刑判決が下されたが、国際的な圧力にを受けて刑務所から釈放された。ディバージが釈放されてから数日後、彼の釈放を求める運動を組織したハイク・ホブセピアン・メフル司教は殺され、七月三日には、ディバージ自身も殺害された。政府内の過激分子がキリスト教徒の共同体の弱体化を断固として進めようとしているという批判があったにもかかわらず、政府はモジャーヘディーネ・ハルク（イラン人民戦士機構）を非難し、真偽のほどは定かではないが、罪を自白したとしてモジャーヘディーンのメンバーの何人かを逮捕した。[50]

一九九四年一月、礼拝の場所が閉鎖されるという報道がなされ、スンナ派ムスリムは当局と衝突した。クルド人のような少数民族は、クルド語の使用や、これまで政府が拒絶してきた自治をある程度認めるよう要求した。[51]

近代のイラン史を通して、イラン最大の宗教的少数派であるバハーイー教徒は、たびたび反バハーイー政策や暴動の標的となってきたが、一九八〇年代に入り再び処刑や迫害を被るようになった。二百人以上が処刑され、何千人もが投獄された。バハーイー教はバーブ教にその起源を持つ、イスラームの一分派である。一八八四年にバーブ教の創始者は、自らを隠れイマームへの門（バーブ）、すなわち人々を導く預言者と名乗ったために、バーブ教はイランで厳しく弾圧された。バハーイー教の創始者、ミールザー・ホセイン・アリーは、一八六三年に自らをバハーアッラーフ（神の栄光）と宣言した。ウラマーはバハーイー教徒をイスラームにおける反逆者に当たる、背教者であるとして非難した。二十世紀を通して、イランの聖職者は国家にバハーイー教徒の活動を禁止するよう求めてきた。バハーイー教徒は、宗教・政治的理由から、国家への忠誠が疑われ社会的に拒絶されていた。宗教的には、彼らは背教者や異端者とみなされていた。政治的には、彼らは第一次大戦中、イギリスのスパイとして働き、パフラビー朝のシャー体制下では、重要な地位に就きイギリス帝国主義の手先や協力者とみなされていた。聖職者は、しばしば反バハーイー教の暴動を煽り、政府にバハーイー教の活動を禁止するよう圧力をかけた。バハーイー教徒は、政治的には市民権を剥奪されており、背教者として彼らには選挙権が与えられていなかった。彼らの学校や施設はたびたび没収され閉鎖された。バハーイー教徒は攻撃され、彼らの財産は破壊された。モハンマド・レザー・シャーの政府は、ウラマーが反バハーイー教運動を展開している間、聖職者に便宜を図ってきた。軍参謀長もテヘランの政治家も加わって、テヘランにあるバハーイー教の中心拠点を破壊した。しかしながら、国際的非難を恐れて、シャー体制は、聖職者がバハーイー教を非合法化し、そのメンバーを投獄し、彼らの財産を没収し、それをイスラーム宗教学校やイスラームの活動のために分配する法案を議会で可決することに反対した。

革命後の最初の数年間、バハーイー教は再び迫害された。彼らは非合法であると宣言され、政府機関で職に就くことが禁じられた。多くのバハーイー教徒が逮捕され、投獄され、何千人もが処刑された[52]。しかしながら、政府はバハーイー教徒に対して取ったいかなる行為も宗教的理由からではなく、彼らがシャーや反革命勢力に通じた政治犯であったためだと主張した。政府はまさに「イラン国内のバハーイー教の共同体を根絶しようとしている」と非難する者もいた[53]。こうした迫害は、国際的非難を浴びたために数年間は減少した。しかし、一九九〇年代に入り、新たな迫害の動きが始まった。一九九三年九月には、誘拐と焼殺の罪で二人のムスリム兄弟が有罪であると認めていたにもかかわらず、イスラーム裁判長は、その犠牲者が「異教徒」、つまりバハーイー教徒であるという理由で、そのムスリム兄弟を投獄したり、被害者の家族に賠償金を支払えという判決を下さなかった。十二月には、三人のバハーイー教徒が宗教的祝祭を行ない、「ムスリム国家と戦い、基本的人権を奪われた異教徒」などという書物を所有し、死刑判決のかかった裁判の内容を国連やイラン国外のバハーイー教組織に伝えたかどで死刑を宣告された[54]。こうした迫害に対する論理的根拠は、極秘文書、すなわち一九九一年一月二十五日に最高革命文化委員会によって作成され、イランの精神的指導者、ホメイニーによって承認された内規に含まれていた。この内規は、バハーイー教徒に対する雇用や学校への入学拒否、バハーイー教徒の大学からの追放、「彼らの政治活動（スパイ活動）に対する刑罰」などを含んでいた。(55)

結語

「多くの点で、イスラーム共和国はイランがこれまで経験してきた中で、最も民主主義に近いものであった。ホメイニーは、民衆の合意によってイスラーム国家を樹立した。イランの大多数の人々は、今でもこの体制を支持している。しかし、イスラーム法による制約に反対する人々にとって、こうした結果は恐ろしいことである。(56)」新体制を大多数が支持しているという主張に多くの人が異論を唱えるかもしれない。しかし、新体制が民主主義に似た性質を持っていることは明らかである。実際、イランでは行政、立法、司法の三権が機能している。その体制はホメイニーの死後も存続しており、大統領は選挙によって選出され、一定の枠内ではあるが、活発に議論を戦わせ、自由に指導部と異なる意見を主張できる議会も存在している。その一方では、イランの社会的多元性にはいくつもの制約が存在する。イスラーム法やイスラームの価値が社会を導くものであるとするイランのイスラーム的イデオロギーや信条によって、表現の自由に制限が加えられている。個人、組織、政党、私的な協会や団体は、イラン革命のイスラーム的アイデンティティやイスラーム化への努力に関して、しばしば変化する解釈に従って活動しなければならない。したがって、イスラーム・イデオロギーに基づいて国家が指導するということは、飲酒、服装（男と女に対する）、礼拝などを定める法令の強制だけでなく、新聞やメディアの国家統制をも意味していた。しかし、新聞や他のマスメディアにおいても、イランの国民議会と同様に、一定の制約の中で、多様な主張を行ない、指導部や農地改革の問題だけでなく、教育や西欧との貿易、女性の地位といった様々な問題に対して批判を行なうことができた。

イスラーム共和国の建国時から、ホメイニーがカリスマ的で強大な権威を備えていたにもかかわらず、各派閥間で権力闘争が展開され、多元主義や意見の相違に対して政府がどれだけ寛容な態度を取るかが試されたきた。イランの指導部は革命の徹底に努力してきたが、農地改革、国有化、革命の海外への輸出、今後の西欧との関係改善など、国内外の政策課題をめぐって派閥間で見解や政策についての重大な相違が存在していた。聖職者が支配するイスラーム共和党でさえ、党内の激しい意見の対立の結果、一九八七年に分裂してしまった。

シャーの近代化計画に代わるイスラーム化計画を全面に押し出し、実行しようとする革命後の試みは、個人の自由を支持する人々と、経済の国家統制を通して徹底した社会・経済改革を主張する人々との間に深い亀裂を生み出した。階級間の利害だけでなく、イスラーム法の異なる解釈から、いくつもの対立する考え方が生まれた。議会の多数派は、農地改革を行ない、経済への国家統制を拡大し、私企業を制限することにより、根本的な社会改革を行なおうとする法案を可決することができた。地主(その多くは聖職者であったが)とともに、ウラマーや革命の財政基盤を支えた商人たちは、強くこうした法案に反対した。憲法擁護評議会がイスラーム法に反する改革法案に、首尾一貫して拒否権を行使するよう、彼らは憲法擁護評議会に対して強力で効果的なロビー活動を行なった。こうした伝統主義者が、何世紀にもわたる古い規範を相変らず訴えていたのに対して、より急進的な改革主義者は、新しい環境が新しい法解釈を求めていると主張した。

経済政策をめぐる意見の対立と同様に、現実肯定派と急進的な強硬路線派との間には政治的に激しい対立が存在していた。前者は、一九八〇年代において、議会議長のラフサンジャーニー、外務大臣のアリー・アクバル・ヴェラーヤティ、大統領のアリー・ハーメネイによって代表され、後者は、首相のミール・フセイン・ムーサヴィー、内務大臣のアリー・アクバル・モフタシェミーによって指導されていた。これらの派閥間の意見の対立は、次の一連の出来事によって表面化した。一九八六年十月、革命輸出の担当局長であったメフディー・ハーシェミーが逮捕され処刑された。この事件は、レバノンでのアメリカ人人質の解放と引き換えに、アメリカのイランへの武器売却についてのアメリカの前国家安全保障担当補佐官ロバート・マクファーレンとラフサンジャーニーとの間の会談の情報を、強硬路線派が報道機関に漏らしたために起こった。

イスラーム政府はまた、社会政策、とくに人口抑制の政策に関して決して一枚岩ではなかった。革命当初、出産制限は反イスラーム的であると非難された。その後、年三・九%という世界で最も高い割合で人口が爆発的に増えたために、ラフサンジャーニー政府は、再び出産制限キャンペーンを推進し、およそ七万人の女性が進んで不妊手術を受けたと発表した。(57)

イラン・イスラーム共和国の経験に対して様々な評価が存在するが、重大な変化が起こったということを疑う人はいないであろう。十年にわたるホメイニー体制後の改革を評価する際、中東の国家体制を批判的に分析してきたフォアド・アージャーミーは、次のように語っている。「神権政治家やその取り巻きが政治権力を掌握したことにより、イランは大きな変革を遂げた……十年間になされたことから判断すれば、新生イランは残酷さと狡猾さを備えた革命国家であり、メリハリのきいた革命精神のキャンペーンを行ない、可能なことと不可能なことを区別して行動する能力を備えた国家である。(58)」

革命によって樹立されたイラン国家は、民衆から特別な支持を得ている。「シャーの尊大な振る舞いや傲慢さに対して、ターバンを巻いた彼の後継者は、ずっと強固な国家を支配するようになった。聖職者が統治する共和国は、かつてペルシア政治の顕著な特徴であった国家と社会との間の大きなギャップを埋めた。[59]新体制による国家と社会のギャップを埋める努力が、一層民主的な政治制度へ向っているかどうかは議論する余地がある。しかしながら、少なくともこうした努力は、一層の国民的議論を促し国民的合意を形成し、ポスト・ホメイニー時代へうまく移行するための基礎となった。「一九八九年の春まで続いた、一年近くにもわたる開かれた国民の議論を経て、スムーズに権力委譲を認める広範な国民的合意が形成された。」その当時、「新時代に入ったイラン政治においては今後、政権内の政治的話合いや国民の議論を通して、指導者や選挙民の大部分に受け入れられる国民的合意が形成され修正されていくことになるだろう[60]」と正確に予言されていた。

イスラーム共和国は、革命十六周年を迎えた一九九五年までに、ホメイニー没後五年以上も経過しており、単なる「ポスト・ホメイニー」体制以上の発展を遂げつつあった。民主主義とイスラーム共和制という基本的問題に関して、国民の政治参加、国民的合意、自由が一貫して重要視されてきた。革命十六周年を記念する講演で、ラフサンジャーニーは、「革命の偉大な業績の一つは、人々が自由を理解していることである……もちろん、イランは悪弊と不正という問題に直面しており、誰もそのことを否定する者はいない。しかし、建設的なものであれば、いかなる種類のイデオロギーも全く自由である」と主張した。[61]テヘラン闘う聖職者協会によって出された革命十六周年の声明において、イスラーム共和国は「民主主義の新しい定義を示し」、「我々国民こそがイラン・イスラーム共和国という神聖な体制の基礎であり」、「イラン・イスラーム共和国は国民による最も優れた国家体制の事例である」ことが確認された。[62] 革命強硬派のモフタシェミーでさえ、「イマーム（ホメイニー）は国民の意見を尊重していた」と語った。ホメイニーは国民の意見を軽んじようとはしなかった。彼は国家の行く末に国民の意見を取り入れた。これこそイマームが成功し、イスラーム革命が勝利し、イラン・イスラーム共和国が誕生した最大の要因である。[63]」言い換えれば、イランは確かに人権侵害、弾圧、権威主義的支配のために厳しい批判も受けているが、イランの指導者たちは、共和制の定義の中で国民の政治参加の重要性を一貫して認め、国民による共和制を維持していこうとしている。

発展途上にあるイランの政治体制においては、複数政党制も認められておらず、強い発言権を持った有力な反対勢力も存在していない。暴力による政権の打倒ではなく、平和的で発展的な変革を主張する反対勢力の人々でさえ、革命十六周年の機会を利用して、「全てのグループが一致団結して、イランの宗教指導者に圧力をかけて彼らの横暴を終わらせ、自由な選挙を実施させ、国民による統治を復活させるよう呼びかけた。[64]」しかし、これまで定期的に選挙は実施されており、イスラーム共和国の根本的思想の枠内であったとしても、選挙では様々な意見を持つ人々が激しく競いあってきた。少なくとも、選挙は主要な派閥が自分たちの思想（意見・理論）を闘わせる中心舞台として機能していた。このことはホメイニー没後、一九九二年に実施された最初の議会選挙にはっきりと反映された。その当時、「定期的に選挙が実施される度に、次第にイランの宗教勢力間の力関係は固定化される」と考えられていた。[65]

イスラーム共和国の政治において、国民が積極的に政治参加する側面は、「リベラルな民主主義」と呼ばれるものとは異なっている。政府が様々な領域で行なっていることは、自由や憲法上の権利の肯定とは必ずしも整合しないものである。しかしながら、政治制度や宗教的慣行の面において、国民の政治参加が極めて高いレベルで認められていることは注目すべきである。「ペルシャ湾地域において、多くの人々は、イランの経験は伝統的価値の尊重と代議制とが両立するものであると信じている。皮肉にも、ヒジャーブに対する西洋の偏見の中では、イラン社会は一般に湾岸諸国よりもより開かれた自由な社会であるという事実が無視される傾向がある……公民権を剥奪されたアラブ人は、イランのイスラーム政府の中に、イスラーム的民主主義の模範とも言える例を見ている」と考えられている。(66)

イランの経験は、イスラームと民主主義との関係はどのようなものかという問題に対して、最終的な解答を与えてはいない。イランでは、国民の政治参加と国民的合意の問題が政府と反対勢力の双方によって重視され、まさにイラン・イスラーム共和国の政治的展望を占うものとなっている。こうした意味においても、イランでは、「民主主義」が多様に定義されているのである。イランの経験は、イスラーム的民主主義を樹立する可能性を示すものであると考える者もいれば、それはただムスリムの政治制度や慣行を伴う権威主義的性格を強調しているに過ぎないと考える者もいる。

第四章　スーダン

マフディー運動と軍部

現在スーダンでなされているイスラーム国家を樹立しようとする努力は、ハサン・アル＝トゥラービーとスーダンのムスリム同胞団によるものである。しかし、これらの努力は、スーダンでイスラームに基づく社会・政治体制を発展させようとする一世紀以上にもわたる歴史的運動の一部にすぎない。スーダンのマフディー運動は、現代の運動に先んじて、十九世紀後半、すでにイスラーム革命の旗印を掲げて国際的な注目を集めていた。スーダン人によるイスラーム政治体制による最初の独立した「国民」国家を樹立したのは、このマフディー運動の支持者たちであった。

二十世紀において、国家としてのアイデンティティを確立し独立を達成しようとする運動や、民衆の願いを反映する政治体制を創り出そうとする努力は、これまでスーダン人がイスラームとどのように関わってきたかということと密接な関係がある。したがって、地域的アイデンティティの確立や、民衆の政治参加への願いは、二十世紀後半のスーダンに限った新しい現象とは言えない。スーダンにおけるイスラーム復興と民主化運動は、確かに二十世紀最後の四半世紀の状況を反映しているが、実は、スーダンの近代史に深く根をおろして発展してきたものである。

中央政府の歴史的基盤

現在のスーダンを領土とする中央集権国家が登場したのは、近代に入ってからのことであった。十九世紀以前、これらの地域には、比較的小規模な民族集団から、ナイル川流域とダルフール地域に存在した国家構造を持つ大規模な集団まで、様々な共同体が共存していた。一八二〇年代に、オスマーン帝国のエジプト総督、ムハンマド・アリーによる軍隊がこの地を征服して、現在のスーダンの大部分を支配する単一国家が生まれた。この「トルコ・エジプト」統治は、一八八〇年代にマフディー主義革命によって打倒されるまで続いた。中央政府が持つ特徴と役割をどのように定義すべきかという基本的問題の多くは、十九世紀の経験の中にすでに顕在化していたのである。

スーダンの支配者は元来「スーダン人」であったが、この国は、実に様々な部族から構成されているために、ひと口にスーダン人と言っても決して人口の大多数を占める均質な民族ではない。例えば、一九五五年から一九五六年の国勢調査では、スーダンの人口の五一パーセントはアラビア語を話したが、「アラブ系民族」(1)は、わずか三九パーセントにすぎなかった。百以上の言語がスーダンでは話され、それ以上の数の民族集団や地域共同体が存在している。スーダン人にとって最も共通のアイデンティティの基盤となっているのは宗教である。人口の約七五パーセントがムスリムであり、多数の異なるムスリム集団に別れていても、彼らはイスラームこそが共通の絆であると考えている。ムスリムは、北部の国家面積の三分の二を占める地域に集中して住んでいる。したがって、国の南部では、住民の大多数はムスリムではなく、言語、民族、宗教に関して共通の基盤を持っていない。

このような多元社会の中で、中央政府は自らの正統性の基盤となるアイデンティティを確立し、民衆の声に対応して政策を決定する機関を創設するという課題に直面していた。国民的合意と国民的アイデンティティ、また協議と参加という課題は、スーダンの歴史上、いかなる中央政府にとっても最も重要な事項であった。政府が政権維持のために軍部に依存するかどうかは、政府が正統性の基盤をどれくらい強固なものにすることができるかにかかっていた。一方、イギリスなどの宗主国でさえも、武力による統治だけでなく、民衆が政治に参加しているという意識を持てるように、多様な協議機関を活用するなどの努力を行なっていた。

一八二〇年代、トルコ・エジプトの征服者によって誕生した中央政府の時代から、スーダンの統治者たちは、国内最大の民族集団に訴える手段としてイスラームを利用してきた。ムハンマド・アリーの軍隊には、カイロのアズハル・イスラーム大学出身のムスリム教師たちも含まれていた。彼らはいたる所で、新しい統治者をイスラームの偉大なスルタン・カリフの代理として認めるように人々に訴えた。その後、マフディー主義国家は、その正統性の全ての基盤を、明らかにイスラームの原理に求めるようになった。イギリスでさえ、自らをイスラームの守護者であると宣言し、地方のムスリム有力者と密接な共同関係を築いた。しかし、スーダンにおけるイスラームの経験は決して単純なものではなく非常に複雑なものであった。それゆえ、統治者だけでなく反対者もまた、イスラームの大儀を用いた。トルコ・エジプトの統治者に対するマフディー派の反対運動がイスラームの原理に基づいていたように、マフディー派に対抗する人々が行なった議論もまたイスラームの言葉を用いて表現された。二〇世紀においては、スーダン国粋主義者の二つの大義、すなわち、「ナイル河谷の統一」と「スーダン人のためのスーダン」はどちらもムスリムの感性に訴えていた。一九五六年の独立以降、軍事政権も議会制による政権も、自らの正統性を少しでも高めようと、様々な方法でイスラームの大義やシンボルに訴えていた。

こうした歴史を鑑みれば、一九八九年に軍事クーデターにより誕生した政権がその正統性をイスラームの言葉を用いて訴えた最初の例ではなかったことがはっきりする。一九世紀初頭以降、全ての中央政府は同じような行動を取ってきた。しかし、それぞれの政治体制によってイスラーム的要素を表現する方法は実に多様であった。一九八九年に樹立された政治体制が他と区別されたのは、その体制がイスラームの大義を訴えただけではなく、国民イスラーム戦線(NIF)が新たな形態のイスラーム革新を主張したためだった。

二〇世紀以前、中央政府は、国民の意見にはほとんど耳を傾けず、スーダン人に政治参加の意識を持たすような方策を実行することもなかった。政府は、民主主義の原理や国民の自治権などを認める必要性などほとんど感じていなかったのである。トルコ・エジプト統治時代、政府は、スーダン人をその便利さや効率の良さから様々な事業で働く機会を与えたが、それはスーダン人の政府への支持を確保するためのものでもあった。こうした事業において、スーフィー同胞団、特にハトミーヤの指導者は、エジプト総督と協力し世俗的な民衆がトルコ・エジプト政権を支持するように助力した。一つの例として、ハトミーヤのある指導者は、一八六五年にスーダン人の部隊がカッサラで起こした反乱を収拾するための交渉で重要な役割を果たした。[2] マフディー革命が起こった時、ハトミーヤは革命運動に反対し、政府を支持する中心勢力の一つであった。同様に、いくらかのスーダン人部族の名望家が地方の首長に任命されたが、このことは、政府がスーダン人による自治権や民衆参加の必要性を認めたというより、基本的には「指導的スーダン人を重用しようとする政治的思惑」[3] からであった。

一八八〇年代初頭に始まったマフディー運動には多くの民衆が参加し、トルコ・エジプト政権の統治者を排し、最終的に真正なるイスラーム国家とイスラーム社会をムスリム世界に樹立することを目指していた。マフディー派は、マフディーの救世主的権威を認めることにより、多くの民衆を参加させ大衆動員力を持つようになった。政府には民主的な政治参加という考え方は全くなかった。マフディー宣言の根幹に関わらない現実的な事柄についての協議や調停の場はあっても、国家体制は、縦割りのトップ・ダウン型のものであった。そして著名なスーダン人の教師や司令官が、一般大衆を指示したり動員したりする際に重要な役割を果たしていた。

トルコ・エジプト政権とマフディー派が対立していた時代の中央政府の経験は、それ以降の政治的活動にとっての伝統と基礎となり、二〇世紀においても変わらぬ重要性を持っている。こうして生み出された伝統の一つは、一般大衆と中央政府との間の調停機関が持つ重要性である。一九世紀の経験は、地方の「名望家」が一般大衆と中央政府との間の重要な橋渡し役を務める政治状況を作り出すのに適した環境を提供していた。アルバート・フーラーニーは、後にそれを「名望家政治」と呼んだが、[4] このようなシステムについて次のように述べていた。

名望家の政治的役割には二つの側面がある。すなわち、一方では、名望家たちは権力者に「接する」ことができねばならない。そして彼らに助言や警告を与え、時にはおもねながら、スーダン人社会の利益にかなうように話をしなければならない。その一方で、名望家たちは、その由来がどのようなものであろうと、独自の社会的権力を持っていなければならない。この権力によって、彼らは支配者から独立した民衆が認める「生来の」指導者という地位を得ることになるのである。(5)

スーダンの名望家たちは、主要な民族や部族集団、主要なイスラーム連合の指導者たちであった。近代の社会・経済的変化により、多くの面で部族自治の役割が小さくなるにつれ、「イスラームの名望家」が政治体制の中で一層その重要性を増すようになった。こうした傾向は、一九世紀に始まり、今日まで続いている。しかし、二〇世紀初頭には、名望家が部族出身であろうと聖職者出身であろうと、中央政府が「名望家政治」という調停方法により一般大衆を扱うというパターンがすでに確立されていた。

二〇世紀後半のアイデンティティの確認と民衆の政治参加の願いという重要な二つの潮流は、独自の性質を持つこうした一九世紀の経験から始まった。中央政府の統治者が、軍事的勝利者以上の権威を持つと主張するときは、イスラームの言葉が用いられた。また統治者が民衆の願いを意識しているということを知らせる必要を感じた時は、名望家政治という調停方法を通じて知らしめた。こうした伝統は、二〇世紀に入っても統治者がスーダンを治める際に重要なことであった。

民衆の政治参加と政党の始まり

最後のマフディー勢力がイギリス・エジプト軍に敗北した一八九八年から一九五六年に至るまで、スーダンはイギリスによって統治された。国際法では、スーダンはイギリスとエジプトの共同管理下にあったが、事実上はイギリスが支配していた。初期の政府は本質的には軍事政権であったが、政府の形態は、一九五六年にウェストミンスター型議会制を持った独立国家スーダンが誕生するまで徐々に発達していった。この発達過程で名望家政治は変化したが、その政治形態は多くの点で継承された。このことは独立後、三たび議会制政治が発足したが、いずれも転覆されてしまったスーダン政治史の重要な一面である。二〇世紀末、ムスリムによるイスラームと民主主義の関係を定義しようとする試みであったスーダンにおけるウェストミンスター型議会制は失敗に終わった。この長所と短所を併せ持つウェストミンスター型議会制度が、スーダンに導入されたのは、イギリス支配の時代であった。

イギリスによる支配の下で、スーダン人は徐々に国政へ参加するようになった。実際的には、こうした政治参加はスーダン北部に限られた現象であった。「国家的」問題には、南部のスーダン人はほとんど関心がなく、南部と北部はますます分離するようになった。このような状況で、民衆の政治参加の構造は、基本的にムスリム社会の枠組みの中で定義された。その際、イスラームの大義が重要な意味を持っていた。イギリスが支配した最初の三〇年間、イギリス人の支配者は、一般大衆との接点を維持するために、意識的に明確な形で名望家政治を利用した。スーダン人に影響力を持つと見なされた部族の長も少なからずいたが、民衆の意見を代弁し「生まれながらの指導者」であるとイギリス人が見なしたのは、中心的イスラーム・グループの指導者であった。特に注目を集めていたのは、ハトミーヤの長であったサイイド・アリー・アル＝ミールガニーと、父である初代マフディーの信奉者を有力な政治・宗教勢力へと再編成したサイイド・アブド・アッ＝ラフマーン・アル＝マフディーであった。重大な政治局面でスーダン人の声を代弁をしたのは、偉大なサイイド家の人々であり、イギリス人も大部分の北部スーダン人も彼らを徐々にスーダン人の代表と認めるようになった。ミールガニーは、第一次世界大戦でのイギリスの戦勝祝賀のため、一九一九年に代表団の団長としてロンドンに向かった。ミールガニー、ラフマーンと並ぶもう一人の宗教的名望家は、一九二〇年代、地方の有力新聞の一つであった『ハダーラ・アル＝スーダン』の社主であった。

巨大な大衆組織の指導者として、サイイド家の二人の傑物、ミールガニーとラフマーンは、政治状況が進展する中で重要な役割を演じ続けた。近代的教育を受けたごくわずかなスーダン人の知識層が民族主義を訴えたが、当初ほとんど大衆からの反応はなかった。しかし、民族主義運動が後に政党となり、サイイド家の支援を受けるようになると大衆運動へと発展した。民族主義と政治の「宗教化」は、一九四〇年代に入ると確固なものとなった。一九三八年には、学識者会議が近代的教育を受けたスーダン人の考えを代表する組織として設立された。第二次大戦中の一九四二年に、この会議は終戦を契機にスーダンの独立を認めよという要求を行なった。しかしイギリスは、その要求はスーダン国民ではなく、単に少数の者の意見しか代弁していないとして即座に拒絶した。その結果、活発な政治活動を行なっていたスーダンの知識層の大半は、いくつかのセクトに分裂した。第二次大戦の終結までには、ミールガニー、ラフマーン、そして二人が指導する党派組織からの支援を受けて最大の政党が誕生した。

自らをアンサールと称したサイイド・アブド・アッ＝ラフマーン・アル＝マフディーの信奉者は、スーダン単独の独立を主張していたウンマ党に大衆的支持を与えた。サイイド・アリー・アル＝ミールガニーの信奉者たちは、「ナイル河谷の統一」、すなわちエジプトとの合邦による独立を支持した。一九四〇年代に政党政治が高揚する中で、多様な政党が誕生した。一九五〇年代初頭までに、少なくとも二四の異なる政治組織が組織された。(6) しかし、自治議会の選出方法の調整が行なわれた時、これらの政党の中で選挙を戦えるほどの支持を得ていたものは、ほとんどないということが明らかとなった。

一九五三年末に実施された第一回選挙までに、スーダン単独の独立を主張していたほとんど全ての政党は、マフディー派の支持を受けたウンマ党に収斂し、「合邦支持者」はハトミーヤの支持を受けた国民統一党（NUP）に結集した。社会共和党（SRP）という「宗教色」のない政党を設立しようとする著名な部族的名望家たちによって第三の政党が北部地方に設立された。多くの知識層は、SRPが一大政治勢力になると考えていたが、(7)（NUPの五〇議席やウンマ党の二三議席に比べて）九七議席のうちわずかに三議席しか取れずにすぐに消滅してしまった。(8) SRPの事例は、誕生間もない議会制度の中で、サイイド家の支持を受けた政治組織がいかに影響力を持っていたかを如実に示している。名望家政治は、選挙や議会という舞台では依然として重要な意味を持っていた。

イギリス支配の下で行なわれた民衆の政治参加の慣行や制度は、独立後のスーダンを支える基本的制度の土台となり、複数政党が競い合うウェストミンスター型の議会制度が成立した。しかし、この複数政党による議会制が真に機能するかどうかは、中心的なイスラーム組織がどのように関わるかにかかっていた。民主的な政治過程の中で、大衆の政治参加を確実なものにする最も効果的な手段は、政党政治が「宗教化」することであった。

大サイイド家の支援の下、セクト主義的性格の強い政党が発展していく中で、イスラームと民主主義が両立するかどうかという議論は事実上存在しなかった。両者の間に矛盾はないというのが暗黙の了解であった。サイイド・アブド・アッ＝ラフマーンと彼の息子でウンマ党の党首、サイイド・サーディクの演説は、マフディー主義が変化し、権威主義からウェストミンスター型議会制に参加するための思想的土台を提供していることを示していた。一例を挙げれば、独立国家としてのスーダンは共和制であるべきか君主制であるべきかという、一九五〇年代初頭のウンマ党内での議論の中で、サイイド・アブド・アッ＝ラフマーンは、一九五三年の宣言において、「民主的共和制は、我々の純粋で寛容かつ民主的宗教であるイスラームに深く根差した制度である」[9]として共和制を明確に支持した。

スーダンの大部分のムスリムにとって、スーダンが独立した時にはイスラームと民主主義との間に何の矛盾もなかった。中心的政党の母体は、当然、主要なイスラーム組織であると考えられていた。サイイド・アブド・アッ＝ラフマーンのような卓越したムスリム指導者は、民主的イスラーム共和制を唱え、その言葉は北部スーダンの人々にとっては当然のことと受け止められた。もし主要なムスリム組織が積極的に政治に参加することがなかったならば、議会制度への民衆の実質的参加は制限されたものになり、政党は都会のごく限られた特権的知識層の組織となってしまっていただろう。スーダンの独立に際し、実際には、ムスリム組織が民衆による議会制度を可能なものにしたのだった。

イスラームと独立後の中央政府

独立後のスーダンの新議会制度は、多くの問題といくつかの固有のもろさを抱えていた。複数政党制は、イスラームと一体のものであったためにスーダン北部の人々の政治生活と深く結びついていた。スーダン南部の政治組織は脆弱で、南部の人々を動かすほどの大衆的組織力はなかった。北部では、主要な政党はそのセクト主義的基盤により大衆からの支持を受けていたため、政党はセクト主義の基盤を越えた主張がなかなかできなかった。セクト主義色を持ったどの政党も真の「国民」政党となることはできなかったのである。その結果議会政治は、政府の様々な機関で主導権を握るために連立や連合を組もうとして、急激に絶えず変化する政争に巻き込まれることになった。

スーダン議会制度にはこうした弱点があったために、中央政府はかなり不安定なものであった。文民による政治がうまく機能しなかったために、軍部が政権を奪うということが何度も繰り返された。しかし、軍事政権もスーダンではうまくいかず、しばらく政権の座に就いても、すぐに民衆からの反対にあった。軍事政権がこうした民衆の反対により政権を追われた時、古い議会政党の利点が見直されることになった。というのも、それらの政党は大きなムスリム組織を未だに代表していたからである。軍事政権の崩壊により、一九五三年から五六年にかけての政権と基本的に同様の文民議会による政権が再び誕生することになった。

議会制政治の浮沈は、一九五六年にスーダンが独立を達成してから三度繰り返された。最初の議会制の時代は、イブラーヒーム・アッブードの率いる軍事クーデターにより一九五八年に終わりを迎えた。一九六四年の十月革命によりアッブード時代は終わり、第一回とほぼ同じ政党と政治家からなる二回目の議会政治の時代が始まった。この二回目の議会政治の時代は、一九六九年、ジャーファル・アル＝ヌメイリーが起こした軍事クーデターであった五月革命で終わりを迎え、ヌメイリーは、その後一九八五年までスーダンを統治した。一九八五年、民衆の抵抗とその結果生じた軍事クーデターにより、セクト主義色を持った以前と同様の政党がスーダンを支配する第三次議会制政権が誕生し、一九八六年から八九年まで続いた。スーダンでの三度目の軍部による政府転覆により、国民イスラーム戦線のイスラーム革新計画の後押しを受けた従来のセクト主義的連合に強く反対し、イスラーム国家を樹立しようとする政権が誕生した。

民主的なイスラーム共和国の建設を唱える中心的イスラーム組織は、近代スーダンにおける複数政党による議会政治の核となっていた。ウンマ党とNUPなどのイスラーム連合は、一九六五年の選挙で選ばれたスーダン共産党の議員を協力して排除しようとしたが、一貫して複数政党制による議会政治を擁護していた。一例として、アッブード軍事政権に対するウンマ党の反対は、「民主主義の道への聖戦」と呼ばれた。(10) スーダンは、イスラーム政党が選挙によって政権を獲得し、しかも政権の座についた後も複数政党制を廃止しなかった重要な例となっている。議会制が武力によって終わりを迎えたのは、政権にあったイスラーム政党の行動によるものではなかった。複数政党による議会制度が失敗した少なくともいくつかの原因は、スーダンにおける複数政党制による政治が持っていたセクト主義的傾向のためであった。

反セクト主義的な政治的選択肢

いくつかの政治組織が、スーダンにおいて非セクト主義的選択肢を提供しようとした。その最大のものは、当初、セクト主義的傾向を持ち近代的教育を受けた知識人が集まった非常に緩やかな連合組織であった。一九三〇年代後半に組織された学識者会議の指導者の多くは、発達しつつある民族主義的政治が非セクト主義的なものになるよう望んでいた。一九四〇年代に連邦主義を唱える小政党のいくつかは非セクト主義的なものだった。これらの中で最も重要であったグループは、イスマーイール・アル＝アズハリーによって指導されていた。しかし、一九五三年の選挙へとつながる政治的進展の中で、アズハリーは、ハトミーヤと手を結んで国民統一党（NUP）を結成した。独立直後、NUP内部の論争により、明確にハトミーヤ派を掲げる人民民主党（PDP）が誕生し、NUPもアズハリーの指導下でこれまでよりセクト主義の傾向を薄めた。しかし、NUPは多くの点で、依然として従来の名望家に指導されたままであり、すぐに連立や連合をはかるようになった。最終的に、第二次議会制の時代にNUPはPDPと結合し、一九六七年に民主統一党（DUP）を結成し、正式にセクト主義を復活させた。

セクト主義的知識人によって率いられた他の大部分のグループは、限られた政治的権力しか持っていなかった。職業団体、組合組織、学生団体は、それぞれメンバーを街頭デモに動員し、一九六四年と一九八五年の革命で重要な役割を果たした。しかし、これらの諸団体は議会制の時代においては、セクト主義的政党と実際に争うだけの組織やメンバーを有していなかった。一九六〇年代において、スーダン共産党（SCP）は、セクト主義政党に代わりうる最も効果的に組織された最大の団体であった。一九六五年の選挙では、共産主義者と共産主義の「同調者」は、「学識者」に割り当てられた十五議席のうち十一の議席を獲得した。しかし、共産党は地方区の議席は一つも獲得できず、一パーセント以上の得票を得たのは十一パーセントの得票を集めたハルトゥーム地方だけであった。[11] この結果は、SCPが少数の知識人には非常に支持されているが、大衆からは支持されていないことを示していた。SCPが最も支持を集めたのは、共産主義者が多くの政府の重要な職に就き、政権のイデオロギーの多くを担ったヌメイリー政権の時代であった。しかし、共産主義者の官僚グループは、一九七一年にヌメイリーを失脚させる企てに失敗し、SCPはその後数年間厳しい弾圧を受けた。SCPは、追放されながらも依然として反対勢力の一角をなした。そして一九八六年の選挙では、議会の二六四議席のうち五議席を獲得し、少数政党ではあったが、政界で一定の役割を果たし続けた。

エリート的性質を持つ共産党が衰退したのに対しNUPが勢力を拡大したことは、セクト主義政党の大衆組織や訴えに対抗できる文民による世俗的政治組織が一つも存在していなかったことを意味している。軍事政権指導者は、アンサールやハトミーヤなどの草の根的組織を凌ぐ、セクト主義政党に代わりうる組織を創り出そうとした。アッブードは、「地域から地方そして中央政府へと続くピラミッド型の評議会」を含む「指導された民主主義」の構造を創ろうとした。しかしそれは、トップダウン型のピラミッド機構であり、各段階で指導的要素を確保するために、選挙だけでなく任命によりメンバーが決められた。[12]」実質上、アッブードの指導的民主主義は、統治者によって任命され相談を受けていた従来の名望家による政治への後戻りであった。アッブードの政治体制は、彼が一九六四年に失脚すると同時に崩壊した。第二次軍事政権の指導者、ヌメイリーは、エジプトのナーセルや他の国々のアラブ共産主義者が設立した大衆政党に類似した政党を創り出そうとした。その結果成立したスーダン社会主義連合（SSU）は、一九八五年にヌメイリーが失脚するまで、指導と組織の一体感を維持し続けた。しかし、政府の政策に対してほとんど影響を与えることはできず、真の意味での民衆の政治参加とはならなかった。結局、SSUとアッブードに指導された民主主義は、セクト主義政党の大衆政治組織に実際に代わりうる世俗的モデルとはなり得なかった。

ヌメイリーの南部分離政策とイスラーム化政策を引き金として、南部での内戦が再び勃発した一九八〇年代に入り、新たな世俗的選択肢が登場した。抵抗運動を組織した最大の運動は、ジョン・ガラン・ド・マビワールによって組織されたスーダン人民解放運動（SPLM）であった。ガランは、運動の目標は、南部の分離ではなく国民の解放であることを明確にし、彼はこの国民的目標に対するイデオロギーや組織上の基盤を作るために努力した。(13) 一九八〇年代に、SPLMの綱領が発表された。その中の原則の一つは、政治体制における世俗主義の主張であった。一九九〇年代にSPLMの内部でいくつもの派閥が誕生した時でさえ、全ての派閥は世俗主義的体制を主張した。

SPLMは、北部のムスリムからは多くの支持を得ることができず、第三次議会制の時代において政党政治には参加していなかった。南部での内戦は依然として続いたままだった。中心的文民政党の指導者が国外に亡命した一九八九年の軍事クーデターの後、新政権に対して反対勢力を一本化しようとする努力がなされた。しかし、軍事政権に対する反対が高まっていた状況でも、SPLMは、従来の政治組織からの支持を獲得することはほとんどできなかった。世俗主義という問題は、政府内においても国外亡命中の反政府政党内においても重要な問題として議論されたが、一九九〇年代半ばまでには、世俗主義的勢力を糾合するような政党は誕生しなかった。

一九八九年に政権を奪取した第三次軍事政権は、世俗主義よりもイスラームを志向し反セクト主義的な運動の核となっていた国民イスラーム戦線（ＮＩＦ）による政権であった。ＮＩＦは長年にわたる革新主義運動から誕生し、ハサン・アル＝トゥラービーの指導の下で、二〇世紀後半のイスラーム復興の代表例として国際的な注目を集めた。一九九〇年代、民主主義とイスラームの復活の関係が議論される中で、最も頻繁に議論の対象となったのは、従来のセクト主義的政党ではなくＮＩＦの政策とイデオロギーであった。

スーダンにおけるイスラーム主義者と民主主義

イスラーム革新計画の主張は、政党が誕生した当初から、スーダンの政治において活発になされてきた。マフディー派原理主義の長年の伝統は、マフディーの後継者によって修正され、セクト主義的ウンマ党の基礎となった。しかし、一九二八年、エジプトに誕生したムスリム同胞団や、一九四一年に南アジアで設立されたジャマーアテ・イスラーミーのような運動が行なった新しい形態によるイスラームの肯定は、一九四〇年代までスーダンで多くの支持者を得るようになった。スーダンの政治が発展する段階で、イスラーム主義者は、状況が変化する度に、一層重要な役割を果たすようになった。スーダンでのイスラーム主義者の事例は、一九九〇年代にイスラーム運動が単に政権を獲得した例としてだけでなく、イスラーム主義者が議会政治に参加した重要な例ともなっている。

新しい形態のイスラーム活動家は、第二次世界大戦以来、スーダンで姿を現しつつあった複数政党制による政治体制の中で基本的に活動してきた。彼らの活動は、学生や知識人からなる小組織から政党として大衆の支持を獲得しようとする政治組織へと発展していった。こうした全ての段階で、イスラームと民主主義が両立するかという問題は、ほとんど議論されなかった。というのも、その二つは両立するというのが、イスラーム主義者による政治綱領の基本思想の一部であったからだ。むしろ、イスラーム主義者の間には、イスラーム主義運動がスーダンの政治体制にどのような形態で参加するかということに関して意見の食い違いが生じていた。イスラーム主義者が基本的政治原則の策定に着手したのは、一九八九年の軍事クーデター以後のことであった。そして、その原則によって、スーダンにおいてイスラーム主義運動が展開する中で、一九九〇年代の状況は新たな重要性を持つことになった。

第二次大戦の終結と同時に、大きな影響力を持ったスーダン人によるイスラーム運動が始まった。イギリスは、第一次大戦中、スーダンで近代的汎イスラーム運動が発展するのを恐れた。一九二〇年代から三〇年代にかけて、行動主義的イスラーム革新を唱える様々なグループが誕生したが、有力なイスラーム復興運動が組織されだしたのは一九四〇年代に入ってからのことだった。(14) その当時、エジプト留学中にムスリム同胞団と接触するようになったスーダン人の学生は、エジプト人の協力を得てスーダンでも組織を創り始めた。同時期に、ハントゥーブ中等学校の学生たちはハルトゥーム大学(15)（当時はゴードン大学）へ入学後、組織化されたイスラーム解放運動（ＩＬＭ）という団体を結成した。

一九五〇年代初頭までに、この二つのイスラーム運動の流れが、類似点を持った互いに影響し合ういくつもの組織を代表するようになった。指導者間で緊張関係が生じるようになり、双方の大部分の指導者が一堂に会した重要な会議が一九五四年に開かれた。この会議は、双方がより広範なイスラーム運動に結集することを承認して、ムスリム同胞団の名称を採用した。同時に、この運動は「（エジプト人の団体とは直接的関係のない）『スーダンを拠点にした』運動であり、他のいかなる政党からの影響も受けない」と決議した。[16] この新しい運動は、自らを「完全なるイスラーム改革を目指す教育運動」[17]であると定義した。会議の決議に反対する人々もいくらかはいたが、彼らには影響力がなく、一九五五年までに、この組織は態勢を整え、独立後のスーダンで活躍する統一的イスラーム運動となった。

同胞団は、選挙戦のために新たな政党を結成することはなかったが、政治の世界には参加していた。同胞団は既存の政治体制を拒絶せず、いくつか独自の政策を唱えながら現行の体制内で活動した。同胞団は、明確に共産主義に反対すると同時に、エジプトでナーセルの率いる新政権がムスリム同胞団を弾圧したのを受けて、スーダンにもナーセルの影響力が及ぶのを防ごうとした。同胞団の主要な目的は、スーダンでイスラーム的秩序を完全に確立することであった。したがって、同胞団が独立後の政治状況の中で最初に発揮した政治上のイニシアチブは、イスラーム憲法戦線（ＩＦＣ）という、同胞団をその中心とするイスラーム憲法の採用を訴える「国民戦線」の形成だった。ＩＦＣの「模範憲法」では、「統一国家内における地方への権力の移譲を伴う議会制[18]」が提案され、経済・社会的公正さが強調されていた。同胞団は、ＩＦＣの活動を通して、イスラーム憲法の本質について大衆を教育しようとした。同胞団は、政党というよりはむしろ圧力団体として機能していた。ＩＦＣは「政党を否定することはなかった。その代わり、ＩＦＣは、イスラームに関して政党に揺さぶりや圧力をかけ、イスラーム憲法への要求を認めさせようとした。[19]」

独立後設立された憲法委員会は、明らかにイスラーム的な憲法を制定しようとする主張を認めることはなかった。しかし、大部分の政治指導者は、イスラームに基づく政治体制を支持することを表明していた。ＩＦＣは、イスラーム憲法の問題が北部スーダンでの政治課題の一つとなるのに重要な役割を果たした。一九五八年の選挙に候補者をたてるかどうかという問題をめぐって、IFCの指導者と同胞団の指導者が対立し、同年IFCの組織は分裂した。イフワーンと呼ばれた同胞団の中心的集団は、同胞団を非政党組織と見なしていた。そのため、IFCが選挙に候補者を擁立しようとした際、IFCはイフワーンからの支持を失い消滅することになったのである。

イフワーンそのものは、小規模な集団であったが、政党や反政府的革命集団にならずに、既存の政治体制内で際立った活動を行なう圧力団体であった。しかし、一九五八年後半になると、イフワーン指導部は、支配的なセクト主義政党を厳しく批判するようになった。アッブードによる軍事クーデターの前日、同胞団の機関紙は、イフワーンの指導者であったアッ＝ラシード・アル＝ターヒルの論説を掲載した。その中でターヒルは、「民主主義制度は、人類が長い闘争を経て考え出した最高の制度である。しかし、民主主義を乱用し、民主主義をただの無意味なものに堕落させてしまう輩によって必ず悲劇が起こされる」と書いていた[20]。同胞団は、民主主義の中に自らの信条が含まれているとしていたが、数日後には新しい軍事政権をあっさりと認めてしまった。

最初の柔軟な対応から転じて、アッブード政権が、新聞の検閲やイフワーンの機関紙の強制発禁などを含め、文民政治団体に対する様々な規制を行なったために、同胞団や他のほとんどの文民政治組織は反政府勢力へと変容した。公然と行なわれ最も注目を集めた反対運動は、ハルトゥーム大学の学生によるものだった。イフワーンは、ハルトゥーム大学の学生自治会内部で最大の団体であった。したがって、同胞団は文民政府への復帰を求める要求の中で重要な位置を占めていた。しかし、イフワーンの指導者であったターヒルは、現状に不満を持つ軍の将校とともに一九五九年のクーデターに参加した。しかし、そのクーデターは成功せず、彼は投獄され運動は最も卓越した指導者を失うこととなった。さらに重要だったのは、彼のクーデターへの参加がイフワーン内部で重大な論争を引き起こし、大学外での運動が「休眠状態に陥ってしまった」ことである。(21) その結果、学生運動家を除いて運動の大部分の人々は、従来の議会政党による反対運動の主張を支持したが、一九六四年の十月革命につながる事態が起きるまでは、反対勢力の重要な中心的担い手とはならなかった。

一九六四年に、スーダンのムスリム同胞団は新たな局面を迎えていた。この局面は、一九五〇年代に積極的な活動を行なっていたが、五九年に法学の学位取得のためパリに赴いたトゥラービーがスーダンに帰国したことから始まった。一九六二年にスーダンに短期間帰国していた時、トゥラービーは、同胞団の議会がイスラーム統一戦線を創設する戦略を採用する決定を下すように影響力を発揮した。一九六四年の夏、トゥラービーは、法学博士号を取得してスーダンに戻りハルトゥーム大学の法学部で教鞭を執った。帰国後すぐに彼は、大衆に向けた重要な演説を行い、十月革命へとつながる道筋をつけることになった。その演説の中で、トゥラービーは、スーダンが直面している諸問題、特に南部でますます激しくなっている内戦を解決するためには、軍部による支配を終わらせるしかないと力説した。こうした活動により、同胞団は再び政治の表舞台に復帰し、トゥラービーは急速に形成されつつあった国民イスラーム戦線の最高指導者の地位に就いた。

同胞団は、一九六四年十月、アッブード政権の打倒に重要な役割を果たした。同胞団は、他の非セクト主義的組織と同様に、共産党、ナーセル派、及び他の様々な職業団体を含めた全ての反対勢力を積極的に組織化しようとしていた。同胞団は、アッブードを権力の座から追放し、第二次議会制時代への過渡期において重要な役割を果たした。しかし、依然として従来の政治組織が権力を持ち続けていたことは明らかであった。急進的ハトミーヤ政党であったＰＤＰ（人民民主党）は選挙をボイコットしたが、ウンマ党と国民統一党（NUP）は、一九六五年に行なわれた総選挙で新議会の一七三議席のうち、合わせて一三〇議席を獲得していた。

イスラーム運動内部で、新たな時代に最も適合する組織構造はどういうものかということについて、かなり議論が交わされた。トゥラービーは、理想に燃えた人々の小さなまとまりからなるエリート重視の枠組みから一歩踏み出すことの重要性を訴えていた。トゥラービーがイフワーン内部で指導的役割を果たすにつれ、彼の大衆的イスラーム組織を作ろうとする考え方がイフワーン発展の基本となった。一九六四年末に、同胞団は、イスラーム憲章戦線（ICF）を民衆による政治組織として創設した。しかし、この組織は一つに統合された構造を持っていなかった。ICFは、国民戦線をモデルとして、多様なイスラーム志向の個人や団体をまとめるために創られたものだった。この新たな組織形態において、イフワーンは、ICFの活動を「完全にコントロールしながら、組織内部の問題に関しては、用心深くICFから距離を置いていた。」[22]トゥラービーが心に描いていた統一された大衆組織とはこのようなものではなく、彼は後に、この時代のイスラーム運動の二重構造がイフワーンの指導者とICFの指導者との間に緊張関係を生み出すことになったと総括した。[23]この緊張関係は、ICFが一九六五年と六八年の選挙において惨敗したためにに一層高まった。ICFは、一九六五年には一七三議席のうちわずか七議席（得票率では投票総数の約五パーセント）、一九六八年も二一八議席のうち五議席しか獲得できなかったのである。[24]

イスラーム運動は、イフワーンの中心的指導者であれICFを支持する大衆であれ、どちらも民主的な政府の形態を強く支持していた。ICFは一九六五年初頭にイスラーム憲章を発表したが、その憲章は「妥協のない民主主義による社会的正義を重要視した経済体制、地方への権力移譲、大統領制などを求めるもの」であった。ICFは当時の憲法制定に関する議論の中で、この計画を積極的に提唱した。その結果、ICFは、憲法国民委員会が起草した憲法草案の中にイスラームに関する重要な記述を含めることに成功した。しかし、その草案は第二次議会制の時代が一九六九年の軍事クーデターにより終わりを迎えたために承認されることはなかった。

第二次議会制時代において、イスラーム運動は、政党ではない圧力団体（イスラーム憲章戦線）を組織することから、政党として政治に参加する国民戦線組織の創設へと運動を変化させた。イスラーム運動は、自らを複数政党による議会制を推進する勢力であると宣言していたが、スーダン共産党とともに、セクト主義的政党によって支配された政治体制からの変化を訴える数少ない有力な政治団体の一つであった。同胞団は、イスラーム憲法の採用とシャリーアの実践が重要な政治課題であると認めさせることに成功したが、スーダンの議会政治が持つ本質的なセクト主義的傾向を変えるまでには至らなかった。

組織内部の分裂と選挙での不振により、同胞団は一九六九年までに弱体化してしまった。一九六九年四月の総会において、エジプトのイスラーム急進主義者、サイイド・クトゥブの著作に影響された反トゥラービーのグループは、党員資格の厳格化と社会から一歩距離を置く戦略を支持し、トゥラービーが指導する執行部の勢力を凌ぐまでになった。その結果、同胞団は二つに分裂し、翌一九六九年五月にヌメイリー軍事政権が誕生したことにより、新たな試練に直面することになった。複数政党による議会政治の消滅とともにICFもまた消滅してしまったのである。

ヌメイリー軍事政権時代の最初のほぼ十年間、他の反政府運動と同様に同胞団の活動は禁止されていた。ヌメイリー政権は、当初から、反イフワーンの姿勢と左翼的傾向を明確に示していたために、同胞団はクーデター直後から反政府勢力を組織化しようとした。従来の主要政党の指導者達は、最初、ヌメイリーと交渉しようとしたが、すぐにウンマ党、DUP、イフワーンは、亡命先で国民戦線を結成し、新たな軍事政府に対する反政府勢力を結集した。一九七〇年三月にスーダン国内で起こったマフディー主義者による内乱は新政権により鎮圧され、国民戦線が反政府勢力の中心組織となった。マフディー主義者による反乱が失敗した後は、スーダン国内では、学生のイフワーン組織が反対勢力の中心となった。一九七三年のシャーバンの騒乱では、鉄道組合や他の職業組合がイフワーンの学生が指導した街頭デモを支持しストライキに突入した。しかし、政府が騒乱を鎮圧したために、反対勢力は運動の軸足をスーダン国外での活動へと移した。海外からの活動の一つとして、一九七六年に起きた国内での大衆による街頭デモと呼応して国内へ侵攻しようとする企てがなされた。この計画が失敗に終わったために、国民戦線内部で重大な分裂が生じ、ウンマ党党首サイイド・サーディク・アル＝マフディーの長年の指導に対してメンバーの間に不信感が増大した。

ヌメイリー時代初頭期における反政府勢力の経験は、イフワーンとその指導層に重大な転換期をもたらした。スーダンにとって望ましい政治体制と同胞団の長期的政治目標に関して、この移行が同胞団の立場にどのように影響したかを見定める際、次の三つの要素が大いに役立つ。

第一に、シャーバンの騒乱と一九七六年の侵攻において、イフワーンの多くの者は旧来の政党は信頼に足らない同盟相手だと感じていた。彼らは、これらの旧来の政党が反政府運動の中でスーダン共産党と協力し始めたために、これらの政党が同胞団の長期的イスラームの目的に対して支持をしないのではないかという疑いを深めた。もっと一般的に言えば、ウェストミンスター型議会制は、セクト主義的政党と否応無く結合しており、必然的に、「文民政治」への回帰の要求は、これらのセクト主義的政党がスーダンを支配した時代へ戻れという主張と結び付けて考えられたのである。その結果、イフワーンの民主主義の定義は、全ての主要なセクトと社会の要求に対応するために明確に定義された社会体制の枠組みの中で、協議と国民的合意を一層重視する方向に変化していった。

この政治目標の変化は、一九七〇年代におけるイフワーンの二つ目の要素、すなわちイフワーン自体の組織構造の劇的再編成に反映されていた。これは、「運動組織の完全な民主化」につながる「全面的内部改革」を伴っており、学生や若い運動員に活力を与え、組織内で旧来の指導層の権力を弱めることになった。(26) この新しい構造の中に、協議や合意の原則に関するイフワーンのこれまでと異なるアプローチを見ることができる。イフワーンは、この新たなアプローチから旧来のスーダンの政治体制に対する批判を行なったのである。このように、イフワーンが思い描いた民主的モデルは変化し発展し続けた。その過程でイフワーンは、セクト主義に基づいた複数政党政治に対する不信感を抱くことはあったが、イスラーム体制は民主的であるというイフワーンの確立した前提が揺らぐことはなかった。一九七〇年代、過渡期にあった同胞団の第三の要素は、同胞団がこれまで以上に独立したイデオロギーを形成するようになったことである。スーダンでイスラーム運動が始まった最初の三〇年間、イデオロギーを発展させるための最も重要な概念は、海外の主要なイスラーム主義者によって提供されたものだった。最初の数年間、エジプトのムスリム同胞団の指導者ハサン・アル＝バンナーや南アジアのイスラーム主義者、マウラーナー・マウドゥーディーの著作は、スーダン人がイスラーム主義思想を形成する際に大きな影響を与えた。(27) 一九六〇年代に、スーダン人のイスラーム主義者の中には、サイイド・クトゥブの著作に影響を受けた者もいた。しかし、一九七〇年代に、メンバーの多くは、しばしば拘禁や国外追放により強制的に活動を停止される中で研究と思索に没頭した。このことは、運動に理論的方向性の変化をもたらした。この新たな指針により、もはや「他国のイスラーム運動の経験」[28]に頼らず、組織機構、メッセージの普及、女性の地位、その他の重要な問題に関する運動の理論的立場が示された。

トゥラービーは、新しいタイプの国際的にも著名なイスラーム主義イデオロギーの唱道者となった。彼の新しいイデオロギーは、一九七三年に初版が出された女性の役割に関する冊子[29]や、一九八〇年にイスラーム法学の基盤を革新しようと彼が行なった広範な要求の中に反映されていた。[30]この新しく登場してきた考え方では、政治的地位の獲得よりも社会の変革に、より大きな重点が置かれていた。一九八二年、トゥラービーは記者に対して、「国家とはイスラーム社会の政治的表現にすぎない……まずイスラーム社会が誕生し、その後にイスラーム国家が成立する」と語った。[31]イスラーム国家の目的は、あくまでも民主的制度に基づくものであると定義された。すなわち、「イスラーム国家は、協議（シューラ）に基づいており、それは取りも直さず全ての人が参加できる民主的な社会である。[32]」

この組織やイデオロギー上の変化は、一九七七年に、同胞団がヌメイリーの国民的和解政策に参加するための下地となった。ウンマ党やイフワーンの主な指導者たちは、スーダンに戻り、ヌメイリー政権に対して限定的協力政策を採った。同胞団の活動に対する規制のいくつかは解除され、多様で新しい教育、社会、文化団体がイスラーム運動の中で民衆により創設された。一九七九年に、トゥラービーは法務長官に任命され、法律がシャリーアに沿ったものとなるよう審査する責任を担った。イフワーンはまた、イスラームの原理に基づいて運営される金融機関や銀行の設立にも積極的に加わった。

国民的和解政策に協力することは、トゥラービーと彼の支持者にとってイフワーン内部で大きな危険を伴った。旧来の反政府勢力の多くはそうした行動を糾弾し、同胞団は学生活動家の中での支持基盤をいくらか失うことになった。その上、現政権は明かにヌメイリーの支配下にあったために、イフワーンは実際には支持せぬ政策を受け入れざるを得なかった。しかし、この新しい状況には、教育・社会改革を積極的に推し進めるための機会をもたらすというプラスの側面もあった。こうした事実は、社会のイスラーム化が運動の最重要課題であり、政治権力は社会が発展する上で最重要なものではないというイスラームの一般的考え方に沿ったものであった。

イフワーンがヌメイリー政権にかかわった時代において、最も激しく議論が展開されたのは、一九八三年にヌメイリーが「九月法」を公布した時であった。この法律には、速やかにシャリーアを実践するための一連の大統領令が含まれていた。これらの大統領令は、同胞団の一般的目的にかなったものであったが、運動の中心的指導者は誰も、大統領令の起草にも公布にもかかわっていなかった。その結果、大統領令には、イフワーンの指導層が留保する部分がいくつも存在した。[33] しかし、同胞団は全体的には、新たな局面を現状を打破する重要な機会として捉え、大統領令を歓迎した。トゥラービーは後に、「五月革命の時代のシャリーアは、単なる法律的規定にすぎなかったが、運動が(このイスラーム化)をより深化する方向へと導いた」と語った。[34]

当時の状況はまた、同胞団が民衆の支持基盤を拡大する機会となった。九月法の一周年を祝う盛大なパレードは、ヌメイリーの底力を見せつけたが、権力が弱まるにつれ、ヌメイリーは一層イフワーンを警戒し、一九八五年初頭には、ついに指導者を逮捕し厳しく運動を弾圧した。ヌメイリー自身は、一九八五年に軍事クーデターにより失脚し、暫定軍事評議会(TMC)は、一年以内に総選挙を実施すると約束した。セクト主義者や世俗的反政府組織の指導者が反対したにもかかわらず、TMCはイフワーンを過渡期の政治に参加させることを認めた。

新たな状況下で、同胞団は一九八五年四月に国民イスラーム戦線（NIF）を設立し、中心的組織を形成する第一歩を踏み出した。これは、同胞団が独自のアイデンティティを維持しようとするための戦線ではなかった。実際、トゥラービーの指導の下、同胞団はNIFに編入され、社会のイスラーム化を積極的に進めると同時に、当時の政党政治に直接参加する統一された大衆イスラーム運動が結成された。

複数政党による議会政治の第三の時期は、多くの点で以前の二つの経験と類似性を有していた。主要な政党は、ウンマ党やDUPなど旧来のセクト主義的政党のままであった。この二つの政党は、一九八六年の総選挙で北部スーダンで合わせて七〇パーセントの得票率を獲得した（選挙は内戦が続いていたために南部の大部分では実施されなかった）。NIFは、政治に新たな要因を加えた。一九六〇年代の選挙において、イスラーム憲章戦線（ICF）が非常に限定的な勝利しか収めることができなかったのとは対照的に、NIFは北部スーダンでほぼ二〇パーセントの得票を獲得した。NIFは、二八議席（学識者の議席）のうち二三議席を獲得しただけでなく、地方選挙区でも二八議席を獲得した。NIFの成功は主に大都市圏においてであったが、NIFはウンマ党の支持基盤であるダルフール地方でも十五パーセント以上の得票を得た。

一九八六年の総選挙におけるNIFの強さは、「永続的」セクト主義的政治への回帰を望まぬ大衆の願いを反映していた。反セクト主義の選択肢となり得たのは、基本的には世俗主義政党とNIFであった。様々な世俗的考え方を持った職業連盟や労働組合は、ヌメイリー政権最後の数週間において、反政府デモを組織するのに重要な役割を果たした。しかし、彼らが旧来のセクト主義政党とともに国民戦線として組織した救国国民会議は、有効な大衆政治組織とはならなかった。この組織は、一九八五年から八六年の選挙戦の最中に分裂してしまい、有力な選挙団体となり得た世俗政党は一つも存在しなかった。スーダン共産党もわずかな支持しか得ていなかった。世俗的立場を唱えていた唯一の大きな組織は、ジョン・ガランの指導による主に南部地方で展開していたスーダン人民解放運動(SPLM)であった。SPLMは、TMCを認めることを拒否し、南部で内戦を繰り広げた。この状況下で、北部の左翼主義者と世俗的グループには、政治的発言権も権力もほとんどなかった。セクト主義政治の継承を願っていた北部の人々にとって最も現実的選択肢となったのはNIFであった。

一九八九年までに、連立と敵対関係が絶えず変化する旧来の政治状況が復活した。内戦は一層激しくなり、経済は困難の度を深め、中央政府には政治と社会を安定させる力がほとんどなかった。NIFは短期間連立政府の一翼を担っていたが、基本的には反政府勢力であった。NIFは体制の転覆を唱えたりはしなかったが、議会制の枠組みの中でシャリーアを実践するために政府に圧力をかけ続けた。NIFの長期的戦略は一貫して、イスラーム国家建設を前提として社会のイスラーム化を重要視するものだった。NIFは戦略的には現実的な方針を採り、複数政党制による議会政治という基本原則の中で活動を行なった。

ウマル・ハサン・アル=バシールに指導された軍事クーデターが政府の実権を掌握すると、状況は再び変化した。新指導部はイスラーム志向であったが、NIFやトゥラービーとは直接手を組まなかった。(35) NIFの指導部は他の政党の指導者とともに逮捕された。しかし、バシール政権はNIFの指導者を急速に登用し、二、三週間も立たぬうちに、実質的にはNIFの影響下にある政権となってしまった。トゥラービーとバシールとの関係は、トゥラービーは政府の役職には就かないが、政権の思想的指導者の役割を果たすという複雑なものであった。多くのNIFの指導者が、政府の重要な役職に就いていたために、外部の多くの専門家たちは、国民救国革命と呼ばれるものはＮＩＦが単独で行なったものではなく、トゥラービーとバシールが共同して行なったものであるという事実を見逃しがちである。

イスラーム主義者と国民統合

国民救国革命（ＮＳＲ）の指導者たちは、民主主義の理想を掲げ続けるとしたが、同時にスーダンでこれまで繰り返されてきた文民政権と軍事政権の交代劇を打破する必要を訴えた。当時、独立後のいかなる時代にもまして、旧来の複数政党制を復活させてはならないという合意が形成されていた。旧来の政党に基盤を持つ団体を含んだほとんど全ての反政府勢力が示した綱領には、単なるセクト主義な政党政治への後戻りをさせてはならないということが明記されていた。トゥラービーによって理論的発展を遂げたＮＩＦのイデオロギー的枠組みの中で、ＮＳＲ政権は旧来の議会政治が行なったセクト主義的政治に代わりうる政党政治を創り出そうとしていた。その枠組みの中には、スーダンにおける国家的イスラーム志向を否定する左翼的な世俗主義勢力に対しての反対姿勢も含まれていた。

どのような政治体制がスーダンには効果的なものであるかを考える全ての人々にとって、最大の難問は終わりの見えない内戦であった。一九五五年に南部でスーダン軍による反乱が起こって以来、スーダンの南部地域では緊張と戦闘が繰り広げられてきた。一九七二年、ヌメイリーは、南部の政治的自治権を認めることを基本とした解決策をまとめることに成功した。この合意が土台となり、以後十年間、大きな戦闘は回避された。しかし、ヌメイリーによる南部地域を一方的に分離する試みにもかかわらず、SPLAが戦闘的反政府勢力を指導していたために一九八〇年初頭には戦闘が再開された。九月法の実施により、ほとんどが非ムスリムであった南部のスーダン人からの反対が高まった。こうした状況下で、世俗的な民主主義体制を求める主張は、SPLAの綱領の最も重要な部分であると同時に交渉の基本姿勢となった。

一九八〇年代、国家の統一と内戦の終結を達成できるかは、政府がイスラームに対してどのような対応をするかにかかっていた。SPLAは、第三次議会制の時代、政治に参加することを拒否し、南部地域での紛争は激化した。結果として、バシールとNIFによる政府は、一九八九年に政権の座に就いた際、国家の分裂と内戦という大きな試練に直面することになった。バシール政権の最初の六年間、問題解決のための交渉は遅々として進展することはなかった。交渉で多くの提案がなされたが、世俗主義国家の建設を一切の妥協なく要求するSPLAとイスラームに基づいた政治体制を推進しようとするNIFとバシールとの間に激しい対立があったために、全ての提案は頓挫してしまった。

独立後のスーダンで発展したイスラーム・イデオロギーは、一九九〇年代の国家統一政策に対して、容易に利用できる有効な基盤をもたらすことはなかった。一九五六年以前の初期国家形成の時代において、宗教的な多元主義国家という問題は、初期のイスラーム解放運動と同胞団が活動していた北部の政治状況にとって重要なことではなかった。イスラーム主義者が正式な活動方針を示すことが必要になったのは、第二次議会制時代のイスラーム憲章戦線の頃であった。アッブード政権が南部の問題の処理を誤ったことが、一九六四年にトゥラービーがスーダンに帰国した際、演説の中で軍事政権を激しく攻撃する下地となっていた。しかし、トゥラービーが演説の中で基本的に訴えたことは、軍事政権に対する批判であり、イスラーム的考え方による南部の問題の分析ではなかった。

イスラーム憲章戦線（ICF）は、一九六〇年代の論争に加わり、一九六五年に開かれた円卓会議にも参加していた。その円卓会議でなされた宣言は一九七二年の合意のための重要な基礎となった。これらの議論の中で、ICFは、望ましい国家体制を解釈する際、一貫して基本的に伝統的な立場を採っていた。ICFの憲章の中で定義された国家は民主主義的なものであったが、イスラーム的国家であることを明示することが必要であった。円卓会議によって用語の解釈が明確にされた際、「分離や現状維持を唱える案は除外すべきだ」という合意がなされた。この基本合意に沿って、南部戦線による提案は国家の分離を意図していたために除外され、ICFの提案も「既存の憲法や行政組織、すなわち政府の中央集権性の維持を意図していた」ために除外されることとなった(36)。

その後、国民憲法委員会の議論の中で、ICFは引き続き国家のイスラーム化を唱えたが、その主張の内容は比較的穏健なものとなっていた。ICFの目指す国家像は、複数政党による代議制が機能し、民主的な中央政府を持つ統一国家であった。非ムスリムの権利は、「啓典の民」の役割が社会の中で伝統的に認められていたので、完全に保護されると考えられていた。この点に関しては、ICFは一九六〇年代のイスラーム運動の一般的精神を反映していたにすぎない。マウドゥーディー思想が持つ急進的な政治的意味合いは、エジプトのサイイド・クトゥブにより検証されはじめたばかりだった。パキスタンにおいては、マウドゥーディー思想はもっと一般的な枠組みの中で機能していた。一九六〇年代、国外追放されていたエジプト・ムスリム同胞団による国際的組織は、マウドーディー思想に対する非急進的解釈を反映していた。ジュネーブのイスラーム・センターが一九六三年に出版した小冊子には、当時の同胞団の「統一見解」と見なされる記述がなされていた。その記述は、「イスラーム国家の外見的形態や機能は、必ずしも歴史的な先例と一致する必要はない。国家がまさしくイスラームであるとされるために必要なのは、憲法と実践の中で、共同体の政治生活に直接の関係をもつコーランと真正な伝統によって示された極めて明確な教えを具現化することである……イスラーム国家の条件は、このような一般的性質を持っているために、具現化の方法は、時代の要請や社会・経済状況により変化する」というものだった(37)。

このような一般的立場は、スーダンでの紛争解決や国家統一のための具体案を示すための基礎とはならなかったが、一九七〇年代後半に同胞団の理論や組織構造が再構築されるまで、同胞団の基本的立場となっていた。したがって、ヌメイリー政権が一九七二年の合意につながる交渉を開始した際、反政府勢力であったムスリム同胞団は、スーダンでのイスラーム憲法の制定を認めぬ解決策は全て拒絶した(38)。しかし、国民的和解の時代において、同胞団の運動が国家と社会に直接かかわりを持つにつれ、トゥラービーは、同胞団は「南部に対して積極的に働きかけ、南部を無視したり分離したりするより、南部がスーダンのイスラーム計画に参加することを求める(39)」と述べた。彼のこの発言は、一九七〇年代、南部を分離することはイスラームの秩序を達成するための障害を取り除くことになるという主張が同胞団内部に存在していたことを示唆していたが、最終的にはトゥラービーの考え方が勝利を収めたのだった(40)。南部を分離する代わりに、同胞団は南部地域に使節団を送り福祉活動を始めた。こうした活動の重要な点は、南部のムスリムを認知し支援したことであった。

同胞団はまた、イスラーム社会に暮らす非ムスリムに対して、改めてイスラームの立場を明確に説明した。トゥラービーは、イスラームの伝統を幅広く定義し始めた。彼の議論の多くは、「啓典の民」の概念に基づいていたが、同時に初期のムスリム共同体がメディナで経験したことをかなり重要視していた。ムハンマドと初期のムスリムがメッカからメディナに移動したヒジュラ(聖遷)直後の状況に

おいて、ムスリム共同体は宗教的には多元的であり、そのことは後にメディナ憲章の中で規定されるようになった。(41)

基本原理に対する解釈はこのように変化したが、第三次議会政治の時代において、スーダンの国家統一という問題に関して、イスラーム主義者の立場に特には重大な変化を及ぼさなかった。その当時、国民イスラーム戦線（NIF）の主要な政治目標は、九月法の撤廃に反対することであり、イスラーム法を可能な限り実践することであった。NIFは、内戦を交渉により解決しようとする計画には参加しようとせず、イスラーム国家の実現を主張した。そのために、世俗主義組織や非ムスリム団体は、NIFを最大の敵と見なすようになった。

NIFが定義したイスラーム国家の中では、ゆるやかな中央集権的政治体制の中でかなりの宗教的多様性が認められていた。一九八七年に出されたNIFよるスーダン憲章は、スーダン全域での地方自治の制度を定めており、南部に対して特別な配慮を行なっていた。すなわち「国民イスラーム戦線は、憲法が定めるように非中央集権的な連邦制をスーダンで採用することを支持する。特定地域に対しては当面特別な措置を講じるが、漸進的移行措置により、全ての地域を等しく扱うようにする。(42)」こうした連邦制においては、非ムスリムが多数を占める地域では、その地域に普及している慣行や宗教に基づいて法の行使を行なうことができた。この憲章は、あらゆる宗教の信者が自らの信仰を実践する権利を認めていたが、イスラームがスーダン人大多数の信仰であり、特別なものであるということを明示していた。また憲章には、「何人も、宗教的信条のために公職に就くことを法により禁止されることはない(43)」と定められていた。このことは、原則的には、非ムスリムでも国家元首になれるということを意味していた。

一九八九年、NSRによって樹立された政府は、これまでの基本原則を踏襲しており、国家の統一という問題に関しては特に継続性がみられた。バシール政権は、スーダンでのイスラーム国家樹立の重要性を主張したが、それは特定の地域に自治を認めるという連邦制の枠組みにおいてであった。初期のNIF同様、NSRはスーダン人の大多数はムスリムだと主張し、イスラーム国家の樹立を望んでいた。バシール政権は、イスラーム国家を樹立するかどうかの決定は、国民投票に委ねるべきだと一貫して主張していた。大多数のスーダン人は、複数政党による選挙が実施されれば、NIFに票を投じないとしても、イスラーム国家の樹立には賛成票を投じるだろうと考えていた。世俗主義者や非ムスリムのグループは、現代のスーダンの政治状況では依然として少数派にすぎなかった。「世俗的民主」国家を目指すSPLAの主張と真っ向から対立したのは、こうした大多数の国民が支持するイスラーム国家樹立の主張であり、この表だった対立が、バシール政権とSPLAとの間の和解交渉の大きな障害となっていた。

イスラーム国家と民主主義

国民救国革命(NSR)により誕生したイスラーム主義政府は、スーダンの政治構造の改革に熱心に取り組んできた。イスラーム国家とその社会秩序を確立しようとする政府の取り組みの中で改革が行なわれた。これらの改革には、過去の計画との継続性もいくらか見られたが、新たな計画も含まれていた。

新政権は、新しい形態の政治体制を創り出そうとした。新体制は、原則的には連邦制であり、旧来のＮＩＦの憲章を色濃く反映していた。しかし、その連邦制は民衆の政治参加のメカニズムと直接結びついており、複数政党制とは異なったものだった。それは、国家評議会を頂点にした地区、地域、州の評議会からなるピラミッド型の代議制度であった。正式に表現するならば、その結果成立した制度は、「(中央政府や政党などの）中央集権的パターンではなく、部族や地域的基盤に基づく」民衆の権力の行使を伴った「中央政府から二六の州と七〇の地域へと権力を委譲[44]」するものであった。この制度の正式な導入は、最初は地区評議会から始まり、段階的に実施されたが、実質的権限の移譲は非常にゆっくりと行なわれた。このことは、ＮＩＦ憲章の「連邦主義は、充分な人的・物的基盤を用意することを必要とし、十分な財源を地域が独自の努力や、中央からの財源の譲渡により確保することを前提としている。こうしたことは全て、準備期間や漸進的移行期があって初めて可能となるものである[45]」という漸進主義を反映していた。

実際、政府の政策と権力を掌握していたのは、中央政府の指導部であった。しかし、政府を一層文民化する方向で大幅な構造的変化が生じていた。まさに当初から、バシールとトゥラービー、そして政府とＮＩＦとの間の特別な関係は、政府が純粋な軍事政権でなかったことを示していた。軍部が行政に関与する際の中心となっていた革命指令評議会は、一九九三年に正式に解散した。その権力は、国民会議の中央政府レベルの組織である再編された閣僚会議と暫定国民議会（ＴＮＡ）に移された。

政府の構造改革に加えて、民衆により重要な組織が設立された。トゥラービーは、アラブ・ムスリム人民会議を設立し、事務局をハルトゥームにおいた。これは、ムスリム世界のイスラーム運動の活動家を一堂に集めようとする国際的組織であった。この組織は定期的に会議を開催し、ムスリム運動内部の論争を調停しようとする努力も行なった。これは、大衆的政治組織ではないが、スーダン人のイスラーム組織が世界中のムスリム集団と接触し関係を維持する手段となった。その一例として、一九九四年十月、宗教間の対話を目指した大きな会議をスーダンで開催した際、アラブ・ムスリム人民会議が手助けをした。参加者の中には、トゥラービーや政府の指導者だけでなく、ローマカトリック教会の枢機卿フランシス・アリンゼやスーダンの教会評議会の事務総長であった大司教ガブリエル・ズベールも含まれていた。会議の成果の一つは、宗教間の対話を図るためにスーダン連盟が設立されたことであった。[46]

一般的に言うと、一九九〇年代におけるイスラーム運動の戦術的特徴の一つは、非政府系の連盟や評議会の設立を支援することであった。一九七〇年代後半に発展した考え方によれば、このような組織は、社会をイスラーム化するための重要な機構となり得た。政治的組織ではなかったが、これらの非政府組織の活動は、政府の厳しい統制を受けていた。NIFとつながりのない人権団体、知識人の連合、労働組合などの組織の活動は、困難な状況に置かれ指導者がしばしば拘束された。国際アムネスティーやアフリカ人権監視団などの国際的人権擁護団体の報告によれば、これらの組織に対してしばしば弾圧が行なわれていた。[47]

実際、新たに生まれた政治体制の中では、政治的な反対意見を表明する機会は制限されていた。政権に批判的だった知識層は、拘束、投獄され、時には拷問されたりもした。大学構内で政府批判を行なうことも厳しく弾圧された。このことは、大学での反政府運動が当初成功を収めたことがもたらした皮肉な結果でもあった。

イスラームの計画を積極的に支持しなかった宗教団体は、厳しい規制を受け、時には攻撃された。旧来のセクト主義政党は禁止されただけでなく、こうした政党が支持基盤とした民衆の宗教団体も弾圧された。例えば、ハトミーヤ派やミールガニー家の財産は没収され、一九九四年五月、サイイド・アリー・アル＝ミールガニーの一周忌の式典などは、政府の治安部隊により妨害された。以前から非政治組織であったアンサール・アル＝スンナも指導者が逮捕され集会を妨害された。(48)

キリスト教徒の組織も活動を制限され弾圧を受けた。大司教ガブリエル・ズベールのような政府に協力した教会の指導者でさえ、「スーダンでの宗教に対する不寛容」(49)を批判している。法王ヨハネ・パウロ二世は、一九九三年、ハルトゥームを訪問した際に、政権が過去に取った行動を批判し、スーダンでの宗教的多元主義をもっと実質的に認めるように要求した。反政府勢力のキリスト教指導者は、政権がキリスト教徒を厳しく弾圧しており、イスラームへの改宗を強要していると激しく非難した。

国民救国革命に対する評価は多様なものであった。救国革命は、旧来のセクト主義的複数政党制が抱える問題点を解消する新しい政治体制を創り出そうと努力した。この新しい体制は、理論の上では、合意と協議に対するスーダンでの状況に適応するものであった。しかし、この新しい体制は、その指導部がイスラーム化という大義に献身的に殉じていたことや、強力な反政府勢力が存在したこともあり、困難な状況に陥った。そのため新体制は、状況を打開するために弾圧と暴力という手段も用いた。イスラーム化への努力こそが、スーダンの全ての政府が直面してきた最大の問題、すなわち、いかにして内戦を終結させ、北部と南部がそろって真の国家統一という意識を持てるようにするかという問題を解決するための最大の障害となっていた。この問題に関して、第三次議会制の時代を振り返れば、複数政党制による議会制度も国家統一のための充分な基礎を築くことができなかったといえる。

結語

スーダンの経験は、現代世界において、イスラーム、イスラーム運動、民主主義の三者の関係がいかに複雑であるかを示す重要な事例である。スーダンにおいて民主制とは何かを定義する問題は、旧来のイスラーム組織が勢力を維持し状況に柔軟に対応してきたために、世俗主義とイスラーム主義のどちらを選択するかという単純なものではない。スーダンにおける近代の経験においては、複数政党によるウェストミンスター型議会制度はセクト主義政治と同一視され、結果として第三の選択肢が生まれた。この選択肢は、三度の議会政治の時代を通じて、スーダン国民の多数が開かれた公正な選挙により選択してきた制度であった。

セクト主義政治は、スーダンが直面してきた基本的な諸問題を解決することができなかった。その結果、複数政党による議会政治は、三度も民衆の支持を受けた軍事クーデターにより終わりを迎えることになった。セクト主義政治は、国家統一のための有効な基盤を創り出すことができなかったのである。その結果、多くの非セクト主義的選択肢が軍事政権の指導や支配の下で試されてきた。

現在の状況下では、完全に世俗的な政治体制は武力によってしかスーダンにひかれることはないだろう。スーダン人の大多数は、国民投票が実施されれば、イスラームと何らかの点で同一視される政治体制を選ぶであろう。しかし、旧来のイスラーム国家の定義の中では認められていなかった平等の機会と権利が保証されるということを南部の人々が納得しなければ、完全なるイスラーム政治体制は、南部では武力でしか達成することができないであろう。

国民救国革命と国民イスラーム戦線の指導者たちは、非セクト主義的ではあるが、明らかにイスラーム的体制を樹立しようとしていた。こうした体制を樹立するためには、一定の武力が必要とされた。延々と続いている内戦とスーダン北部での反政府勢力への弾圧は、このことを反映している。しかし、北部のスーダン人は、一九六四年の十月革命や一九八五年のヌメイリー政権への反政府運動の中で、独自の力で軍事政権を転覆させる能力があることを示した。このような革命は、NSRとNIFによる政権に対しては起こらず、民衆の政治参加を含む新しい政治体制や機構を産み出す機会を政権側に与えていた。

スーダンにおいて、イスラームと民主主義の間には原則的には対立は存在しなかった。イスラーム主義者は、民主的政治に長く参加してきており、自らの理想とする政治体制を民主主義の用語で定義してきた。スーダンの状況において、真の紛争が生じたのは、イスラームと民主主義の関係を定義するための様々な選択肢の間であった。明らかになったことは、セクト主義政治が挫折したということである。世俗主義的政治という選択肢は、現代の状況下では実現される可能性が低いように思われる。残された選択肢は、イスラーム的性格を持つと同時に、積極的に世俗主義や非ムスリムのスーダン人を含めた非セクト主義的体制を創り出すことであった。一九九〇年代に、NSRとNIFによる政権は民衆参加型政治のセクト主義的性質を大きく変化させたが、世俗主義者と非ムスリムの双方にとって魅力的で包括的政治体制を創り出すことは未だにできていないのである。

第五章　パキスタン

イスラーム共和国の多面性

一九四七年、ムスリム国家としてパキスタンが創設され、公式にイスラーム共和国であると一九五六年の最初の憲法に謳われて以来、宗教、アイデンティティ、民主主義は相互に関係し合い、それぞれ巧みに使い分けられてきた。(1)軍事政権であれ文民政権であれ、宗教政党であれ世俗政党であれ、それぞれ目的や利害の相反する運動であれ、自らの正統性を高めるために、またそれぞれの政治的、経済的、階級的利益を守るためにイスラームを利用してきた。政府も反政府勢力も、自らの運動を正統化するためにイスラームを多様な方法で取り入れ、イスラームには民主主義から政治・宗教的権威主義まで、幅広い選択の道が存在することを合理的に説明しようとしてきた。

パキスタンは、歴史を通して、イスラームのアイデンティティとは何かという問いと常に格闘してきた。パキスタンにおけるイスラームの役割を再吟味して見れば、いかにイスラームが多様に使われ論議されてきたか、いかに民主的な要求と結びついていたか、そしていかに国家を統合させるよりも分裂させる可能性を多く孕んでいたかがわかる。多くの者が政治的イスラームに懸念を抱き、それが民主主義とは両立しないのではないかと考えていた時にパキスタンは、イスラーム組織が政治体制に参加しただけでなく、政府主導によって国家建設を行なう際に宗教がどのような役割を果たすのかについての広範な事例を提供している。またジャマーアテ・イスラーミーなどのイスラーム組織やイスラーム政党が、複数政党制の枠内で政治参加している示唆に富む例を提供しているのである。イスラームと民主主義は、政治・社会的現実に左右され、支配的勢力や指導的勢力として機能するよりもしばしば実体を伴わない形式的なものにすぎなかった。しかし、パキスタンの歴史を通して、歴代の政府は宗教、アイデンティティ、正統性、そして民主主義がしばしば複雑に絡み合う社会的状況の中で、「イスラーム政治」と格闘しなければならなかった。

イスラームと国家形成

一九三〇年代末、ムハンマド・アリー・ジンナー（一八七六～一九四八年）とムスリム連盟（一九〇六年創設）は「イスラームの危機」を叫んでパキスタン建国のための支持を集めようとしていた。それ以来、宗教はパキスタンの政治発展の重要な要素、すなわち国家的アイデンティティ、正統性、社会的抗議の拠り所となった。南アジアの約三分の二のムスリムは、ムスリム・ナショナリズムによって、多様な言語、民族、地域、文化的アイデンティティからなる共同体の複合体である一つの国家に統合されるであろうと考えられていた。そして、その国家の二つの翼（西パキスタンと東パキスタン）は千マイルにもわたるインド領によって隔てられていた。パキスタンにおけるムスリムのナショナリズムは、ムスリムに共通する遺産の強調とムスリム国家建設の要求に根差していたが、その意味（国家とイスラームとの関係）するものは民族構成と同様に一様ではなかった。パキスタン運動の父と呼ばれたジンナーとムハンマド・イクバールは、パキスタン建国という共通の目的を持ってはいたが、二人の考え方はかなり異なっていた。ジンナーは〈二民族論〉の中で、インド亜大陸のムスリムは共通の文化的アイデンティティを持っており、ヒンドゥーとは異なる共同体を形成していると主張した。ムスリム・ナショナリズムは、異なる民族・言語的共同体が単一国家を形成するための共通の絆として、宗教をその土台としていた。しかし、ジンナーにとって、イスラームは単にムスリム大多数が共通に有している文化的遺産でありアイデンティティの源にすぎなかった。確かに、パキスタンはムスリムの国であり国家ではあるが、「いかなる気質、信条、宗派の差別のない」世俗国家であるべきだとジンナーは考えていた。(2)

一九三〇年代、ムスリム国家建設の構想を打ち出し、多くのムスリムの想像力を掻き立てた著名なイスラーム近代主義者であり、詩人・哲学者でもあったイクバールは、ジンナーとは対照的に、イスラームを宗教・社会的秩序の中心に位置づけていた。その点で二人の考え方は明らかに異なっていた。イクバールや他の多くのムスリムは、ムスリム国家として近代国家パキスタンを建設すれば、それは必然的にイスラーム国家となり、その制度と法はイスラームに基づくべきであると信じて疑わなかった。

パキスタン建国運動に対して、インド亜大陸のウラマーの反応は様々であった。多くの者が、ナショナリズムや近代的国民国家は西洋の概念から生まれたものであり、それはムスリム世界を分断するための西洋の道具であるとみなしていた。彼らは、「インドからのムスリム」の分離はムスリム共同体を弱体化させ分断することになると考えていた。また彼らはジンナーを信用していなかった。彼らは、ジンナーをイスラームとイスラーム原理に反する西洋化したムスリムであり世俗主義者であるとみなしており、ジンナーはイスラーム国家ではなく世俗国家を樹立すると信じていた。しかし、分離独立後、パキスタン国民は政治的現実を受け入れた。その結果、ジャミーアトゥル・ウラマー・エ・イスラーム（イスラーム・ウラマー連合）、ジャミーアテ・ウラマー・エ・パーキスターン（パキスタン・ウラマー連合）、ジャマーアテ・イスラーミー（イスラーム協会）といった多くのイスラーム政党が誕生し、パキスタンの政治に大きな影響力を及ぼすようになった。これらの政党は、パキスタン建国後も、自由に意見を述べることが許されたので、イスラームに基づく国家や憲法の成立を要求し続けた。

独立当初は国家建設に追われていたため、パキスタンという国家や社会において、ムスリムのアイデンティティをどのように定義し実践するかは曖昧なままであった。一九五三年のアフマディー事件や一九五六年の憲法を見れば、いかに宗教、アイデンティティ、政治が相互に影響し合っているか、またいかにイスラームが国民統合の源泉というよりもむしろ対立と妥協の源であったかがわかる。

一九五三年、憲法に関する議論が沸き起こったとき、宗教や国家的アイデンティティが問題となった。宗教指導者たちは、憲法を修正し、アフマディー教団を非ムスリム少数派であると宣言するよう執拗に迫った。彼らは、アフマディー教団の創始者、ミルザー・グラーム・アフマド（一八三五〜一九〇八年）は自らを預言者であると公言し、ムハンマドは最後の預言者であるとするイスラーム信仰の本質を否定していると非難した。彼らはさらに、パキスタンの外務大臣をはじめとする政府・軍部の公職からアフマディー教徒を追放するよう要求した。非ムスリム少数派は、国家のイスラーム・イデオロギーを十分に信奉していないのだから、彼らを政府・軍部の要職に就かせるべきではないと宗教指導者たちは考えたのである。

一九五三年、状況は最悪の事態を迎えた。アフマディー派に対する暴動と殺戮がパンジャーブ州の広範な地域において引き起こされたのである。法廷調査委員会の報告書、いわゆる一九五六年の『ムニール報告』は、パキスタンの政治発展に付きまとう、根深い分裂の芽を孕むアイデンティティにかかわる問題が多く存在していることを示めしていた。調査委員会は、自らを宗教的権威と称し、イスラーム国家の忠実な唱導者であるウラマーの間でも、パキスタンのイスラーム的、政治的アイデンティティという最も根本的問題に関して合意ができていないと判断していた。ウラマーは、非ムスリム(アフマディー教徒)に対しては意見が一致するが、イスラームとは何か、ムスリムとは何者か、イスラーム国家の本質とは何か、といった基本的な問題に関しては絶望的なほど意見が分れていたのである。

憲法制定の過程は、一九四八年に始まり一九五六年まで続く非常にゆっくりとしたものであった。イギリスによる植民地支配という過去の遺産の影響を強く受けていたので、パキスタンの国家建設は、憲法、法律、教育の面において西洋式の発展モデルに大きく依存していた。ジンナーの世俗的方針は、一九四九年三月、パキスタンの首相、リヤーカト・アリー・ハーンの「真の主権者は国民である。(3) したがって、神権政治が成立することなど有りえない」という言葉によって繰り返し示されていた。

最初の憲法草案には、「イスラーム的性格は全くと言っていいほど含まれていなかった。(4)」しかし、民族的・地域的分離の気運が高まり、イスラーム国家やイスラーム憲法を求めるマウラーナー・マウドゥーディーのジャマーアテ・イスラーミーやウラマーよる運動が高まるのを受けて、二度目の憲法草案者は、国民統合の手段としてイスラームに注目し、イスラームと国家との問題を取り上げた憲法目標決議(一九四九)を草案の中に取り入れた。その決議は、神の主権の優越を謳ったもので、「全世界の主権は、ひとり全能の神アッラーにのみ属する。アッラーが定めた範囲内で、パキスタン国民によってパキスタン国家に行使されるべくアッラーが委託した権限は、神聖にして犯すべからざる信託である」という前文から始まった。批評家は、この前文やその他の憲法原理は世俗的民主主義を確立するというジンナーの希望とは矛盾するものであると主張した。パキスタンの前最高裁判所長官、ムハンマド・ムニールは、「アッラーが絶対的主権者であり、立法行為は[神の]定めた範囲内で行なわれるという観点に立てば、国会の立法権は、連邦制の場合を除いては……全く制限を受けないという近代民主主義の基本的理念は否定されることになる……宗教的多数派と少数派とを区別することは、近代民主主義のもう一つの基本的理念である平等の権利を放棄することになる」と批判した。(5)

一九五六年のパキスタンの最初の憲法は、民主主義とイスラームの両方の性質を備えていた。パキスタンは、ウエストミンスター型の議会制民主主義を採用するイスラーム共和制(パキスタン・イスラーム共和国)といえる。パキスタンの多くの世俗的近代主義者や宗教指導者は、これらの原則に一様に賛同した。しかしながら、憲法の立案者は、政府におけるイスラームの役割に関して、世俗的近代主義者と宗教的伝統主義者との間の折衷案を採用し、イスラームの規定が憲法の中に織り込まれた。国家の名称はパキスタン・イスラーム共和国となり、神が主権者であると明記された。すなわち、国家の長はムスリムであること、いかなる法律もイスラームの教えに反するものであってはならないということが憲法に定められた。イスラーム研究所やイスラーム教義審議会は、国家の法や国家の発展に関して政府に助言する機関として設立された。民主主義、人民主権、政党政治、あらゆる市民の平等といった近代の憲法概念とイスラームとの関係は触れられてはいたが、明確に規定されてはいなかった。ある学者が「見せかけのイスラーム化」と呼んだ、こうした現実的な妥協では、パキスタンにおけるイスラームのアイデンティティの本質を、体系的に説得力をもって説明することはできなかったのである。(6)

多くの人がイスラームのスローガンや見せかけのイスラーム化に満足していたが、イスラームと民主主義の役割と機能に関する未解決の問題は、パキスタンの後の歴史の中で再び表面化することになった。パキスタンがイスラーム共和国であり、ムスリム国家であるということは一体どのような意味を持つのか。国家のイスラーム的性格は、国家のイデオロギーや諸制度の中にどのように反映されるべきなのか。イスラームと、民主主義、多党政治、法律、少数派の権利などとの関係はどのようなものなのか。人民主権と神主権との関係はどのようなものなのか。イスラームと国家の関係は、依然として微妙なものであった。すなわち、イスラームは政府からも反対勢力からもその都合次第で、軽視され、「翻弄され」、利用されてきたのである。

イスラームを実践する際の多様性やイスラームと国家的アイデンティティや民主主義との曖昧な関係は、アイユーブ・ハーンの「統制された民主主義」(一九五八~六九年)、ズルフィカール・アリー・ブットーの人民イスラーム社会主義(一九七一~七七年)、そしてズィヤー・ウル・ハックのイスラーム権威主義(一九七七~八八年)といった異なる三つの時代における政治形態の中に示されている。

アイユーブ・ハーン——戒厳令、近代主義的イスラーム、統制された民主主義

ウエストミンスター型議会制を謳った憲法が制定されたにもかかわらず、パキスタンの歴史において戒厳令（およそ四七年間のうちの二十五年間）は長く続いていた。一九五八年、ムハンマド・アイユーブ・ハーンは、パキスタンにおける三度にわたる戒厳令体制の中で最初となる政権を確立した。政治家が適切な統治を行なっていないと軍部が考えれば、軍事介入が行なわれるという、その後何度か繰り返されることになる戒厳令体制の前例を彼が作ったのである。アイユーブは、パキスタンの社会・政治的状況を鑑み、ウエストミンスター型議会制を無批判に採用することは適切ではない考えて拒否した。彼はそれに代わるものとして、より制限され「統制された」、あるいは「基礎的」民主主義、すなわち政治家が作り出した社会・政治的混迷と混乱を収拾するために、軍部が指導する民主主義を主張した。アイユーブは、西洋志向の近代主義ムスリムであったが、民主主義を全く信頼していなかった。彼の主たる関心は、強い中央政府を樹立し、急速に社会・経済的発展を推進することであった。ある研究者が述べているように、「パキスタンは公式にはイスラーム共和国であると宣言されているが……実際は名ばかりのイスラーム共和国である。」(7)アイユーブは、必要に応じて、近代主義的イスラームの立場を採り、革新的な変化を合理的に説明し、それを正統化した。彼は、「宗教にかかわる迷信と沈滞とが入り交じった状態から宗教的精神を解放し、近代科学や近代的知識の力で社会を前進させる」必要があると訴えた。(8)アイユーブは世俗的なイスラーム学者の声に耳を傾けていた。イスラームの伝統的な擁護者であり解釈者であるウラマーは、イスラーム研究所やイスラーム教義審議会のように、

世俗的なイスラーム学者が支配する組織や機関の中では今や少数派であり、その発言力は軽視されていた。ウラマーたちは自らの伝統的な権威を脅かすものや、アイユーブ・ハーンの「西洋的イスラーム」、すなわち西洋化（世俗的近代化）とみなすものに対して抵抗した。そのことは、法や憲法問題に関する彼らの闘いの中によくあらわれていた。さらに、ウラマーはアイユーブ・ハーンの「統制された民主主義」は民主主義の発展を阻害する政治的権威主義であると批判した。

マウドゥーディーのジャマーアテ・イスラーミーが指導する伝統的な宗教団体やイスラーム組織は、政府が推進した家族法（結婚、離婚、相続）改正に反対して全国的に運動を展開した。彼らは、家族法の改正は西洋の盲目的な模倣であり、イスラームに反するものであると主張した。一九六一年、アイユーブ・ハーンは、全パキスタン女性協会（ＡＰＷＡ）などの女性組織の支持を得て、ムスリム家族法の改正案を施行することができたが、改正の範囲は当初予定されたよりも小さいものであった。この改正案に対する議論はその後も続き、ズィヤー・ウル・ハック将軍の体制下となった二十年後に再び大きな争点となった。

家族法をめぐる二回目の論争は、パキスタンのイスラーム・アイデンティティと国家権力に直接結びついていた。一九六二年の新憲法によって、国家の名称はパキスタン・イスラーム共和国からパキスタン共和国（形式上イスラーム的なものを止める）に変更され、国家権力は、神が定めた範囲内で制限されるという「神の主権」条項は削除された。しかしながら、結局、アイユーブは宗教勢力に譲歩せざるをえなくなり、一九六三年には削除した条項を復活させた。最終的に、アイユーブ・ハーンの新憲法下で選挙が実施されたが、政党は禁止され、選挙権が与えられたのは選挙人団の基礎的民主制代議員八万人だけであった。この選挙で、ジンナーの妹、ファーティマー・ジンナーからの挑戦を受けたアイユーブは、女性が国家の長になることはできないとするウラマーからのファトワー（公的法学者による法的意見や判断）を得た。

一九六八年、フリーランド・アボットは、著作の中で、パキスタン政府は「パキスタン国内において宗教問題や、近代主義者と伝統主義者との対立を表面化させていないという点では概ね成功しているが、そうした問題は近い将来必ず表面化するだろう」と述べていた（9）。

ズルフィカール・アリー・ブットー――イスラーム社会主義

イスラームは、パキスタン政治において時に微妙な影響を与えることもあったが、基本的には重要な要素ではなかった。しかし、ズルフィカール・アリー・ブットー体制下（一九七一～七七年）で、イスラームは重要な役割を果たすようになった。ブットーは、アイユーブ・ハーンの戒厳令体制を引き継いで、政権（一九六九～七一年）を担当していたヤヒヤー・ハーン将軍の辞任によって権力を掌握した。ブットーが社会主義を採用すると同時に民主主義を復活させると公約したことは、後に重要な政治問題となった。ブットーは個人的には世俗的で社会主義の立場を採っていたが、政治的現実から彼はますます国内外の政策において宗教に訴えるようになった。

一九七一年、パキスタン・バングラデシュ紛争が起こり、その結果、東パキスタンがバングラデシュとなったことは、ムスリム・ナショナリズムが、民族や言語の違いを越えた国家的アイデンティティとはならなかったことを示している。こうしたことから、パキスタンの多くの人々は、パキスタンのアイデンティティの問題とムスリム国家としてのレーゾンデートル（存在価値・理由）の問題に再び注意を向けようになった。宗教心の篤い者は、東パキスタンを失った原因は、単にパキスタンが国民統合――イスラーム・アイデンティティに基づくムスリム・ナショナリズムの実現――に失敗したばかりでなく、アイユーブ・ハーン体制が西洋世俗的制度や文化に依存していたためであると考えていた。パキスタンにおけるイスラームの根本を再確認し、民主主義の復活を求める声が、とりわけジャマーアテ・イスラーミーやウラマーから沸き起こった。こうした状況の中で、ブットーはアラブ産油国（イラン、リビア、とりわけサウジアラビア、アラブ首長国連邦、クウェートなどの湾岸諸国）に目を向けていた。彼は、共通のイスラーム・アイデンティティや同胞意識を強調して、外国からの援助を引き出すと同時に、パキスタンの製品、労働力、軍事的アドバイザーの販路拡大に努めた。湾岸産油国との関係改善と引き換えに社会のイスラーム化が進んだ。ブットー政権は、イスラーム会議のスポンサーを努め、飲酒を規制するイスラーム規定や法を導入することを余儀なくされた。

ブットーが進めたイスラーム化は、宗教指導者を大いに憤慨させた。というのは、彼らは、ブットーによるイスラームの訴えは偽善的で政治的なご都合主義であるとみなしていたからであった。さらに、宗教指導者は、ブットーのイスラーム化は、自分たちの領分を侵害するものであり、自分たちの権力と権威を損わせるものであると考えていた。ブットーは、社会主義とイスラームを同一視することによって、また社会主義をイスラームの平等主義や社会正義の概念と同一視することによって、社会主義をイスラーム化しようとした。彼が指導するパキスタン人民党（PPP）は、イスラーム的平等（ムサワート）とムハンマドによる平等といったイスラーム化された社会主義のスローガンを採用した。土地改革、銀行、保険会社、その他産業の国有化などの政府の社会主義政策は、イスラームの名において正当化された。

社会主義をイスラーム化しようとするブットーの試みは、不協和音を生み出し、ジャマーアテ・イスラーミーのマウドゥーディーなどの宗教指導者によって厳しく非難された。

純粋な社会主義だけではうまくいかないことに彼らは気づいた……このことを悟ったあとで、彼らは社会主義を「イスラーム的」と呼び始めた……もしそれが本当にコーランとスンナに基づいているならば、それをわざわざ社会主義と呼ぶ必要はない。これがまたうまくいかないと分かると、今度はそれをイスラーム的平等やムハンマドによる平等と呼び始めた。彼らの目的は同じもの――つまり純粋な社会主義である。(10)

ジャマーアテ・イスラーミーと多くの宗教指導者は、パキスタン・イデオロギー擁護基金を設立するための運動を展開した。さらに、百十三人のウラマーは、社会主義を唱え、支持したり、賛同する者を非難するファトワーを発した。

ブットー政権は、権力を強化する方策として宗教を利用して大衆に訴えかけることにより、正統性を得ようとした。ブットーだけでなく、彼の前任者も後任者（ズィヤー・ウル・ハック）も選挙によってパキスタンの大統領に選ばれてはいなかった。それゆえ、彼らの政治的正統性は脆弱なものであった。ウィルコックス・ウエインがかつて述べたように、「間違いなく、パキスタンの民主主義ほど歴史上選挙に関して無知であった民主主義はない。」(11)ブットー率いるパキスタン人民党は、一九七〇年の西パキスタンの総選挙で大勝し、その結果ブットーは、ヤヒヤー・ハーンにより副首相に任命された。ブットーが一九七一年のバングラデシュの分離独立に伴い生じた政治的空白を埋める人物として選ばれたのは当然のことであった。当初ブットーは、民主主義と立憲政治の回復を約束していたが、実際には、自らの権威を確立し、政治体制を掌握するためにすばやく行動を起こした。一九七三年までに、彼は、中央集権化された権限をもつ大統領制を支持する立場から、「立法府や司法府の批判から独立した首相が大きな権限をもつ」議会制を支持する立場へと自らの立場を変化させた。[12]一九七三年の新憲法は、首相の手に権力を集中させる修正された西洋型議会制民主主義を定めた。一九七六年まで、この人民主義の首相は、新憲法に定められていた首相権限に対する制限さえ批判し、自らの権限を拡大することを承認するように国民に求めた。

一九七〇年に、私は国民に民主主義を約束した。一九七三年には、実際に民主主義を導入した……しかるに、この国には、こうした方針を妨げ、新しいパキスタンの建設を邪魔しようとする者がいる……我々は彼らにそのような自由を与え続けるべきであろうか。新しいパキスタンを前進させるためにはゲームのルールを変えるべきではないのか。[13]

ブットーは後に、自由と民主主義の名の下に、彼の行動を制限しようとする反対者を痛烈に批難した。なぜなら、彼によれば、「自由と民主主義は、パキスタンのような貧しい国ではごくわずかな国民しか理解されず、ごく限られた国民にしか恩恵を与えぬ概念である」からであった。[14]政権に対する民衆の忠誠と支持を拡大強化し、宗教指導者からの批判をかわすために、ブットーは社会・経済改革を実施するとともに、イスラームを利用した。彼は、一九七四年には、反アフマディー教団のキャンペーンを再開させ、アフマディー教徒を非ムスリム少数派と宣言し、彼らを政府の要職から追放するよう強く要求した。一九七三年にパキスタンの第三次憲法は修正され、大統領と首相の就任宣誓において、ムハンマドが最後の預言者であることを公式に認めることが要求されようになった。

一九七〇年代中頃までには、イスラームは政治的言説や政治における重要な要素、すなわち政府であれ反政府勢力であれ、大衆を政治化するための主要な手段となった。一九七七年三月の総選挙において、世俗的反対政党と宗教的反対政党との広範な連合であるパキスタン国民連合（PNA）は、イスラームを大義として、イスラーム制度（ニザーメ・ムスタファー、預言者時代の制度）をもつ政府の実現を公約し、議会制民主主義と私企業の復活を主張した。彼らの主張は、都市部知識層、伝統的商人や実業家、教師、医師、法律家といった伝統的中産階級と近代的中産階級の双方から支持を得た。PNAのもつ中産階級的特徴は、最大の支持基盤を都市部の中産階級とする宗教政党（ジャマーアテ・イスラーミー、ジャミーアテ・ウラマー・エ・パーキスターン、ジャミーアトゥル・ウラマー・エ・イスラーム）の存在と指導によって強化された。

しかしながら、一九七七年の総選挙で、ブットー率いるパキスタン人民党（PPP）が大勝利を収めた。それに対し、反政府勢力は、広範な選挙違反が行なわれたと主張し、さらにイスラームとムッラー・モスク・システムを利用し、ブットー政権に抗議する大衆運動を展開した。聖職者たちは、ブットーの国有化政策によって大きな影響を受けていた企業家などからすぐに支持を獲得することができた。パキスタンの歴史において、宗教が政治にこれほど影響を与えた時代は未だかつて存在しなかった。こうした状況が、一九七七年七月の陸軍参謀長ズィヤー・ウル・ハックによる無血クーデター「オペレーション・フェアプレー」につながる伏線となった。アイユーブ・ハーンとズルフィカール・ブットーの時代（一九五六～七七年）には、パキスタンは幾らか近代主義傾向を帯びたイスラーム共和国であったと言えよう。しかし、ズィヤー政権になると、国家と社会をイスラーム化するために、より保守的なイスラーム志向とその試みが支配的なものとなるのである。

ズィヤー・ウル・ハック――国家と社会のイスラーム化

ズィヤー・ウル・ハックは、すばやく行動を起こし、イスラームの名の下に、クーデターを正統化して統治を行なった。彼は、イスラーム制度による政府の実現を公約した。イスラームは、表向きには国内政策と対外政策の両方を方向づける政権の中心的なシンボルとなった。ズィヤー政権は、これまでのどの政権よりも、国家的アイデンティティ、正統性、文化的統合、公衆道徳の拠り所としてイスラームを利用した。しかし実際は、イスラームは、民族の違いを越えて国家的アイデンティティや国民統合をもたらすほどの力を持たず、世俗的勢力と宗教的勢力、スンナ派とシーア派、ムスリムと非ムスリムとの対立といった軋轢の原因となった。

パキスタンにおける宗教の政治化は、明らかに政治、法律、経済、社会生活にまで及んでいた。政府は、しばしばイスラームのシンボルと規範を巧妙に操作したので、ズィヤー政権に反対する人々は、イスラームの枠組みで議論を展開しなければならなかった。ズィヤーはイスラームの名の下に、巧みに権力の掌握を正統化し、パキスタン国民連合（PNA）のイスラーム的な主張を取り入れた。彼は、PNAのイスラーム制度というスローガンに同調し、政権に参画するようPNAのメンバーに要請した。イスラーム体制を強く望む人々、特にジャマーアテ・イスラーミー（ジャマーアト）のメンバーは、重要な閣僚に任命された。(15) 行政職や教育職だけでなく、国営メディアや軍部の職においても、宗教的イデオローグの存在は際立っていた。他のイスラーム志向の政党と同様に、マウドゥーディーのジャマーアトは、自分たちの目的と課題を支持する政府に、イスラーム体制を実現させるのか、それとも議会制民主主義を復活させるのかということの間で苦慮していた。

ズィヤー・ウル・ハックを含む多くの人々は、ジャマーアテ・イスラーミーとマウドゥーディーのイデオロギーによるイスラームの解釈に影響を受けてきた。マウドゥーディーの多数の著作は、教養ある多くのパキスタン人だけでなく、ジャマーアトに所属せず選挙政治を支持しないムスリム世界の多くの人々に強く訴えかけるイスラームの解釈を提供した。彼はパキスタンで最も広く読まれた著者の一人であり、彼の思想は著作、新聞、講演、信奉者の活動を通して社会に浸透していた。その思想は、イスラームが政治、経済、教育、法律といった近代生活のあらゆる側面にいかに関わっているかを示していた。ジャマーアトの綱領は、ズィヤーが権力の座に就くずっと以前に書かれたものだったが、ズィヤー政権が支持する思想や改革の土台となった。これらの諸原理の中には、イスラームは包括的な生活様式であるという考え方や、真のイスラームを実践できなかったことが、パキスタン社会のもつ弱さや失敗の原因であるという信念が含まれていた。その弱さや失敗の原因の第一は、コーランとスンナが唯一の法源であると宣言されていなかったこと。第二は、全ての法がイスラームの教義と一致していなかったこと。第三は、政府の要職に就く宣誓の際に、私的生活においてもイスラームを遵守するという誓約が含まれていなかったこと。第四は、ムハンマドを最後の預言者と認めない人は誰でも不信心者とみなされることがなかったこと。第五は、サラート（一日五回の礼拝）を社会で促進し、そのための施設を十分に供給されることがなかったこと。第六は、週の休息日は金曜日にされなかったこと。第七は、ラマザーン（ラマダーン）の遵守が強要されなかったことなどである。(16)

ズィヤー・ウル・ハックとマウドゥーディー率いるジャマーアトは、政略上から同盟を結んだ。ジャマーアトは総選挙の実施を望んでいたにもかかわらず、連立関係を最大限に利用し政治権力を拡大しようとして、総選挙実施の要求を一時棚上げし、戒厳令を受け入れた。そうすることにより、ズィヤー政権のイスラーム化計画が促進されると考えたからである。一九七八年末から一九七九年初頭にかけて、ズィヤーがパキスタンのイスラーム・アイデンティティを再主張し、イスラームを国家の政治的イデオロギーとして採用し、イスラーム法を施行する方策(「イスラーム制度を施行する法案」と「イスラーム法の導入」)を明示したことにより、ズィヤー政権のイスラーム志向とその正統性が正式に認められた。礼拝や崇拝に影響を及ぼすだけでなく、政治、経済、教育、司法にも変化をもたらす改革が実施された。

ズィヤーは、軍事的支配を行なう口実としてイスラームを利用した。一九七九年十月、ズィヤーは選挙の実施を無期限に延期し、政党の活動を禁止し、さらにメディアに対して厳しい検閲を行なった。大統領兼戒厳令最高司令官として、彼が行なった統治は、イスラームの名においてすべて正統化された。ズィヤーは、パキスタンにおける西洋志向の政党政治による民主主義とイスラームとは両立しないのではないかと疑っていた。彼は、これらの問題を政府が任命したイスラーム教義審議会とイスラーム研究所の専門家に諮問したが、彼の姿勢はこれらの問題を棚ざらしにしないまでも結論を先送りにするというものであった。

ズィヤーは飲酒、ギャンブル、ナイトクラブの禁止といったブットーの改革をそのまま取り入れ、その範囲をさらに拡大し、新しいイスラームの法と経済に関する一連の改革を実施した。飲酒罪、中傷罪、窃盗罪、姦通罪など、アッラーにより厳しく禁じられ、その刑罰も明示されているような犯罪に対して、政府はイスラーム刑罰（フドゥード）を適用した。様々な犯罪に対してムチ打ちの刑が行なわれたが、(窃盗罪に対する)手足の切断は刑の執行に立ち合う医者がいなかったために一度も実行されることはなかった。同様に、姦通罪に対しては石打ちの刑が定められていたが、それも決して実行されることはなかった。ザカート（喜捨）、ウシュル（十分の一税）、無利子銀行などの導入は、社会的影響も大きく異論の多いイスラーム経済改革であった。イスラーム教義審議会と連邦シャリーア裁判所は、パキスタンの全ての法律を再検討し、個別の法令がイスラームに矛盾していないかどうかを審査した。(17)

政府による改革は、パキスタンの多数派であるスンナ派と少数派であるシーア派との宗派間の緊張関係を悪化させることになった。シーア派は人口の約十五％を占めていた。イスラーム法の施行に伴い、「誰の法か」という問題が生じた。シーア派はイスラームの実践については喜んで受け入れるが、ジャーファル法学派（シーア派）ではなくハナフィー法学派（スンナ派）に基づく法規定の強要は容認できないと抗議した。実際、シーア派は、窃盗に対しては手足を切断するというイスラーム刑罰のスンナ派による解釈がシーア派とは異なっていたために異議を唱えた。

シーア派のこうした懸念が下地となって、傑出したシーア派の聖職者、ムフティー・ジャーファル・フサインの指導の下、ジャーファル法学の実施を求める運動が組織されることとなった。一九八〇年七月初旬、シーア派の指導者は、イスラマバードに十万人以上のシーア派ムスリムを集めて会議を開催した。この会議に続き、ザカートの強要に反対する約二万五千人のシーア派ムスリムによる抗議デモが七月五日に行なわれた。政府はついに彼らの要求に屈し、ムスリムにはその「信仰とフィクフ(法学)」に基づき特例を認めるという法律を可決した。

ズィヤーは、自らをイスラーム法を含め全ての法を超越した存在であるとした。まずシャリーア裁判所は、憲法と戒厳令、ムスリム家族法、会計法の三つの領域において法を再検討することが禁じられた。さらに、選挙の実施が反故にされ、戒厳令は延長されたために、立法府に対するシャリーア裁判所の裁定がどのようなものになるかは、実質上戒厳令最高指令官であったズィヤーの裁量に委ねられることになった。

こうした策略を弄して、ズィヤーは、イスラームを盾にして戒厳令体制下で自らの権力を維持し強化した。彼は、内閣の要職に就いたり、州知事などを務めていたパンジャーブ州出身の高級陸軍幹部から強く支持されていた。一九七九年十二月、ソ連がアフガニスタンに侵攻したために、パキスタンの安全を脅かす外的脅威への不安が高まり、またそれに伴ってアメリカから多大な軍事的・経済的援助を引き出したことにより、ズィヤーの権威は一層高まった。

イスラームと国民統合

ズィヤー・ウル・ハックは、イスラームをパキスタンの国家的アイデンティティの基礎として復活させることを誓った。一九七一年、バローチスターン州、北西辺境州、スィンド州などで起こった内戦で露見したように、民族や地域の紛争の脅威に直面して、いかに国家的アイデンティティを涵養するかが彼の目的であった。形式だけでなく実体を伴った一連の教育・文化改革は、ズィヤーが「パキスタンとイスラームは一体であるというイデオロギーに沿った新時代」と呼ぶものを形成し始めた。その改革は、言葉や服装にとどまらずメディアや教育にまで及んだ。西洋や地域の影響が強くなるのを避けるために、国語や国民的服装の使用を求める規則が導入された。テレビや映画の検閲が強まり、西洋映画、地方音楽、舞踏は規制され、女性の服装は質素であるよう、番組製作は節度を守るよう厳しく求められた。学校のカリキュラムや教科書も再検討され、非イスラーム的教材を排除し、西洋や西洋志向の強い教材にイスラーム・パキスタンの歴史や価値を強調した題材や書物を加えることにより新しい方向づけを行なった。しかし、これらの方針は、ズィヤーの大部分のイスラーム化計画と同様、社会的分裂を生じさせる結果となった。

ズィヤーがウルドゥー語を国語とし、イスラームの服装を正装としたことは、西洋化した階層、世俗的官僚、教育者だけでなく、宗教的少数派や民族的・地域的な指導者からも抵抗された。というのは、彼らはこうした改革の多くが、ウルドゥー語を話すパンジャーブ人の利害に沿ったものだと考えていたからだった。パンジャーブ州はパキスタン総人口の六〇%を占め、パンジャーブ出身者は軍部や官僚組織において支配的な地位に就いていた。皮肉にも、社会やメディアの中で、国民文化を強調すればするほど宗教に対する批判が高まった。ウラマーは、国民的な舞踊や音楽の番組を放送することを公然と批難し、公衆道徳の乱れを憤り、イスラーム改革が遅々として進まぬことを批判したのである。(18)

女性とマイノリティ

パキスタン政府が導入したイスラーム制度は、とりわけ女性やマイノリティから否定的に受け止められた。社会生活の中で宗教が一層強調されようになったために、伝統的勢力はこれを好機に勢いづいた。彼らは、慎み深さ（節度）というイスラーム的規範、とくに社会生活における男女分離の復活、古典的なイスラーム法の実施、一九六一年のムスリム家族法によって施行された近代改革の廃止などを求めて一層強圧的になった。彼らは、伝統的慣行と異なるものをすべて西洋かぶれによる真のイスラーム的規範からの逸脱だとみなした。女性はベールを纏い、家を守るべきだという彼らの主張は、金曜集団礼拝のモスクでの説教、新聞、宗教的パンフレット、議会での討論で盛んに取り挙げられた。問題を多く抱える西洋の社会的慣習は、清らかさや慎み深さを備えたイスラーム道徳の理想と諧謔的に対比された。ムスリム社会が抱える社会的病理は、ムスリム社会に西洋の影響が浸透したためであると考えられ、ヨーロッパの植民地主義の産物だけでなく、土着の支配者、すなわち西洋化したムスリム・エリートの影響や政策の産物であるとみなされていた。

一九八〇年代初頭における一連の政府の施策により、社会における男女の分離が一層促進された。出版物に女性の写真を掲載することを禁じ、テレビに女性が出演することを制限し、女性の出演者は顔を隠しドゥパッターを着用するよう要求し、女子大を創設せよという圧力がますます強まった。女性が「非イスラーム的な振る舞い」をすることは公然と批難された。

こうした女性に対する制限や偏った態度は、全パキスタン女性協会（APWA）、国民女性法律家協会、女性行動フォーラム（WAF）などの女性組織を政治化させた。こうした組織は、特に専門職に就いている女性が、ズィヤーによるイスラーム化計画が社会における女性の地位と役割を脅かすのではないかという懸念を強めたのに伴い結成されたものであった。

「イスラーム」に基づく法改革（イスラーム刑罰、証拠法、同害報復刑［キサース＝復讐とディヤ＝血の代金］）は、パキスタン社会における女性の立場をめぐる保守派と近代主義者との対立を激化させた。イスラーム刑罰では、姦通や姦淫を行なった場合、既婚者には石打の刑、未婚者には百回の笞打の刑と規定されており、死刑の判決もあり得た。この法律では、男性の証言のみが認められており、女性が証言することは認められていなかった。しかも姦淫と姦通、レイプと姦通との区別は明確になされていなかった。

一九八三年に成立した証拠法と同害報復刑の内容は女性が最も恐れていたものだった。証拠法の草案は、一人のムスリム男性の証言は二人のムスリム女性による証言に値するという伝統的な法解釈の実践を求めるものだった。一九八四年十月から施行された証拠法は、一部修正されたものであり、とくに財産問題など特殊な場合においてのみ、一人の男性の証言は二人の女性の証言に値するというものであった。同害報復刑では、女性に対する賠償金は男性の半分であり、殺人罪で被疑者を死刑に処すには二人の男性の証言が必要であると規定されていた。

ムスリム世界の他の地域同様に、社会生活におけるイスラームの再主張は、非ムスリムの社会的地位や役割に関して多くの問題を生じさせた。なかでもアフマディー教団（＝カーディアーニー教団）の問題は、最も顕著な例であった。これらの問題は、国家を危機的状況に陥らせた。一九五三年には、パキスタンに最初の戒厳令政権が誕生し、一九七四年には、アフマディー教団を非ムスリム少数派と宣言する憲法改正が行なわれた。一九八三年には、再びこれらの問題が浮上した。その年、アフマディー教団は活動拠点であったラブワーに世界各地から二万人もの教徒を集め会議を開催した。そのことはシーア派・スンナ派両派のウラマーを怒らせ、彼らは一九八四年一月、一連の決議案を可決した。その決議案は、（一）政府は背教に対してイスラーム法に基づく刑罰（死刑）を下すよう求め、（二）アフマディー教団がイスラーム用語を使用することを禁じ、彼らの文学や新聞を没収し、アフマディー教徒を政府役人や軍人の公職から追放することなどを求めるものであった。[19] 四月十一日、ファイサラーバードで開催されたイスラームにおける最後の預言者に関する会議に十万以上の人々が参集し、同様の要求を表明した。こうした動き対し、政府はアフマディー教団のラーホール派やカーディヤーン派などの反イスラーム的活動を規制する政令（アフマディー・オーディナンス）を一九八四年に制定し、それはパキスタン刑法の中に取り入れられることになった。その政令は、自らをムスリムと称し、自らの信仰はイスラームだと語ったり、自らの信仰を布教し、マスジド（モスク）やアザーン（礼拝への呼び掛け）のようなイスラーム関連の用語を使用するなど、「……いかなる流儀であれ、ムスリムの宗教的感情を踏みにじる」[20]アフマディー教徒に対する処罰を定めていた。

ブットーやズィヤー体制下において、国家や社会のイスラーム化が一層強調されたために、人口の約一％を占めるキリスト教徒は、宗教学校が国有化され、イスラームがパキスタンの遺産であると一層強調されるだけでなく、イスラーム法やイスラーム研究の必修科目が導入されるのではないかという懸念を抱いた。キリスト教徒の指導者は、キリスト教徒の学生のためにキリスト教の伝統に関わる科目を選択科目としてカリキュラムの中に含めるよう政府に要求した。全ての少数派が抱える共通の不安は、非ムスリムをズィンミー（庇護民）という「啓典の民」と規定する古典的イスラーム法の時代に、パキスタンが逆戻りするのではないかというものであった。ズィンミーの立場とは、過去の解釈に比べどんなに進歩していても、近代の基準によってムスリム市民と比較すれば、制限された権利と義務しか持たぬ二流市民でしかなかった。大部分の宗教指導者たちが、国家のイスラームのイデオロギーに則って政府の政策を決定する要職から非ムスリムを追放すべきだと考えていたことも、こうした彼らの恐れを強めることとなった。

民主主義回復運動

民衆の政治参加が制限されていたことは、一九八一年二月に民主主義回復運動（MRD）として一つに結集したために、「消滅する」ことになったPNAに属する多くの政党だけでなく、ブットーが指導するPPPからも強い批判と反対を受けていた。当初ズィヤーのイスラーム改革に賛同していた宗教指導者は、選挙の実施を要求するという点では、その主張は世俗志向の政党と一致していた。ズィヤーは批判の矛先をかわすために、一九八三年に選挙ではないが、任命制による連邦諮問評議会（FAC）を創設した。FACは協議機関であり、立法上の権限は全く与えられておらず、ズィヤーが、戒厳令最高司令官として、法律を定め政令を発布する権限を保持したままだった。FACはイスラームの体裁を整えていた。協議会（マジュリセ・シューラー）というイスラーム的な名称は、初代カリフを選んだ初期の長老会議に由来しており、「国が民主的なイスラーム政体に到達する状況を作り出す[21]」ための過渡的な機構であった。ズィヤーに向けられた批判の多くは、こうした措置は民主化を先伸ばしにする戦術に過ぎないというものであった。一九八四年の春を迎え、これまでズィヤーを支持し続け、MRDから距離を保ってきたジャマーアテ・イスラーミーでさえ、戒厳令に反対する共同戦線を呼びかけ、民主主義復活のためのキャンペーンを行なった。軍事政権は反イスラームであると全ての人が考えていた。彼らは、シューラー（協議）に基づくイスラーム政府とは、国家の元首はイスラーム法を遵守し、議会のメンバーは非公選の軍の最高司令官によって任命されるのではなく、政党制を基盤とした選挙によって選ばれるものであると主張した。MRDがズィヤーの戒厳令政府の正統性に異議を唱え、民主化への圧力を厳しく批判したために、ズィヤーの権力は次第に弱まり、地方選挙や総選挙の実施の方向へと事態は進展していった。

一九八四年十二月、ズィヤー・ウル・ハックは、「代議制への移行措置」として国民投票を実施すると発表した。国民投票は表向きズィヤーのイスラーム化計画の是非を問うものであったが、ズィヤーは「肯定」票を一九九〇年までの大統領任期の延長と結びつけた。一九八五年二月、総選挙と地方選挙が実施されたが政党制による選挙ではなかった。というのは、ズィヤーは、国民主権を強調する西洋民主主義とは異なる、「協議制」(協議による政府)という神を主権者とするイスラーム民主主義に固執していたからである。したがって、彼は政党を反イスラーム的なものとみなしその存在を認めなかった。[22]一九八五年末には、戒厳令は解除され、文民支配が復活し、出版物の検閲は解かれ、そして政党は条件付きで活動することが許された。ジャマーアテ・イスラーミーだけでなく、ＭＲＤもまた政党制による自由選挙を訴え続け、真の文民大統領となるためにズィヤーは軍最高司令官の職を辞すべきであると主張した。

文民政権への移行が行なわれたのは、一九七三年にズィヤーが憲法を修正した後のことであった。この憲法改正は、大統領の持つ絶対的権力(すなわち、大統領は自らの意に沿う首相を任命し、さらに首相の推薦に基づき全ての閣僚および軍の長を任命する権限)を保証し、戒厳令体制に関わった人々に対する訴追を免じるものであった。後にこの憲法改正は、ポスト・ズィヤー政権における議論の的となった。

ポスト・ズィヤー政権と民主主義の復活

十年間におよぶズィヤー・ウル・ハックによるイスラーム化の実験は、一九八八年八月十七日、彼が飛行機の事故により死亡したことで突然終わりを迎えた。民主主義回復運動（MRD）が、直接ズィヤー体制を終らせ民主主義を勝利へと導いたわけではなかったが、民主主義回復運動は、政権を獲得しようとする全ての勢力が採用しなければならないと感じる方向性と期待感をあらわしていた。一九八八年十一月、パキスタンの歴史上最も民主的で開かれた総選挙が行なわれた。その選挙において、ベーナズィール・ブットーの率いるPPPは、自らの影響力を保ちPPPの勝利を阻止しようと目論んでいた諜報機関（ISI）をはじめとする、軍部の大部分が支持する九つの政党からなる連立、イスラーム民主連合（IJI＝IDA）を打ち破った。IJIはイスラーム化をスローガンに掲げており、その中にはジャマーアテ・イスラーミー、ムスリム連盟、ジャミーアトゥル・ウラマーエ・イスラームなどが含まれていた。イスラーム民主連合というイスラームを冠する名称が選ばれただけでなく、イスラーム民主連合を構成する政党のそれぞれの綱領を見れば、いかにイスラームの政治化が問題となっていたかがわかる。しかしそうした綱領は、同時にすべての政党が民主主義を必要な政治過程であると認めていたことを示していた。ベーナズィール・ブットーは、パキスタンにおける自由選挙で選ばれた最初の首相となり、ムスリム世界で初の女性首相でもあった。彼女は、その後十一年間にわたって政権を維持することとなった。

ポスト・ズィヤー時代には、いまだに彼の支配の影響が色濃く残っており、イスラームと民主化は依然として政治問題となっていた。IJIは民主主義の言辞を用いる必要性を感じていたが、PPPはパキスタン政治の「イスラーム的傾向」に強く影響されていたため、世俗的な民主主義をすぐに採用することはなかった。一九八五年にズィヤーが行なった首相に対する大統領の権限を強化するという問題を多く含んだ第八次憲法改正は、政治発展に等しく重大な影響を及ぼすこととなった。この改正によって、大統領はIJIとベーナズィール・ブットーを競わせることができた。というのは、彼女の率いるPPPは選挙で勝利（有権者の二十五％）したが、それは組織の強さや政策によるものではなく、ブットー自身のカリスマ性や家名によるものであり、しかもその議席は国民議会での過半数に遠く及ばなかったからである。

ベーナズィール・ブットーはまた、彼女の父が始め、その後ズィヤーと軍部によって十年以上にわたり広範に行なわれた「イスラーム政治」が残した影響と闘わなければならなかった。ズィヤーがイスラームを用いたことは、多くの人々にシニシズムをもたらしたが、大多数の選挙民にとっては、どれほどその形態や実践が論争の的となったとしても、パキスタンにおけるイスラーム・アイデンティティを与えることとなった。こうした状況のために、ブットー政権は民主主義を導入するという選挙公約をしたにもかかわらず、ズィヤーの「イスラームの遺産」に対抗し、その影響を十分に取り除くことができなかった。そればかりか、ブットー自身も自らがパキスタンにおけるイスラームに基づく宗教・文化的伝統に沿った人物であることを示す必要があると感じていた。選挙後すぐに彼女は人々が注視するなか、メッカに小巡礼(ウムラ)に出かけ、結婚を決め、家庭生活を始めた。彼女はイスラームの正しい解釈とズィヤーのイスラーム化計画とを区別していたが、政治的現実のために彼女はズィヤー政権下で導入されたイスラーム法を実質的に変えることも、女性改革を実質的に行なうこともできなかった。

ベーナズィール・ブットーが有効なリーダーシップを発揮することができなくなったのは、次のような要因によるものであった。第一の要因に、大胆なリーダーシップを発揮するほど多数の議席を議会で獲得していなかったために、グラーム・イスハーク・ハーン大統領と彼女の率いるIJIを支援する強力な軍部の要望を受け入れざるをえなかったことであった。第二の要因は、パンジャーブ州、バローチスターン州、北西辺境州において、地域や民族による強力な政治的反対に直面し、さらにスィンド州においては民族衝突が頻発し分裂の危機にあったことであった。第三の要因は、政府や一族の汚職が告発され政権が弱体化したことであった。ブットーとその側近の多くは、パキスタンの文化的・政治的現実よりも、彼らが学び暮した西洋にずっと順応しているように見えた。こうしたイメージは、政権が弱体化した状況下で、ブットー政権はアメリカに依存していないとしても、アメリカと親密な関係にあると思われていたために、一層強まり、反米感情を高める結果となった。一九九〇年五月末、民主主義を公約していたベーナズィール・ブットーが、激しい民族衝突のため内戦寸前に陥っていた彼女の出身地スィンド州の秩序回復のために二万人の軍隊を派遣した。このことは、ブットー政権がいかに弱体化し権威を失い統治能力に欠けていたかを露呈するものであった。

一九九〇年八月六日、ズィヤー・ウル・ハックの盟友であり、IJIのナワーズ・シャリーフの協力者であったグラーム・イスハーク・ハーン大統領は、国民議会を解散し、汚職と無能を理由にブットー内閣を総辞職へと追い込んだ。一九九〇年一〇月二四日に新しい選挙が実施された。国民を結集するために、政治的言辞の中にイスラームと民主主義を含めることが、重要であることがはっきりと認識された。この選挙は実質上、イスラーム民主連合（ムスリム連盟とジャマーアテ・イスラーミーを含む）とブットー率いるパキスタン民主連合との対決であった。この選挙戦は、ブットーとブットー政権の汚職と無能に対する批判を中心に展開された。両陣営とも熱心に公約を示すことはなかったが、共にパキスタンにイスラーム社会を実現することを誓った。イスラーム民主連合はブットー陣営を打ち負かし選挙で圧勝し、ナワーズ・シャリーフが首相となった。

ナワーズ・シャリーフは首相になるとすぐに、経済・軍事的援助を要請していた西洋諸国だけでなく、他のムスリム指導者に対しても「原理主義者」ではないということを明確に示した。ナワーズ・シャリーフは、世俗勢力と宗教勢力とのバランスを微妙に取りながら中道を歩もうとした。彼は、経済発展により重点を置いていたが、彼を支持したズィヤーの後援団体、連立の重要メンバーであったジャマーアテ・イスラーミー、ズィヤーと一体となってイスラーム化計画を進めたグラーム・イスハーク・ハーン大統領などのイスラーム化への期待を無視することはできなかった。[23] シャリーフとIJIは、国内外のイスラーム問題に対しては現実的な対応を取った。湾岸戦争においては、シャリーフとIJIは大衆感情を無視してサウジアラビアとアメリカを支持した。こうしたシャリーフの取った対応は、反ムスリム的な行為であると公然と批難したベイグ将軍などの軍幹部との関係だけでなく、IJI内部のイスラーム政党との関係さえも悪化させた。

ズィヤーによって発案され、戒厳令解除後にジュネジョー首相によって一九八五年に議会に提出されたシャリーア法案は、政治的意味においても象徴的意味においても、とりわけ重要な問題であった。シャリーア法案が象徴的な意味を持ち、多くのパキスタン人にとってイスラームが国家的アイデンティティの問題に関して変わらぬ重要性を持っていたことは、四月十日に議会でシャリーア法案が上程された直後に実施されたギャロップ社の世論調査にもあらわれていた。調査対象の八一％がその法案を支持し、反対する人はわずか六％にしか過ぎなかった。数か月後、様々な利益団体からの批判を受け、政府が妥協した結果生まれた（幾分穏健で、薄められた内容の）修正案は、国民議会の大多数の支持を得て可決された。その修正案は、イスラーム色が薄められたものの、それでも世論調査では六五％が賛成し、一八％が反対した。[24]

結語

パキスタン・イスラーム共和国における宗教の役割は、容易に解決することのできない問題であった。しかし、一九七一年から一九八八年にかけてのズルフィカール・アリー・ブットーやズィヤー・ウル・ハック政権下において、これまで周辺的な問題に過ぎなかった国家や社会に対するイスラームの関係は、次第に中心的な問題となり、イスラームの言辞やシンボルが広範に使われるようになっただけでなく、イスラームに基づく法・規則、制度、税制、教育・社会政策が浸透するようになった。当初こうした状況に対して恐れを抱く者もあったが、多くの者は歓迎していた。ズィヤー政権下において、イスラーム化は当初政府の正統性を確立し、宗教勢力やパキスタン国民連合を懐柔し、大衆の支持を獲得するのに役立ったが、次第に分裂や幻滅を招き、そして時には弾圧を引き起こす原因となった。イスラームを根本に据えることにより統一された、真正なパキスタン国家を樹立するという公約は、政府によるイスラームの使用が、統一よりもむしろ分裂を招き、国民を指導し一層の自由をもたらすよりもむしろ自由を制限し罰する方向へ向かわせ、国民に誇りと尊敬よりもむしろシニシズムを与える現実の中で、実現されることはなかった。

振り返ってみれば、リビア、イラン、スーダンなどの多くのムスリム国家と同様に、パキスタンにおいても、イスラームをより尊重しイスラーム化を進めたことは、誰のイスラームなのか、どのようなイスラームなのか、なぜイスラームを否定するのかという様々な問題を引き起こした。パキスタンの現代政治では、国家と宗教勢力との間で協力と懐柔が頻繁に行なわれてきた。ズィヤー政権は、宗教勢力を巧みに操作してきた。しかし、ウラマーや宗教組織を取り込もうとするこうした巧妙な策略もまた、彼らの期待を高めたが、結局幻滅と抑圧を生み出しただけであった。イスラーム化を実現するという素晴らしい目的のために、当初権威主義を容認していた人たちも、徐々に幻滅するようになった。彼らは、世俗的志向の強い反政府勢力の指導者と声を合せ、戒厳令を公然と批難し、民主主義の復活と自由選挙を要求した。元パキスタン最高裁判所長官、ムハンマド・ムニールをはじめ多くの人々は、ズィヤーのイスラーム化政策やイスラーム体制を評して、「その体制や法令はイスラームの厳格で恐ろしい側面だけを強調しており、神アッラーの寛大で慈悲深い特性を無視している」と述べていた。[25]

イスラーム化は、国家的アイデンティティ、統一、誇りなどの拠り所であるとして強く求められていたが、そのことがかえって宗教や民族の分裂を進行させた。イスラーム化は、スンナ派とシーア派との間だけでなく、スンナ派内の多様なグループ間の差異を一層際立たせ、その結果、しばしばセクト間の対立が激しくなった。イスラームとして信仰が統一されているとはいえ、必ずしもイスラームの教義や慣行に関して共通の解釈や理解が存在していたわけではなかった。スンナ派とシーア派との対立は、一九七九年から八〇年にかけてのイラン革命後に激化した。イランは、南アジア(中東でも行なったように)におけるシーア派に援助の手を差し延べ、彼らが組織化し、自らの正統性を主張するように促した。一方、サウジアラビアと他の湾岸諸国は、イランの影響力を弱めるために、ズィヤーなどのスンナ派の統治者やイスラーム組織に対して援助を増大させた。

シーア派による「正統性の主張」が高まるにつれ、スンナ派とシーア派との緊張関係が一層悪化し、デモ、暴動、武力衝突が起こるようになった。このような状況下で、一九八〇年に起こったシーア派のデモにより、政府のザカート法令は改正されたが、デモはそれで終息することなく、むしろ宗教共同体間の対立は一層深まった。シーア派の宗教や社会・政治面での活動は拡大し、より具体的な形で行なわれるようになった。宗教的建造物が建設され、シーア派の権利を求めて人々は町に列をなし、デモ行進を行ない、そしてアッラーマ・A・H・H・フサイニーの率いるジャーファル派教義導入運動のような戦闘的なシーア派組織やイマーム学生組織が形成された。[26] こうした活動は、スンナ派からの反発を招き、スンナ派によるデモ、暴力、モスク爆破、暴動を引き起こし、政府は夜間外出禁止令を発することになった。[27]

パキスタンの多数派であるスンナ派共同体の間にも同様の軋轢が生じていた。パキスタンのスンナ派ムスリムは、それぞれデーオバンド系、バレーリー系、ワッハーブ派、アフレ・ハディース派などの学派に属していた。個々の学派の異なる神学的方向性は、セクト主義を生み、国家や社会に対するイスラーム的ヴィジョンや計画についての合意形成の妨げとなっていた。イスラーム共同体を純化しようするスンナ派の諸学派の情熱は、歴史的に反シーア派の立場を強調するだけでなく、スンナ派内部でもどの学派が真のイスラームの擁護者であるかをめぐる争いの一因ともなってきた。これらの学派は、宗教的利害が異なるだけでなく、異なる階級を代表していた。このことは、スンナ派内部にも対立する組織や政党が存在していたことに明確にあらわれている。デーオバンド系の利益は、宗教政党であるジャミーアトゥル・ウラマー・エ・イスラームにより代弁され、バレーリー系の利益は、ジャミーアテ・ウラマー・エ・パーキスターンにより代弁されていた。考え方の違いから、これらの諸学派は、モスクでの説教や論争の中で互いに中傷しあった。こうした状況は、指導者間の個人的対立ともあいまって、分裂を深め、時に武力衝突をも引き起こすスンナ派のセクト主義の環境を生み出した。政府から独立したパキスタン人権委員会の委員長(28)、I・A・ラフマーンは、「現在のセクト主義のうねりは、ズィヤーが行なった政策の必然的な結果である。彼が堅固な神権政体を作り出し、宗教を政治に利用したことは、最も醜悪な不寛容もたらす危険性を孕んでいる」と述べた(29)。

JI、JUI、JUPなど、昔から互いに勢力を競い合ってきた宗教政党は、自分たちの活動資金を得るために、銀行強盗や誘拐などの犯罪をも犯す、戦闘的で暴力的な党派や組織にますます取って代わられるようになった。「教友たちの兵士(スィパーヘ・サハーバ)」(SSP)のような武闘組織は、シーア派はムスリムではないと信じ、スンナ派イスラーム国家において「シーア派はすべて排除せよ」と主張した(30)。

ブットー政府は、過激な分派組織を禁止し、彼らの資金や武器を押収すべきであるという軍部や政府の要人らの忠告を聞き入れようとはしなかった。しかし、分派組織間の紛争が国家の安定を脅かすほどになると、一九九五年の二月中頃、ついにブットー政府は、SSPとTFJに対する取り締まりを行なった。その結果、カラチとパンジャーブにおいて四十人の活動家が逮捕され、何百人もが地下に潜行した(31)。

イスラーム化は、パキスタンの民族や地域的相違を越えて国民統合を促すことはできなかった。スィンド州やバローチスターン州の多くの者は、パンジャーブ人を「政治と官僚機構を支配することにより、国家資源を完全に掌握する強欲な支配エリート」とみなし強く憤っていた。その結果、引き起こされた民族対立や地域紛争が、軍部と官僚機構を支配するパンジャーブ人のズィヤー政府を絶えず悩ませていた。[32]パキスタンにおいては、長年にわたって、主要な民族共同体の中でも、また活発な地域民族主義運動（ベンガル人、スィンド人、パターン人、バローチ人）の中でも対立と争いが絶えなかった。ズィヤーが後継者に残したものは、一連の民族紛争であり、バローチスターン州においてはバローチ人とパターン人、スィンド州においてはスィンド人と非スィンド人、またパターン人とムハージル（移住者）の間の殺し合いであった。一九八九年、ある政府閣僚が「カラシニコフ（ソ連製軽機関銃）とヘロインの文化」[33]と呼んだものが生み出したのは、まさにこうした状況であった。

東ベンガルが分離され、バングラデシュが建国されても依然として、パキスタンではカラチやスィンド州で激しい暴力行為が民族間で行なわれていた。ラホールやペシャーワルなどの州都を含む多くの地域で、散発的に民族間の武力衝突が生じていた。北西辺境州では、シャリーア法の導入をめぐって部族民と準軍事的な集団（武装した民兵グループ）とが激しく対立し数百人が死亡した。しかし、最も激しい衝突が継続的に起こっていたのはカラチであった。この経済の中心である大都市で、スィンド人とムハージル（移住者）との武力衝突によって、一九九四年から九五年だけでも、八百人以上の住民が死亡した。

パキスタン建国の際に、インドからパキスタンに移住し、スィンド州の多くの都市の中枢を支配していたムハージル、すなわちウルドゥー語を話すムスリムは、スィンド民族主義者から「よそ者」として敵視されていた。彼らが、パンジャーブ人の軍部や政治エリートと提携したことは、スィンド民族主義者を一層いきり立たせた。スィンド人であったズルフィカール・アリー・ブットーは、スィンド人寄りの経済政策を導入し、その結果、これらの政策を差別であるとみなしていたムハージルとスィンド人との関係はますます悪化した。ズィヤー政権下で、自らの経済的地位が低下し続けるに伴い、ムハージルは、パンジャーブ人によって支配されたズィヤーの軍事政権がスィンド人寄りの政策を行ない、スィンド州におけるパンジャーブ人やパターンの影響力を拡大することに対して強く抗議するようになった。ムハージルが抱いていた不満は、ムハージル民族運動（MQM）の形成につながり、一九八五年のカラチでの選挙において、ズィヤー政権と連合したジャマーアテ・イスラーミーの候補者を落選させた。

ズィヤー・ウル・ハック死後、パキスタンに再び導入された民主主義は、より多くの民衆の政治参加を促したが、その一方で政治的分裂の一因ともなった。ベーナズィール・ブットー率いるPPP政権も、ナワーズ・シャリーフ率いるIJIも、支持を得るために常に他の政党に働きかけねばならなかった。その結果、MQMのような民族政党は、全国規模の政党と張り合うことのできる勢力となった。MQMが地方にとどまらず、全国的にも一大勢力となっていたことは、一九八八年と一九九〇年の国政選挙及び地方選挙において示された。一九九二年までに、MQMを統制しようとして、政府は軍隊を指揮しカラチで戒厳令をひいた。MQMの活動は地下に潜行し、指導者は国外に亡命した。こうしたMQMに対する弾圧は、狙撃、誘拐、モスク爆破、殺人、レイプなどの暴力の連鎖を、終息させるどころか、一層激化させる結果となった。

一九九〇年代のパキスタンは、国内でテロリズムが頻繁に起っただけでなく、国際的なテロリズムの訓練基地であると見なされていた(34)。皮肉なことに、アフガン人の抵抗とアフガン紛争は、ムスリム世界だけでなく西側でも賞賛され支持される聖戦となり、宗教的急進派や国際的テロリズムの成長に手を貸すことになった。ズィヤー政権のイスラーム化政策と彼の強力な支援を受けたアフガン族の抵抗は、共に予期しない結果をもたらした。一九四七年から一九七五年にかけて、八七〇の新しいマドラサ（宗教学校）が設立されたのに対して、一九七六年から一九九〇年にかけては、ズィヤーのイスラーム化政策の一環として、さらに千七百のマドラサが誕生した。多くのマドラサは、社会で生産的な生活を送ることができるように、生徒にイスラーム式の教育を施していたが、革命的なイスラームの主張と軍事訓練が一体となった教育を行なうマドラサも存在していた。[35] 同時に、パキスタンは、アメリカや他の西側政府、サウジアラビア及びその他のアラブ諸国や世界中のムスリム世界からの援助を受けて、難民に対する救援活動とアフガンのムジャーヒディーンに対する訓練を行なっていた。アフガン族とアラブ世界から自発的に集まった義勇兵に対して、パキスタンのインター・サービスと呼ばれる軍事諜報機関だけでなくＣＩＡまでもが手厚い軍事訓練を施した。その結果、パキスタンは、革命主義者やテロリストの訓練基地であるイラン、リビア、スーダン、レバノンなどの仲間入りをしたと考える者もいた。アラブの各国政府（エジプト、アルジェリア、チュニジア）は、アラブ・アフガンと呼ばれるアフガン紛争で戦った兵士や軍事訓練を受けた者を、自国で発生するテロ活動の首謀者であると考えていた。一九九五年二月七日、ニューヨークの世界貿易センタービル爆破に関与したという容疑でラムズィー・アフマド・ユースフがイスラマバードで逮捕されたのを契機に、パキスタンは国際的なテロリストの拠点として完全に見なされるようになった。この事件は、パキスタンが国際的テロリストの拠点であることを強烈に印象づけたために、ブットー政権は海外からの資金援助と軍事訓練を抑制するようになった。加えて、ブットーは、政府だけではこうした非常に根深い問題を解決することはできないということを認め、アメリカや他の諸国からの援助を受けて、「テロ活動の前線基地となっていた宗教学校や他の団体も含め、アラブやアジアの軍事訓練基地の疑いがある施設を全て閉鎖しようとした。[36]」

建国以来、パキスタンは、イスラーム・アイデンティティとは何であり、それが国家建設にどのように結びつくのかという問題と格闘してきた。こうした問題は、建国当初においては、ムスリムとしてのナショナリズムとは何かという問いであり、一九七〇年代から八〇年代にかけては、どのような「イスラーム体制」を創設するかということであった。政治家がイスラームの言辞とシンボルをどのような動機からどのように利用し操作しようとも、またイスラーム化がどの程度浸透したかを論じようと論じまいと、大きな変化が、政治、法律、教育、社会生活において間違いなく生じていた。

パキスタンは、これまで決して世俗国家でも世俗社会でもなかった。宗教は、近代パキスタンの歴史において不可欠なものであり、国家のアイデンティティ、イデオロギー、政治の中心的要素であった。パキスタンの一般大衆にとって、イスラームとムスリムという言葉は、社会生活を送る上で重要なものであり、個人の生活だけでなく社会全般に根付いた神聖なる信仰、アイデンティティ、価値観をあらわしていた。確かに個人的な信仰心は様々であり、聖職者や政府が宗教を利用していることに対して猜疑心を抱いている者は多い。しかし、原則的には、ほとんどと言わないまでも多くの国民は、次のような考え方なり主張に異を唱えることはない（もっともその理解や解釈にはかなりの差があるかもしれないが）。その主張とは、「パキスタンはムスリム国家（多くの者はその意味を単純に「イスラーム的」と理解している）として建国された。それゆえ、パキスタンはイスラーム共和国であり、パキスタンの国家的イデオロギーは単なる世俗的な民族主義ではなく、ムスリムとしてのナショナリズムである。したがって、イスラーム法が司法制度において重要な役割を果たし、国家元首や政府の要職にはムスリムが就き、国家はイスラームを支持擁護し高揚させるべきである」というものである。

しかしながら、ズィヤー・ウル・ハックがパキスタンの議会制は正統性を持っていないと主張し、彼流の「協議制」を導入しようとしたことに対して、世俗主義者からイスラーム活動家まで、パキスタン国民の大多数は、政党による議会制を復活させるよう要求した。ＪＩ、ＪＵＰ、ＪＵＩなど主要な宗教政党もまた、イスラームの名の下に民主主義の復活を強く要求した。彼らは、政権に参加していようと野党勢力であろうと、政治体制の枠内で活動を行なうことができるということをこれまで実証してきた。

イスラーム政党は議席を獲得するまでには至っていなかったが、国政においても地方政治においても力をつけつつある無視できない政治勢力となっていた。ジャマーアテ・イスラーミーのようなグループは、高等教育を受け、献身的で、豊富な経験を持つよく組織された指導部を擁しており、学生、労働組合員、ビジネスマン、中級の役人や軍人など低中産階級や中産階級に熱心な支持者を持っていた。彼らの影響力は、その数からは想像しがたいほど大きなものであった。イスラームは、過去においても現在においても、人々を結集させるための有効なスローガンであった。独立を目指す闘争期において、大衆を結集させるのに効果を発揮した「イスラームの危機」という標語は、アフガニスタン、カシュミール、サルマン・ラシュディー(サルマーン・ルシュディー)、湾岸戦争など国境を越えたイスラームの諸問題に対して、民衆の感情を昂揚させる上でも重要な役割を果たしてきた。

しかし、ズィヤー時代と彼の政権が残した「イスラームの言辞とシンボル」という遺産は、選挙政治において宗教政党を弱体化させる要因となった。ほとんどの政治指導者や政党が「イスラームという切り札」を使っている状況では、主要なイスラーム組織や政党が宗教を利用した政治的言辞や正統性に固執してもその効果は半減してしまう。それゆえ、イスラーム政党がイスラームの擁護者として特別な役割を主張できるかどうかは、イスラーム以外の政治指導者や政党がイスラームの政治をどの程度受け入れているのか、またイスラーム政党が議会政治にどれくらい適応し、他の政党と協力関係を構築しているのかにかかっている。このような態勢ができていなかったために、一九九三年の選挙において、ジャマーアテ・イスラーミーは、パキスタン・イスラーム戦線を形成し、第三の選択肢になろうとしたが、連立した他の政党と共に選挙で大敗を喫した。その選挙で明らかになったことは、宗教政党は国民を統合する能力もなければ、政治舞台で他の政党がイスラームを上手に利用して訴えているような具体的政策も持ち合わせていないということであった(37)。

しかしながら、歴史が示しているように、パキスタンのムスリムの中にイスラームに対する一般的合意が存在しているとしても、国家のイデオロギーや政策という面で、イスラームがどのように反映されるべきかについては明確な合意がなされていなかった。イスラームと民主主義は、その内容や形態は多様であるが、両者が実際に両立し得るということはすでに証明されている。パキスタンにおけるイスラームに基づく政治は、宗教が単なる政治的反対勢力ではなく、国家統合よりもむしろ国家分裂を招く勢力となることをはっきりと示している。イスラーム行動主義の指導者や政党は、統合よりも分裂の方向に進んでいる。そればかりか、政治体制が開かれたものとなったため、近年、政府による統制がほとんど利かない民族や宗教勢力が次々と誕生した。いかなる政府も、予測のつかない未来において、正統性を確立し大衆の支持を獲得していくためには、パキスタンの歴史と伝統におけるイスラーム的要素だけでなく、多様な民族や言語が対立する状況に果敢に対処していかなければならないのである。

第六章　マレーシア

多元文化主義の政治

「世界のムスリム国家の中で、マレーシアほどコーランとハディースの内容をムスリムが実践するように国家権力を用いてきた国はほとんどない。(1)」しかし、マレーシアほどムスリム国家として知られていない国も珍しい。

マレーシアでのイスラームの経験はユニークなものである。マレーシアは、人口の約四五パーセントを占めるマレー人が、政治・文化面において支配勢力となっている多民族・多宗教からなる国家である。人口の残りの部分は、多様な民族・宗教集団から構成されており、最大のものは中国人(三五パーセント)とインド人(十パーセント)の共同体である。「マレー人であることはムスリムである」という一般的な考え方に見られるように、イスラームは、マレーの国民的アイデンティティや政治と長年にわたって密接に関わってきた。

マレーシアの政治発展にみられる固有の特徴は、マレー政治においてイスラームが果たした役割である。マレーシアは、正式に多元的政体を持つ連邦国家であり、連邦内では、イスラームが公式の宗教とされ、イスラームとムスリムが特権的地位を享受している。イスラーム政党が選挙政治に参加し、合法的反対勢力として活動しているのは、大部分のムスリム国家では比較的近年の現象である。しかし、マレーシアにおいては、イスラーム政党やイスラーム組織は、仲間内で競い合うだけでなく、政治過程に参加する合法的野党として、長年にわたって政権与党の統一マレー人国民組織（UMNO）と競い合ってきた。中東での政治体制においては、イスラーム政党は許されず、イスラーム運動が暴力的反対運動を行なう状況が散見された。しかし、マレーシアにおいては、政権与党は、平和的反対運動を行なうイスラーム団体やイスラーム組織ならば、その存在と政治に参加することを認めている。マレーシアで民主化が進展する過程で、復興主義的イスラームが認められ民主化の過程に組み込まれていることは、イスラーム運動が体制内で活動できただけでなく、カリスマ的なイスラーム活動家であるアンワル・イブラヒムが、野党から政権に参加し、一九九四年までに蔵相兼副首相を務めたことに明確に示されている。

イスラームと国民的アイデンティティの形成期

東南アジアの貿易の交差路として、マレー半島は多くの宗教・文化的影響の発祥地となった。(2)ポルトガル、オランダ、イギリスの植民地入植者だけでなく、インド系、アラブ系、中国系商人や貿易商が、ヒンドゥー教、仏教、シク教、儒教、道教、キリスト教、イスラームを東南アジアに伝え、豊かな文化的モザイクが形成された。マレー文化の形成に最も広範な影響を与えたのは、数世紀にわたるインド化とそれに続く一四世紀以降のイスラーム化であった。その時代に、アラブとインドのムスリム商人と神秘主義者は、マレー人の支配者（スルターン）を改宗させイスラームを東南アジアに広めたのである。[3]

イスラームは、伝播当初から、マレーシアの政治や社会と密接に関わってきた。「マレー半島の国家において、政府のあらゆる側面は直接的に宗教的起源や原理に由来していないとしても、伝統的に、神聖な宗教的性質を帯びていた。[4]」イスラームは、マレー半島のアイデンティティと文化にとって核となる要素であり、「宗教、伝統的価値、村落・家庭生活を統合する考え方[5]」となっている。またイスラームは、宗教指導者や信仰の擁護者であると同時に、イスラーム的慣習法（アダット）、教育、諸価値の守護者としての役割を担っていたスルターンに対して正統性を与えていた。イスラームとマレー人のアイデンティティは、密接な関係を持ち、マレー人とはムスリムであると言われるほどである。マレー人とムスリムが同一視されていたことは、今日、非マレー人がマレーシアのイスラームに改宗したことを指す言葉によくあらわれている。新たにムスリムになった人々は、「マレー人になった」（マスク・ムラユ）と呼ばれるのである。

イギリスの植民地主義は、イスラームの司法制度とは異なる司法制度と文民による行政組織を導入したために、宗教と国家との間に明確な区別をもたらした。同時に、非ムスリムの中国人とインド人が大量に移住し、彼らの共同体が発展し繁栄した結果、マレーはより多元的な社会を形成した。多元主義、そして宗教とマレーの国民的アイデンティティとの関係は、マレーシアが第二次世界大戦後、独立に向けて動き出した際、政治的問題となった。イギリスは当初、すべての者が平等な市民権を得るという統一マラヤ連合の構想を示した。しかし、マレー系ムスリムよりも高い経済力と教育を備えた中国人やインド人が増加し、経済力をつけ、影響力を増すことを恐れたマレー人は、この構想を拒絶した。汎マレーシア・イスラーム党（PMIP、現在のPAS）が、マレー民族主義とイスラームを統合した綱領を掲げて一九五一年に登場し、すぐに野党第一党となった。

一九五七年のマレー憲法は、宗教と民族のアイデンティティ、すなわちイスラーム、スルターン、マレー系ムスリムに対して特別な地位を保証した。この憲法では、マレー人とは「自らムスリムであると公言し、日常生活においてマレー語を話し、マレーの習慣に従う人である」と定義された。(6) 教育、政府、経済において設けられた特別枠など、マレー人は種々の特権を享受した。イスラームは、連邦においても各州においても公式の宗教とされた。各州においてスルターンは、宗教指導者あり、道徳・宗教的義務を課す権利を有したマレーの宗教や文化の擁護者とみなされた。州レベルにおいて、スルターンは、宗教問題担当部局とイスラーム裁判所を設置し、イスラーム税（ザカート＝財産に対する一割の課税）を徴収し、説教、報道機関を通じてのメッセージの伝達、宗教の布教を管理した。宗教的規則は州ごとに異なっていたが、モスクでの金曜礼拝を怠ったり、飲酒の禁を破ったり、ラマダーンでの断食を公然と破ったりすることに対する罰金から、誤った教えを説いたり、近親者以外の女性と同席したり、宗教的権威すなわちイスラームを侮蔑することに対しての罰則まで、(7) 多岐にわたる内容が含まれていた。

同時に、憲法は、非ムスリムの共同体に対して宗教の自由を認めていた。非ムスリムは、独自の宗教生活を行ない、財産を所有し、宗教学校を設立し、自己の問題は自ら処理し、私的問題に関しては、自らの宗教に基づく法や制度で処理する権利を有していた。しかし、非ムスリムが、数を増やしその影響が他の地域に広がらぬように、彼らがムスリムの中で自らの信仰を説教し布教することは許されていなかった。非ムスリムは実際、憲法上も法律上も保護されていた。しかし、非ムスリムとマレー系ムスリムは、それぞれ異なる義務と権利を有しているとされていたために、決して同等ではなかった。

憲法は、国民的アイデンティティ、宗教、民族という諸問題を反映し、マレーシアの政治・社会的現実を具現化していた。フレッド・R・メフデンは、「マレーシアにおける最も重要な政治・社会的現実は、現在においても、過去においても、宗教と民族の問題である」(8)と述べている。マレー政治は、マレーシアの民族的二元性とその結果生じる妥協的政治を反映していた。政治的には、政権与党のマレー党(UMNO)は、当初、非マレー人を準党員から排除していたが、非ムスリム人口の規模が拡大したために、彼らを受け入れ協力を得る必要が生じた。こうした彼らの取り組みは、マレーシア中国人協会、マレーシア・インド人会議との連合を形成することによって実を結び、後には、他の共同体組織も国民戦線に組み込まれるようになった。しかし、共同体間の受容と対立という問題を抱えたマレーシアにおける民族的二元性は、その政治的発展において絶えず重要な役割を果たし、イスラーム復興にとって地域固有の特徴を備えた触媒としての役割を果たしていくことになるだろう(9)。

一九六九年——マレー系ムスリム政治における分水嶺

マレーシア社会の民族的二元性によって生じた国内の緊張は、一九六九年に頂点に達した。クアラルンプルでのマレー人と中国人との間の民族衝突は、マレーシア政治の転換点となった。主として地方で農業に従事していたマレー系ムスリムが、政府と政治を支配していた。その一方、都会に住む中国人やインド人の共同体は、経済的に繁栄し高い教育を受けていた。不平等感から生じる経済的不満や、「よそ者」がますます幅をきかすようになった現状に対するマレー人の憤りは、反中国人の暴動の引き金となった。暴動により、数百人が死傷し、議会は二年間も開催されなかった。戒厳令がひかれ、政府は一致して共同体の平等という問題に取り組むようになった。「イスラームは、主に農村部に住み、貧しく、非商業的な特徴を持つ、存亡の危機に立つ土着民の宗教であるとの認識から、これまでマレー人が支えていた政治、公共政策、態度の拠り所となっていたイスラームを守らねばならないという意識が高揚した。[10]」

他の大部分のムスリム国家とは対照的に、マレーシアにおけるイスラームの復興は、民族的宗教復興であった。[11] 多くの要因（国際的なものも地域固有のものも）が一九七〇年代から八〇年代初頭にかけて融合し、宗教、経済、言語、文化が絡み合ったマレー・イスラーム復興を生み出した。政府は、マレー系住民を「土地の子（ブミプトラ）」として他と区別し優遇する経済改革計画を実施した。マレー系住民に特別な権利を認め、雇用での一定枠を保証し、経済・教育的向上のための補助金を提供するアファーマティブ・アクションにも似た国民経済政策（NEP）が、マレー人と他の共同体との格差を是正するために策定された。NEPの主たる狙いは、マレー人の社会経済的発展にあったが、マレー語とマレー文化の価値を奨励したために、宗教と民族性との結びつきは一層強まった。マレー人の言葉、歴史、文化、宗教に重点をおいて行なわれた改革は、マレー人の誇り、国民的アイデンティティ、連帯を強固なものにした。マレー民族主義とイスラームは、マレー半島の文化的アイデンティティにとってすでに重要な要素であったが、より強力な政治とイデオロギーをもたらす要因となった。

マレー・イスラーム復興のうねりは、一九六九年以降のマレー系大学生や大学卒業生などの若い世代に顕著にあらわれていた。エジプトや他のムスリム国家と同様に、都会の大学は、学生のイスラーム運動の拠点となり、民族主義や社会主義の団体に代わって最も有力な勢力となった。NEPが実施された結果、何千ものマレー人が国内の高校や大学に入学し海外へも留学した。多くの学生は、マレー人だけからなる共同体がもたらす、精神的に充実した生活という農村部での安心できる環境を後にして、田舎より文化的に多様で、西洋化と同時に中国人の「黄色い文化」に支配された近代的都会へと投げ込まれた。マレー大学や国立大学などの特権的大学に学ぶ学生は、自分たちがマレー系ムスリムであるという意識を持ち続けようとして、イスラームの伝統に目を向けた。彼らは、外国の異質な都市文化や、マレー系ムスリムと中国人やインド人の共同体との間に存在する経済・教育的格差を経験したことにより、劣等感、差別意識、不公平感を強く感じるようになった。このような不満は、UMNOが率いる政府の体制と政策が失敗しているという確信を強めさせる結果となった。

アメリカやイギリスに留学した際、他のムスリム国家の学生や、イラン、パキスタンなどアラブ世界におけるイスラーム活動家による著作や思想に接し、その影響を受けて帰国した学生たちにより、マレーシアにおけるイスラーム復興は、より強力なものとなった。多少の違いはあっても、彼らは共通して、イスラームは生活の全てであり、神が定めた道であり、過度の資本主義や社会主義に取って代わるものであると主張した。学生たちは大学教育を受けるために留学したのに、結局「イスラーム原理主義者」となって帰ってきただけだと度々批判された。実際、フセイン首相は、このような学生についてこれまで何度か触れたことがあったが、「若い女性が『カーテン』を身にまとって帰国していると批判した後で、首相自身の娘がまさにそのカーテンのような伝統的衣装で飛行機から降り立った時[12]」、実にばつの悪い思いをした。

ムスリム世界での出来事もまた、マレーシアでのイスラームの復興に影響を与えた。一九六七年のアラブ・イスラエル戦争（アラブがエルサレムを失うことになった）や一九七三年のアラブの石油禁輸により、民衆のイスラーム感情は高揚し、政府だけでなく民間レベルでも、アラブなどのより広範なムスリム世界との関係が深まった。マレーシアの指導者は、海外のイスラーム活動家との交流を続け、国際会議などの参加を通して、将軍ズィヤー・ウル・ハック指導下のパキスタンのイスラーム化計画（一九七七〜八八年）とイランの「イスラーム革命」（一九七八〜七九年）などにも精通していた。アフガニスタン、パレスティナ、エルサレムの解放（そして最近では、反イスラエル抗争、湾岸戦争、ボスニア内戦）に関する問題が広くニュースに取り上げられ、それに対する支持や懸念を表すために民衆は街頭デモを行なった。こうした国際的出来事は、マスメディアの発達と相俟って、一つの変化をもたらした。その変化とは、「マレー人であることはムスリム」であると信じて疑わないマレー人が、こうした意識をより普遍的なイスラームの用語で表現するようになったことである。その結果、彼らは自分自身を単にマレー人であるだけでなくムスリムであると一層意識するようになった。同様に、一九六九年以降、多くのマレー人がマレー人共同体の存亡を語る時、彼らは世界中のイスラーム共同体を示すウンマという言葉を使うようになった。同時に、イランやリビアの過激派の影響に対する懸念から、政府はイスラームの感情や問題に対して一層の不安を募らせ過敏になっていった。

イスラーム復興とダクワ運動

マレーシアにはかつて多くの有力な政治団体が存在していたが、一九六九年以降の政治的発展の中で、ダクワ運動(アラビア語ではダーワ＝布教)と後に呼ばれるようになったイスラーム組織が成長してきた。ダクワは、イスラームへの「呼びかけ」であり、非ムスリムを改宗させることだけでなく、生来のムスリムに対しても厳格にイスラームに従うことを求めている。一九七〇年代、こうした組織の中でより政治的で改革志向の強い組織は、ＵＭＮＯに対して、イスラームの擁護、マレー民族主義、マレー系ムスリムの経済的権利と特権を明確に打ち出すように圧力をかけた。彼らは、西洋文化や中国文化への依存は、マレー系ムスリムとしてのアイデンティティ、高潔、団結を損なうものだと非難した。彼らは、信仰と社会活動が結びついた生活様式全般としてのイスラームへの回帰を主張し、マレーシア社会をより一層イスラーム化することを求めた。しかし、ダクワ運動には、多様なグループが含まれていた。また復興主義者の唱えるイスラームに対しての解釈は一様ではなく、個人的生活や公的生活に対する意味合いはそれぞれ異なっていた。その中には、個人の行動に関して注意を喚起するだけのものもあった。例えば、礼拝や断食を遵守し、西洋の服装をイスラームの装いに変え、ダンス、ナイトクラブ、西洋音楽、麻薬、アルコール、またその他一切の「外国かぶれの」の行動、すなわち「西洋」や「黄色い」文化活動と見なされたり関わりのある行動を避けるようにという内容であった。より戦闘的活動家は、イスラーム国家の樹立、イスラーム法の施行、さらに教育・スポーツ・公共の場における男女の分離を行なうよう扇動した。多様なダクワ運動の組織とその志向性の中で、特に主要なものは次の三つの組織であった。すなわち、ダールル・アルカム（アルカムの家）、ＡＢＩＭ（マレーシア・イスラーム青年運動）、そしてＰＡＳ（マレーシア・イスラーム党）及びイスラーム共和制グループである。

ダールル・アルカム

西洋はイスラーム行動主義に関して、原理主義は七世紀に回帰しようとする先祖帰り的なものであるというステレオタイプ的見方をしていたが、ダールル・アルカムは、いくつかの点で、まさにそうした見方に合致するものであった。ダールル・アルカムは、アシュアリー・ムハンマド導師によって一九六八年に設立されたものだが、イスラーム国家を樹立する前にイスラーム社会を創り出すことが重要であると強調した。アルカムは、ほとんどのムスリム政府と内外のイスラーム組織に対して批判的で、彼らが失敗したのは、イスラーム的教育に重点を置かず、メディナで預言者が統治した理想的なイスラーム共同体を十分に模倣しなかったためであるとした。しかし、最初の数年間、アルカムは政治的活動を行なうよりも、理想的なイスラーム共同体を創り出すことに専念し、その方向性はスーフィー的（神秘主義的）であり、政治には無関心であった。

ダールル・アルカムのメンバーは、預言者ムハンマドの共同体を模倣した共同生活を送っていた。彼らは、西洋の服装も伝統的マレーの服装も着用するのを避けた。男性は、ムハンマドを模倣して、緑（イスラームの色）の衣を身に纏い、ターバンを巻き、あご髭をはやした。マレー社会の歴史においては、女性が男性と同席したり、公の場に出かけることは珍しいことではなかったが、ダールル・アルカムのメンバーは、男女を完全に分離し、女性は公共の場には全く姿を現さなかった。

一九八〇年代にアシュアリーが国を離れると、ダールル・アルカムはほぼ消滅状態となった。当初、アシュアリーが組織を脱退したという噂が流れた。しかし、真相は、アシュアリーは自らタイへ亡命し、そこから組織を指導したのである。その結果、一九九〇年代までに、アルカムは海外に支部を持つ強固で経済的に豊かな組織となった。アルカムは、マレーシア国内で自前の学校や病院を持つ四八あまりのコミュニティーを運営していた。アルカムのマレーシア国内におけるコミュニティーは、レストランや出版社だけでなく教育、農業、工業、社会サービスに至るまで多岐にわたる計画を実践した。工場では、イスラーム容認（ハラール）の食品、石鹸、飲み物[13]が製造された。アルカムは、マレーシア以外にも約一六の国に存在し、インドネシア、シンガポール、ブルネイ、パキスタン、中央アジアの学校や大学とのネットワークを広げていった。

一九九四年の夏、政府はアルカムの活動を規制する姿勢に転じた。政府はまず、アルカムとその指導者アシュアリーに対して、タイ（亡命先）で決死隊に対する訓練を行ない、一九八六年にはマレーシア政府の転覆を図るなど過激な政治活動を行なったということで強く非難した。政府がこの運動を押さえ込む決定を下すきっかけとなったのは、アルカムの運動が発展し拡大しただけでなく、政治に対し無関心な姿勢から転じて国内政治に関与し始めたためであった。アシュアリーは、次のような一連の宗教・政治的言動により、自らの失脚を早めてしまった。彼は、「預言者ムハンマドと定期的に言葉を交わしているとか、メッカには救世主が、マレーシアにはカリフ（支配者）が、最後に現れると予言したり、マハティールと副首相アンワル・イブラヒムが半年以内に失脚すると予言した」[14]りしていたのだった。アルカムがＵＭＮＯのエリート層へ浸透し、中流階級の学生や専門職業人は、アルカムの政治的行動に対してますます恐れを抱くようになっていた。政府によるアルカムの弾圧には、こうした背景があったのである。最終的に、政府はアシュアリーをタイからマレーシアへ強制送還する手続きを取り、彼を「逸脱した」イスラームの教えを広め、国家の安全を脅かす要因であるとして、マレーシアの国内治安法（ISA）により逮捕した。政府後援のイスラーム評議会（プサット・イスラーム）と関係のあった宗教界の要人は、アルカムは逸脱した分派であるとするファトワー（宗教的判断）を出した。一九九四年に、アルカムは、異端的教えを布教した罪で非合法とされた。アシュアリーとさらに何人かの運動の中心的指導者が、裁判にかけられることなく国内治安法により投獄された。しかし、国際人権団体が政府を批判している最中に、アシュアリーと彼の信奉者は、国営テレビを通じて公衆を前にして懺悔してしまった。(15) ダールル・アルカムは、解散させられ、財産と施設は没収され、メンバーは大きなムスリム共同体の中に吸収された。

ABIM

一九七〇年代から一九八〇年代初頭にかけて、最も強力で、活力があり、政治的成功を収めたダクワ運動は、マレーシア・イスラーム青年運動（ABIM）であった。ABIMは、一九七一年から七二年にかけて組織化された。ABIMの活動は、宗教復興運動が盛んに行なわれ、とりわけ青年の政治参加が促進された一九六九年以降の社会の出来事、問題、関心事を具現化したものであった。創始者の一人であり、一九七四年から一九八二年に辞任するまでABIMの代表を務めたアンワル・イブラヒムのカリスマ的指導の下で、ABIMは、一九七〇年代から八〇年代初頭にかけてイスラーム運動の支配的勢力となり、三万五千人を越えるメンバーを擁するまでになった。イブラヒムは、多くのABIMメンバーのプロフィールを代表していた。そのプロフィールとは、第一に、世俗的な西洋教育を受けた台頭しつつある中流階級出身の青年であったこと（イブラヒムはイギリスの影響を受けたマラヤ大学で英語での教育を受けていた）。その第二は、西洋化や世俗化に代わりうるものとして、大学在学中に、古い世代の保守的で伝統的なイスラームだけでなく、近代的な宗教・文化としてのイスラームへ「目を向けた」青年であったことだった。より西洋化したエリート層とは異なり、ABIMは、イスラームこそが土着の真正なアイデンティティと生活様式を与え、宗教儀式に対する関心と社会経済改革を結びつけるものであると明確に主張した。ABIMのイスラーム志向は、より伝統的なウラマーやPASの主張するイスラームへの回帰というよりむしろ、近代的改革主義に基づいたものだった。イブラヒムという人物は、聡明で、教養があり、演説（ユーモアのセンスと輝く個性と魅力に満ちた）の名手であった。また彼は、組織作りや戦術面での才能を持ち、精力的で包容力に満ちた人物であり、まさにカリスマを持った強力な指導者であった。ABIMが成し遂げた業績と彼が代表を辞任した後、ABIMの活動が停滞し衰退してしまったことを考え合せれば、彼の果たした役割がいかに大きかったかがわかる。

ABIMは政党ではなかった。ABIMは、本来、政治に関心がなく、その使命と目的は、説教、対話、教育を通してイスラームを広め、マレーシアにムスリム共同体を復活させることであった。ABIMのかつての代表が述べたように、「ABIMは、ダーワ（布教）とタルビーヤ（教育）を通して追求される真のイスラーム原理に従って、継続的闘争を行ないイスラームを昂揚させる運動である。」(16)ABIMの主張に耳を傾けた者の中には、ムスリムだけでなく、非ムスリムも多く含まれていた。AB

IMは、生来のムスリムには、イスラームに立ち戻りイスラームの教えを遵守するように求めた。また非ムスリムに対しても彼らの共感を得るように努力した。ABIMは、様々な企画(セミナーや会議)、出版物、カセットテープを通して、よりイスラームを意識した青年指導者――教養を持ち、かつイスラーム志向を持った指導者――を増やそうと努力していた。ABIMは、近代的教育と宗教教育を結びつけた学校を設立し、国家公務員試験や他の就職試験のための対策も行なった。ABIMは、マレーシアでイスラームを広め、社会経済改革を行なうために、海外に留学していた学生を組織化し、また国内のムスリム学生と若い専門職業人を結集させた。

ムスリム世界の多くの地域で起こったイスラーム運動と同様に、西洋志向で世俗的な発展を遂げた社会を矯正する手段として、ABIMはイスラーム志向の国家の建設を主張した。完全なるイスラーム国家を樹立するかどうかについては曖昧な立場を採っていたが、ABIMは、イスラーム法とイスラームの価値を実践するように主張した。しかしABIMは、マレーシアが、過去においても将来においても、多民族・多宗教国家であることを一貫して認めていた。社会経済問題に関して、ABIMは、腐敗、貧困、富の分配の不均衡、「退廃的」西欧のポップ文化の社会への浸透、ギャンブル、アルコール消費などを非難し、一層の政治的自由や報道の自由、また人権の尊重を要求した。(17) ABIMの政治経済的現状に対する批判と社会活動に対する要求は、メンバーの一人が語ったように、現状に幻滅し無関心な学生の心に届くように、マレー・イスラームの形式と用語を使って表現された。

社会の中の偽善にはうんざりしている。我々は、指導者に幻滅している……指導者たちは腐敗を批判しているが、豊かになっているのは彼らだけだ。彼らはマレー人の民族主義を口にするが、マレー大衆の声に耳を貸そうとはしない。彼らは西洋にかぶれている。彼らは、非ムスリムの感情に対してあまりに好意的だ。彼らは、遅々として教育政策や言語政策を進めようとしない。我々は、マレー人の悲惨な状況、農村部の遅れた教育、発展、健康状態にもう我慢ができず憤慨している。都会には大きな大学病院があっても農村部には診療所さえない。学校には、実験室も図書室も正規の教員さえもいない。我々は、政府に対して、心底、嫌気がさし怒っている。道徳基盤や精神的支えは、全くないように思われる。我々は、こうした虚脱感を満たしてくれる解決策をイスラームに求める。(18)

ＡＢＩＭは、研究会や小グループ（ウスラ）を作り、新入生に対してオリエンテーションの諸行事を開催し、セミナーやコミュニティー計画を実行した。さらに、エジプトのハサン・アル＝バンナーやサイイド・クトゥブ、またパキスタンのマウラーナー・マウドゥーディーなどの国際的活動家の著作をマレー語に翻訳し、ＡＢＩＭの活動をイスラームの枠内での社会正義に向けた。またＡＢＩＭは、現在普及している民族主義者や社会主義者の思想に代わるものとして、イスラームを学生に提示した。それゆえ、例えば国民の健康や経済改革だけでなく、マレー語を国語とすることを求めるマレー語協会などの団体も、単なるマレー民族主義だけでなくイスラームの観点を持ったマレー民族主義に基づくようになった。(19)

ＡＢＩＭは、パキスタン（ズィヤー・ウル・ハック将軍とジャマーアテ・イスラーミー）やスーダン（ジャーファル・アル＝ヌメイリーとムスリム同胞団）でのイスラーム活動家、イスラーム運動、イスラーム化の影響だけでなく、イラン・イスラーム共和国誕生の影響もいくらか受けていた。しかし、ＡＢＩＭのイデオロギーとその目標は、主に、マレーシア固有の歴史や文化、多民族・多宗教社会に直接訴えかけるものであった。アンワル・イブラヒムは、他のムスリム組織や運動の経験から学ぶところはあると認めていたが、マレーシアの多民族・多宗教の状況において、それをそのまま模倣することに対しては批判的であった。

ＡＢＩＭは、イスラームに対する独自の普遍的見解（ムスリムと非ムスリムに対するイスラームの呼びかけ「ダーワ」）を保持していたために、マレー系ムスリムのアイデンティティを狭く捉え、マレーとイスラーム、あるいはマレー民族主義とイスラームを単純に同一視することに対しては批判的であった。それゆえ、ＡＢＩＭは、ＵＭＮＯ政府によるマレー民族主義の推進、とりわけマレー人優遇政策であるブミプトラ計画を拒絶した。アンワル・イブラヒムは、「イスラームは、差別を犯罪的行為であるとみなしている。なぜなら、差別は異なる共同体を統一し、全ての人類の中に寛容、友情、敬意をもたらそうとするイスラームの呼びかけに反するからである」[20]と述べて、共同体主義、人種主義、セクト主義を非難した。非ムスリムの不安に配慮して、ＡＢＩＭのシャリーアを実践せよという主張には、人種主義に対する批判も加えられた[21]。イブラヒムは、特にマレー社会における少数派である中国人共同体を安心させることに心を砕き、多元的で民主的な社会の中で、非ムスリムの権利を維持することを主張した。

ＡＢＩＭは、イスラーム国家を建設することは、マレーシアでの民主主義の発展を阻害するよりもむしろ力強いものにすると主張した。イブラヒムは、躊躇することなく、民主的な多民族社会への支持を明確に表明した。

人権を尊重し、全ての人に真の公正を保証する国家政策を行なう公正な社会を創り出すという目的を持って、人々は、今後一層イスラーム闘争を理解し熱心に取り組むべきだ……イスラームは、少数民族の権利、信仰の自由を尊重し……社会の階級格差をなくす正しい経済制度をもたらすと同時に、偏狭な共同体意識を一掃する。(22)

ABIMは、一九七四年の学生連合の選挙で圧勝し、その存在感を大いに示した。一九七〇年代には、最大の政治的ライバルであったPASと連合し、カリスマ的な指導者とその活躍により、ABIMは絶頂期を迎えた。

PASとイスラーム共和制グループ

マレーシアで最も古く最大のイスラーム政党であるPASは、UMNOから離脱したウラマーによって一九五一年に設立された。彼らが離脱した原因は、UMNOの「非マレー人に対する妥協政策とイスラームに対しての煮え切らない態度」(23)であった。農村部と保守的なウラマーの支持を得て、自らをイスラーム運動であると同時に、政党であるとみなしていたPASは、一九五五年のマレーシアでの第一回総選挙に正式に政党として参加して以来、今日まで総選挙を戦ってきた。PASはこれまで、国政選挙よりも、トルンガヌ、クランタン、クダなどでの州選挙において多くの議席を獲得してきた。PASは一貫してシャリーアを導入したイスラーム国家と社会秩序を訴えてきた。UMNOとABIMは、イスラーム的社会秩序の確立を目指し、西洋化、世俗主義、物質主義（過度の消費）、経済・社会的不平等、政治的権威主義を批判するなど、多くの共通する政策を持っていた。しかし、都市部に支持基盤を持ち、イスラームに根差した社会経済的変化を求めるイスラーム改革主義者による圧力団体であったＡＢＩＭが、より穏健な近代的イメージを持っていたのとは対照的に、ＰＡＳはしばしば、対立的で決して妥協を許さない、イスラームに関して保守的で、過激で偏狭な宗教的政党であると見なされてきた。ＰＡＳは、徹底して西洋を批判し、イスラーム法の普遍的原則から女性や非ムスリムに関する具体的事柄にいたるまで、頑なにイスラームの解釈を守っているという点で伝統主義的であった。実際ＰＡＳは、ムスリムに反対する者なら誰にでもカーフィル（不信心者）のレッテルを貼った。ＡＢＩＭとは対照的に、ＰＡＳの指導者は伝統的ウラマーであり、多くは中東の大学（カイロのアズハル大学やメッカやメディナの大学）の卒業生であった。

ＰＡＳは、社会のイスラーム化（政治、経済、教育、社会面において）を極めて明確に要求していた。ＰＡＳは、政府の議会制を容認し選挙にも参加したが、ＵＭＮＯが率いる政府には批判的であった。イランと幾分似ているのだが、ＰＡＳは全ての法律がイスラームに則ったものになるように、ウラマー委員会の創設を訴えた。ＰＡＳは教育課程のイスラーム化を求め、「近代的」科目がイスラームの原理に沿ったものであっても、それらの宗教色をさらに強めた。経済に関して、ＰＡＳは、銀行の利子を無くすように訴えた。しかし、長年に渡って訴えたにもかかわらず、ＰＡＳの綱領や計画は、その目標を達成するための手段や方法において曖昧な傾向が見られた。

ＰＡＳは、ＡＢＩＭのようにイスラーム改革の必要性を認めるよりも、むしろ、伝統的あるいは古典的イスラーム法の施行と実践を主張する傾向があった。さらにＰＡＳは、非ムスリムはイスラーム国家の樹立に対して何ら恐れることはないと主張した。しかし、ＰＡＳが支配するイスラーム国家における自らの将来に対して、非ムスリムは大きな不安を抱いていた。というのはＰＡＳが、中国人とインド人を（経済的不平等の原因として）マレーの発展と利益に対する脅威であると見なしただけでなく、イスラームとマレー民族主義を同一視し、マレー系ムスリムの特権を主張し、西洋的価値、世俗主義、「黄色い文化」を完全に否定していたからだった。PMIP（PASの前身）の代表者が、一九五九年と一九六四年の総選挙の際に、PMIPが選挙で大勝したならば、「非ムスリムは中国に送還されるか、南シナ海に捨てられるだろう」と公式の場で述べたことや、一九七四年に再び、マレー人だけが首相や閣僚になれるように憲法を改正すべきだと提案したことは、非ムスリムの恐れを一層強めた。

一九七〇年代後半から一九八〇年代にかけて、PASの方向性とその指導に大きな変革がもたらされた。一九七七年にPASとABIMが連立した結果、両者は相互に補完しあう強力な組織となった。総選挙での候補者に関して特に見られたように、それぞれの組織のメンバーが、しばしば入れ替わることもあり、PAS内部でアンワル・イブラヒムが近い将来ABIMの指導者になるかもしれないという考えを抱く者もいた。一九八〇年までに、多くの古参の指導者が、かつてABIMの指導者であった若手メンバーから批判されるにつれ、PASは変化し始めた。その上、イギリス留学から帰国したばかりのイスラーム志向の強い戦闘的活動家たちは、PASの指導部に対して、従来ほどマレー民族主義を強調せず、より純粋で組織的なイスラームの立場を取るように圧力をかけた。またイランのように、イスラーム共和国を樹立できるように、組織、中核メンバーの訓練、政治的活動により一層重点を置くように要求した。(24)

新たな現状改革派の中心人物の中に、新生ABIM・PAS連合を代表するハーッジー・アブドゥル・ハディ・アワンがいた。ハディ・アワンは、ABIMとPASの橋渡しをした人物であった。多くのABIMの指導者とは対照的に、彼は宗教指導者の伝統的な家庭で育てられ、メディナのイスラーム大学とカイロのアズハル大学で教育を受けたという点で、ＰＡＳの指導部とかなり類似点を持っていた。ハディ・アワンは、アラビア語を流暢に話し、指導的イスラーム大学で教育を受け、説教が上手だったことから、ウラマーから信頼され高い人気を得ていた。より戦闘的学生たちは、ハディ・アワンの中に、イランのイスラーム革命を想起させるような言葉を用いて、政府の非イスラーム的な植民地的政策を非難し、真のイスラーム国家の建設と、その実現のためには殉教も厭わぬ闘争を訴える理想的指導者の姿を見い出していた。こうしてハディ・アワンは、ＰＡＳ支持の選挙区民に訴えかける魅力を備えた経歴、教育、弁舌を持つＡＢＩＭの有力な指導者となった。彼はＰＡＳの候補者として、一九七八年には総選挙に立候補した。一九八二年に、新しい現状改革派は、ウラマーと連携し、ハディ・アワンはＰＡＳの指導部の一員となった。

　ＰＡＳの党員になることは、ますます多くの戦闘的学生、特に一九七〇年代から一九八〇年代初頭にかけて、イギリス留学から帰国した学生、大学教員、若手の専門職業人にとって魅力的なことであった。彼らは、イギリスの大学で、ムスリム教員や他のムスリム国家出身の留学生からパキスタンのマウラーナー・マウドゥーディーやエジプトのサイイド・クトゥブの教えに関する急進的な解釈を紹介されその影響を受けていた。彼らは、イギリスで二つの組織を創設した。一つは、パキスタンのマウドゥーディーと彼が指導するジャマーアテ・イスラーミーの影響を受けたスアラ・イスラーム（イスラームの声）であり、もう一つは、エジプトのムスリム同胞団を模倣して創られたイスラーム代表者会議（ＩＲＣ）であった。スアラ・イスラームは、イスラームに傾倒する訓練を受けたエリート層で構成されたイスラーム政党が行なう革命によってしか、イスラーム国家は建設できないと信じていた。ＩＲＣは、エジプトのムスリム同胞団のように、秘密結社（ウスラ）から構成される大衆運動を組織した。

ＩＲＣの戦闘的で地下組織的アプローチとストレートで明快な主張は人々にとって魅力的なものだった。

あなたは完全な生活様式としてイスラームの教えを実践するムスリムなのか、それとも不信心なムスリムなのか。イスラームのために戦うのか、それとも戦かわないのか。イスラーム組織に入るのか、それともイスラーム運動を拒絶するのか。彼らのこのようなイスラーム闘争に対する黒か白かをはっきりさせるアプローチは、特に理科系の学生に訴えるものがあった。(25)

大学、学校、政府、専門分野で職を得るためにイギリス留学から帰国すると同時に、イスラーム活動家は、ＡＢＩＭの穏健なアプローチよりもむしろ、新しい指導部の下でのＰＡＳのより戦闘的なイスラームの政治的言辞に惹きつけられた。ＰＡＳの主張は、正統性を持たぬ「不信心な」世俗的政府に対する批判、反西洋的言辞、コーランとスンナに基づく真の包括的なイスラーム国家樹立の要求、革命イランへの支持と賛辞、政治的行動主義の強調など、彼らの思いをまさに反映していた。ＡＢＩＭもＰＡＳも当初はイラン革命を支持していたが、ＰＡＳのイラン革命への支持と賛辞は一向に衰えなかったのに対して、ＡＢＩＭの熱意はしだいに冷めていった。

ＩＲＣのメンバーとスアラ・イスラームは、ＡＢＩＭからイスラーム反対勢力の旗印を引き継いだＰＡＳの若手現状改革派の一翼を担った。彼らはまた、イランのようなイスラーム革命をマレーシアで行なおうとする新たな学生のダクワ組織であるイスラーム共和制グループを設立した。イスラーム共和制グループは、一九八〇年代にはＡＢＩＭに取って代わり中心的イスラーム学生組織となった。

イスラーム共和制グループのイデオロギーと政治的行動は、その柔軟性に欠ける世界観や、対決的政治姿勢、政策目標に見られるように急進的なものであった。彼らには曖昧な部分は一切存在しなかった。個人も国家も、ムスリムか非ムスリムか、イスラームに尽くすのか尽くさぬのか、信心者か不信心者か、救われたいのか地獄に落ちるのかなど、二つに一つであった。人間の手で作られたマレーシア憲法に基づく政府は、コーランと預言者ムハンマドのスンナ(模範)に基づく、ウラマーとイスラーム法(シャリーア)によって導かれる政府に取って代わられなければならない。

エジプトのムスリム同胞団やジャマーアテ・イスラーミーの組織作りの手法を模倣して、イスラーム共和制グループは、あらゆる大学でのダクワ組織と同様に、目的を達成するための主たる手段として、宗教・政治的行動主義を強調する研究支援グループであるウスラという基礎組織を持っていた。ウスラの強さと成功の秘訣は、イデオロギーへの高度な取り組みとその組織力によるもので、少数派の意見がしばしば多数派に影響を与えたり支配したりすることもあった。学生たちは、男女別に小グループに分けられ、社会的互助組織としての役割だけでなく、定期的に研究会(宗教的話し合い、討議、討論)を開き、一緒に礼拝を行なった。このようにして彼らは、強固な宗教的アイデンティティと連帯感を培っていった。自らをイスラームとムスリム共同体の道徳の擁護者と考える学生活動家たちは、出版物、ビデオ、カセットテープなどを配布することにより、自分たちの主張を着実に広めていった。また彼らは、学生組織や学生寮を統制下に置くようになり、大学当局や他の学生たちと対立しながら、ダンス、パーティ、コンサート、男女の交流など「非イスラーム的」な活動を禁止するよう主張した。こうした学生たちと意見を異にしたり、彼らの行動を妨害しようとする大学生や大学当局は、しばしば不信心者(カーフィル)であると非難された。イスラーム共和制グループのアプローチは多くの人々を惹きつける一方で、多くの人々も同時に遠ざけてしまった。ある学生が語ったように、「彼らは、イスラームを『反対ばかりする』宗教にしてしまった『反対ばかりする』集団である。[26]」イスラーム共和制グループは、学生や大学教員の中に支持を得たが、全国的な政治舞台では、有力な組織にはなれなかった。

イスラームに傾くUMNO政府

政権与党（UMNO）とその政治家たちは、常にイスラームに対して敏感であったが、UMNOは当初マレー民族主義と多元主義体制の擁護者としての役割を強調する傾向があった。しかし、一九六九年以降、情勢は大きく変化した。支持基盤であるマレー人からの経済・文化的要求に答える必要から、マレー・イスラームのアイデンティティとその象徴、政治的言辞、政策の下での連帯を一層強調するようになったのである。マレー人が都市部に流入し、マレーの言葉と宗教、PAS及びABIMの活動と要求、そしてより戦闘的でイスラーム志向の若い世代の存在が強調されるに伴い、政治・社会情勢は変化し、エリート層の文化そのものも変化した。政治家たちは、ある者は信念から、またある者は現実的必要にかられて、明確に自らをマレー・イスラームの伝統と関係づけようとした。政府やUMNOも、反対勢力を懐柔しようとするだけでなく、自らのマレー・イスラームとしての資格を証明しようとした。

政府が実際に採った対応は、抑圧と懐柔であった。政府は、イスラームの反対勢力、とりわけ最も有力なアンワル・イブラヒムを懐柔し沈黙させるための行動を取り、イブラヒムは一年間拘留された。

しかし同時に、UMNOの政治家は、ますますイスラームの言辞やスローガンを用いて自らのイスラームのイメージを高めようとした。一九八一年に首相に選ばれたムハンマド・マハティール博士は、一九八〇年代初頭までに、国内外においてイスラームをこれまで以上に強調し、UMNOと政府は一層イスラーム化路線を採るようになった。

マハティールは、巧みに過去と現在を使い分け、イスラームの反対勢力をなだめすかし、イスラームを地方政治、国政、国際政治で利用した。UMNO主導による政府のイスラーム化計画は、イスラームの象徴や言辞の使用からイスラーム施設の設立まで多岐にわたった。UMNOの政治家たちは、「イスラームの価値」は勤勉、規律、進歩であるとし、イスラームをNEP（国民経済政策）による向上計画と結びつけた。「UMNOの小冊子は、もしイスラームが近代世界で繁栄しようとするならば、より近代的で競争力のあるムスリムを育てる必要があると訴えた。したがって、イスラームを擁護し発展させようとするならば、ムスリムは中国人やインド人とも競わねばならない[27]。」

最も予期せぬ重大な出来事は、マハティールがアンワル・イブラヒムに政府に加わるように要請したことだった。イブラヒムがその要請を受けたことは、多くの人々を驚かせた。イブラヒムは懐柔されてしまったと批判的見方をする者もいれば、イブラヒムは政権内部から社会を一層イスラーム化する機会を得たと考える者もいた。一九八二年にABIMの総裁を辞任してから、彼は一気に権力の階段を駆け上がった。イブラヒムが若者から幅広い支持（UMNO内部においても）を獲得し、UMNOの青年局長に選出され、さらにUMNOの副総裁に選出されたことは、イブラヒムを一貫して批判してきた多くのUMNOの政治家たちを仰天させた。多くの者は、イブラヒムの政治的寿命は、彼がUMNOの政治体制内部から強力な批判を受けていたことや、彼自身が政府高官の地位に就くには準備不足であったことから、流れ星のように短命に終わるだろうと予測していた。しかし、イブラヒムは、青年省を皮切りに体育・文化省、農業省、教育省の閣僚ポストを経て、最後には一九九三年に蔵相兼副首相に就任するなど着実にその地位を高めた。

イブラヒム自身、イスラーム活動家としての世界とUMNOの政治家としての世界という二つの世界の間のギャップを埋めなければならなかった。彼は、イブラヒムは政府に懐柔されてしまったと考える人々の批判と冷淡な態度に直面していた。後に多くの者が、イブラヒムに対して、かつては反対勢力の傑出したカリスマ的指導者であったが、「妥協ばかりする政治家」になり下がってしまったと批判した。多くのUMNOの幹部たちは、かつて弾圧の対象であったこのイスラーム活動家に対して猜疑心を持っていただけでなく、自分たちの党で彼が信じられぬ速さで出世することに憤慨していた。やがてイブラヒムは、マハティールにとって無くてはならない人材となった。彼は、UMNOの忠実な政治家であり、また有能な閣僚として、PASからの抗議をかわしてマレーシアの非ムスリム少数派、特に中国人社会に手を差し伸べた。彼は、時を経ずしてマハティールによって後継首相としての指名を受けることになった。

イスラームの反対勢力に対して懐柔に乗り出したことは、マハティール政府が、イスラームの発展と力を認めた証拠であった。イスラームの要求に単に屈するよりも、マハティール政府は、イスラームのイデオロギーや課題を取り込んだり先取りした。政府は、いくつもの点で、イスラームの問題に一層関わるようになっていった。具体的な施策としては、イスラームがメディアや学校の教育課程に幅広く登場することの容認、既存の大学にイスラーム研究科を設立するだけでなく新しい国際イスラーム大学の設立、イスラームの銀行や保険会社の創設、モスクの建設資金や福祉計画予算の増額、イスラームの普教（ダクワ）の推進、イスラーム哲学・イスラーム法から経済・科学に至るまであらゆる事柄に関するイスラーム会議の開催などであった。政府はまた、アジア太平洋モスク協議会や東南アジア及び太平洋地域イスラーム・ダーワ協議会、ムスリム青年世界会議、イスラーム会議機構などの地域的また国際的なイスラーム組織に以前より積極的に参加した。イスラーム国家を求める人々に対して、マハティールは、政府は多元的な制度を擁護するが、マレー系ムスリムにとって、マレーシアは実質的にはイスラーム国家でありイスラーム社会であると答えた。

マレーシアのイスラームは、国際的にも地域的にもイスラームとの堅い絆を有していた。歴史的には、東南アジアよりも中東がイスラーム思想やイスラーム制度の発展に大きな影響を与えてきた。宗教指導者や宗教学者は、カイロのアズハル大学、あるいはサウジアラビアのイスラーム大学で学んだ。ハサン・アル＝バンナー、サイイド・クトゥブ、マウラーナー・マウドゥーディーなどの著名な思想家や理論家の思想は、国語（マレー語）に翻訳され、彼らの著作は本や小冊子となって広く普及した。

一九七〇年代から八〇年代にかけて、マレーシアのイスラームとの国際的な関係が強化され拡大された。国際的な出来事が、他のムスリム世界と同様に、マレーシア国内でのイスラームのアイデンティティと感情を高揚させた。一九六七年に、六日間戦争でアラブが敗北しエルサレムを失ったことにより、パレスティナ問題はイスラームの問題ともなった。しかし、一九七三年の第四次中東戦争に伴うアラブの石油禁輸は、イスラームに誇りを取り戻させた。アラブの石油がもたらす富は、誇りの源泉となり、国を超えたイスラームの共同体（ウンマ）としての連帯やアイデンティティを強めた。預言者の生誕地でありコーランが示されたイスラームの中心である祖先の地は、一九七三年、アラブの石油禁輸がもたらした衝撃が示したように、富と力の源泉として再登場した。アラブの産油国は、雇用と収入の源泉となり、石油により得た資金が、モスクや病院などの建設からイスラーム組織（学校、大学、銀行）への補助金まで、イスラーム事業の促進に使われた。東南アジアのイスラームは、財政面だけでなく知的な面においても中東との交流から得るところが多かった。中東からの学者は、大学でのイスラーム研究の重要な研究職に（特に国際イスラーム大学において）就いた。一九七八年から七九年にかけてのイラン革命は、東南アジアでは各国政府が恐れたのとは対照的に、ＡＢＩＭやＰＡＳだけでなくムスリム大衆からも賞賛された。アーヤトッラー・ホメイニーや他の中心的宗教指導者からメフディー・バーザルガーンや特にアリー・シャリーアティーなど宗教界以外の知識人の流れを汲むシーア派思想は、人々にとってインスピレーションの源となり、その思想を模倣すべき対象とした人々もいた。

しかし、一九八〇年代から九〇年代にかけて、マレーシア政府だけでなくＡＢＩＭやＰＡＳなどのマレーシアのイスラーム組織は、独自の考え方をますます発展させた。その結果、「東南アジアのムスリムは、世界的なムスリムの知的復興にとって不可欠のものとなり、彼ら自身のイスラームの解釈をウンマに提供する環境が生まれつつあった。[28]」ムスリム世界や西洋で訓練を受けた学者たちは、身につけた知識や技術を用いて、中東のイスラーム学者の高度な学問と交流するだけでなく、より地域的なイスラームの解釈や応用を行ない、地域の言葉を使ってそうした新しい解釈がより分かり易くより地域に密着したものになるようにした。このようにして、マレーシア（及びインドネシア）におけるイスラームは、これまで以上に地域的特徴を一層帯びるようになっていった。[29]

ＡＢＩＭの衰退と再生

ＡＢＩＭは、かつての代表であったイブラヒムが出世したほどには順調に発展しなかった。一九七〇年代後半までに、ＡＢＩＭは、イギリスから帰国したばかりのより戦闘的イスラーム活動家や専門職業人たちから度々批判されていた。ＡＢＩＭは政府への批判を弱めただけでなく、一九八二年にはカリスマ的指導者を失った。それに続き、他の多くのＡＢＩＭの指導者が政権に参加したことにより、批評家から、ＡＢＩＭは政府に懐柔され取りこまれたと批判されるようになった。ＡＢＩＭのイメージや役割が変化したことは、ＰＡＳが再び中心的イスラーム反対グループになったことにもあらわれていた。ＡＢＩＭはまた、大学での支配権を、より急進的なイスラーム共和制グループに奪われた。イスラーム共和制グループは、ＰＡＳと同盟関係にあったが、一九八三年には最も重要な学生ダクワ組織であったイスラーム学生協会の支配権をＡＢＩＭから奪い取った。しかしＡＢＩＭは、組織や大学内での政治的指導権という点で失ったように思えるものを、実質的には違った形で取り戻していた。というのは、ＡＢＩＭの元指導者やメンバーが、どんどん政府と官僚組織に参加し、マレーシア政府の「ＡＢＩＭ化」とも呼ばれる状況が作り出されていたからである。

民主主義、多元主義、イスラームと新世界秩序

一九八〇年後半から一九九〇年前半にかけて、マハティール首相の下に政治的権力が集中し、行き

すぎた権威主義が生じたという批判があらわれた。マハティール首相は、特に西洋に対して、東南アジアにおいてだけでなく国際的ムスリム指導者としての自らのプロフィールを強調し、蔵相アンワル・イブラヒムの指揮下で経済を不況から脱却させ高成長へと導いた。今日、ASEANの環太平洋地域の多くの国々と同様、マレーシアは、強力な指導者と経済力を有している。一九八一年に首相に就任したマハティールは、国家建設や産業化の促進を目指し、彼が率いる政府は、強力な「現実的」アプローチを採用した。マハティールは、積極的に指導力を発揮し、UMNOの支配権、実質的には連立政権、すなわち国民戦線(NF)の実権を掌握し、行政府や国の政治組織に対する首相による中央権力の優位性を固めた。その後一九八七年に、マハティールは、後に党の分裂と野党(四六年精神党)の結成につながることになる他のUMNO指導者との激しい権力闘争に直面することになった。しかし、彼は優れた政治的手腕を発揮して事態を収拾し、一九九〇年代までには政府と与党を完全に掌握するようになった。

一九九〇年代に入り、民族的・宗教的多元主義の立場を取るマレーシアの脆弱な政治を悪化させる恐れのある幾つかの問題が、時を経て再び顕在化した。その問題とは、英語を公用語にする問題とPAS指導下のクランタン州政府が実施したムスリムと非ムスリムに対して同様にシャリーアを施行した問題であった。マハティールは、他の問題が生じた時と同様に、公用語の問題に対しても、国際ビジネスや経済発展のためには英語が必要であると認めた上で、統一国家のための国語としてのマレー語の重要性や国民との関わりを強調するという、両者の均衡を保とうとする対処の仕方をみせた。教育省の副大臣は、次のような発言をしていた。「我々は、様々な言語が果たす異なる役割、すなわち、ビジネスを行なうための言語やアイデンティティのための言語が存在するということを認めるべきである。[30]」また、マハティールは、PASのシャリーア、とりわけイスラーム刑法（フドゥード）を施行したいという願いに関して、マレーシアの法律はイスラームに沿ったものであるとはっきりと宣言する一方で、多元主義と寛容の価値観を再度強調し、宗教的急進主義に対して警告を発した。同時に、政府はイスラームに対しての肯定的かつ改革主義的解釈を支持し、イスラームは、ビジネスや産業化に対するマレーシアの積極的アプローチを支える強力な労働倫理を持つ活力ある宗教であるとした。こうした政策は、一九六九年の民族衝突の結果策定されたマレー人の地位向上を目指した二〇年計画、国民経済政策（NEP）の後を引き継ぐ計画として、一九九一年に発表された「ワワサン（構想）二〇二〇」の中で具体的に示された。その目的は、二一世紀の最初の二〇年間で、近代的で工業化されたマレーシアを実現することであった。

アンワル・イブラヒムは自らのイスラーム色を幾分薄めようとしたが、マハティールは一向に気にかけることなく、自分だけでなくマレーシアのイスラーム的傾向を、東南アジア、ムスリム世界、国際社会の中で強めていった。

マハティールは一貫して、イスラエルに対する西洋の支援と、ヨーロッパの植民地主義や近代西洋の新帝国主義を公然と批判してきた。マハティールのアメリカやイギリスとの関係は、基本的には良好なものであったが、時に緊張する場面もみられた。彼にとって、西洋（非ムスリムの西側諸国）の植民地主義や西側諸国の政治・経済・文化的優越がムスリム世界に与える影響は、過去においても現在においても変わらぬ試練であり脅威であった。それは、ムスリム世界を未だに蝕んでいる不正義と搾取の歴史である。つまり、「西側世界は、正義の原理や法の支配を支持すると主張しながら、実際はイスラームを世界中で抑圧しているのである。[31]」ちょうどヨーロッパ植民地主義が多くの価値観を作り上げ、世界中に押しつけたのと同様に、現在でも、西側諸国は新世界秩序や正義の名の下に、（自らに都合の良い）民主主義や人権に対する定義を押しつけようとしているのである。

彼らは（西洋の人々は）、法の支配、人権、多数派の意見に基づく民主主義をしきりに口にするが、人権が不当なほど過度に尊重されたり、法律の中には愚かな多数派の意見によって作られたものが存在していることを忘れている。それゆえ、西洋の法は、個人の行動が社会の平和と安全を脅かす可能性があったとしても、個人がしたいことは何でも認めるというほど個人の権利を重視するようになった。かくして、強者に弱者を抑圧する権利を与えてしまうような国際法が出来上がってしまった。同じようなことが、人権にも当てはまり、民主主義の名の下に、人々の権利は、それが社会、平和、進歩を脅かそうとも保護されることになったのである。(32)

このような状況下でマハティールは、国連で行なった新世界秩序についての演説の中で、次のように述べた。

現在、実際に起こっていることは、「力こそ正義」であった一九世紀の植民地帝国主義と似ている。「強国」は今でも確実に存在しており、正義や公平を犠牲にしてまで、自己の投資した利益を守るために小国に対して棍棒を振りかざしている……もし我々が再び植民地支配に後戻りしたくないのであれば、国連の全ての加盟国は新国際秩序の形成に参画すべきである。(33)

マハティールが過去から現在に至る西洋帝国主義に対して一貫して批判している事実や、新世界秩序が西洋覇権主義の単なる現代的表現であってはならないとする彼の考え方は、民主主義と民主化プロセスに関わる彼の基本的立場をあらわしている。したがって、彼は、現代においては唯一民主主義だけが正当で許容されるべきものであると認めると同時に、「しかし、民主主義には唯一つの形態しか存在せず、民主主義を解釈するのは唯一人の指導者だけなのか」(34)という問いかけも行なっている。マハティール首相や副首相が発した「民主主義的権力による覇権は、全体主義国家による覇権主義に勝るとも劣らず抑圧的である」(35)という言葉にも反映されているように、マレーシア政府は、民主主義の独自のブランドや解釈を言葉だけでなく強引に押しつけようとする者に付随する危険に対して、警告を発してきた。マハティールは、民主主義には多くの形態があり、民主主義を唱える人々の実践において様々な違いがあるように、「基本は変えられないとしても、新たに民主主義を採り入れた者であっても細部について独自の解釈をすることが許されるべきである」(36)と考えていた。

このようにマハティールは、民主主義は望ましい制度であるばかりか実際に必要な制度であると明言している。その一方で彼は、新世界秩序の産物ともいえる民主主義の「普遍的」概念、定義、人権を盲目的に受け入れることを拒否している。その新世界秩序が、多数の国ではなく少数の国によって定義され、国連の西側先進国によって支配されているからである。国連内では、加盟国はみな平等であるはずなのだが、実際は五カ国のみが平等であり、その他の一六六カ国の加盟国は決して平等には扱われていない。真の民主主義が、国家の中でも国家間においても存在すべきである。国家は、自国の文化や価値観にとって最適な民主主義と人権の形態を決定する能力を持たなければならない。このことは、民主主義の西洋的解釈が問題となっている場合は特に当てはまることである。

もし民主主義が、銃を持ち歩く権利、同性愛を公然と表明する権利、結婚制度を無視する権利、個人の権利の名の下で社会の安定を乱したり害したりする権利、特定の信仰を全面的に否定する権利、結社の自由は神聖なものであるがゆえに、社会、経済、国際関係を阻害する虚言や扇動を盛んに行なうこともできるという権利までも意味するならば、新たに民主主義を採り入れた人々は、そうした権利を拒絶する選択肢を与えられるべきである。(37)

マハティールは、西洋民主主義が、多数派の意見を大義名分としてセルビア人がボスニアでムスリムを抑圧することを許し、また旧ソ連や東欧で法と秩序の崩壊、貧困の拡大、不況を生み出したにもかかわらず、西洋民主主義がそれらの国々で今なお高く評価されていることを嘲笑している。マハティールは、自己の利益のためには民主主義が唱える公正の原則さえ簡単に捨ててしまう西洋の行為を偽善だと見なし、特に強く批難した。実際、西側諸国は人道的理由を喧伝してクウェートの防衛には介入したが、「数え切れぬ理由」を並べ立てて、ボスニアのムスリム少数派の権利を守ろうとはしなかった。真実は、「西側諸国は、自国の利益のために産油国を保護する必要からクウェートに介入したが、ボスニアでは何ら利益となるものは無かったので、セルビア人がボスニアでムスリムを殺害し、脅迫し、抑圧するのを放置しておいた」のである。(38)世界のムスリム国家に対する抑圧の原因となっているのは、西洋や世界の多くの国々における国家体制の倫理や正義が、「力こそ正義」という原則に基づいているからである。「今日、セルビア人やユダヤ人のような特定の国や人種は、ムスリムを抑圧し脅かそうとしているが、彼らはそうするだけの力を持っている……イスラームの国々はみな弱小国なのである。[39]」

マハティールは、マレーシアの伝統的な西洋志向の観点を、南北よりも南対南の関係を重視するルック・イースト政策へと転換させた。国家や地域を意識したマレーシアのルック・イースト政策は、西側批判と同時にアジア固有の価値観（日本、韓国、台湾などの儒教的価値観の実践）やマレー系ムスリムの共同体やマレーシアの発展を強固なものにするためのイスラーム的価値に対する強調をその基礎としていた。

マハティールの東洋への回帰は、西側の帝国主義や世俗主義に対する拒絶と、東洋には人生に対するより統合的アプローチがあるという信念に根ざしていた。西側の失敗の根本は、「キリスト教的西洋社会」は「自らの宗教を世俗化してしまったこと」[40]、すなわち、宗教を個人の私的生活に限定してしまったことである。西洋において「道徳的退廃」が進んだのは、近代の西洋社会で宗教が世俗化し、公共の利益を犠牲にするほど個人的自由が無制限に尊重された結果であった。それゆえ、マレーシアは、こうした社会的問題を除いた西洋的発展を追求しようとした。マレーシア社会は、急激な発展と都市化の問題を抱えていたので、西洋は格好のスケープゴートとなったのである。つまり、「西洋文化が、ほとんどの社会的病巣の原因とされたのである。特にロック音楽は、麻薬中毒、性の乱れ、アルコール中毒、捨て子、少年少女の家出、定職のない者の増加の元凶とされた。」マレーシアの情報相は、「西洋の退廃はウッドストック（一九六九年のニューヨークでのロックの祭典）に始まった」[41]などと発言していた。

マハティールは、宗教的価値観を労働や職業人としての倫理観と結びつけた日本社会、韓国社会、シンガポール、台湾、香港の中国人社会を賞賛していた。それとは対照的に、ムスリム社会は、今でも固い信仰を持ち続け宗教復興を経験しているが、それが経済的発展には必ずしも結びつかなかったと、マハティールは考えていた。過去において、イスラーム共同体が、真理と正義を強調し、それを「人生のあらゆる物質的・精神的側面」と統合し、広い地域に影響を与え、イスラーム文明が多くの偉業と貢献を生み出していたのとは対照的に、近代のムスリム社会は、発展のための統合モデルを提供することができていないと、マハティールは考えている。

マハティールは、イスラームの伝統と経済的繁栄を享受するマレーシアこそが、発展のためのムスリム固有の統合モデルを提供する可能性を秘めていると考えていた。急激な近代化と社会的混乱を伴うマレーシアの経済発展の過程で、マハティールは、西洋の世俗的近代性とは異なる近代化の路線を進めようとした。それゆえ、マレーシア政府は、変化の中で、社会の世俗化と西洋の物質主義や消費社会との均衡をはかるためにも、恒久の宗教的真理や価値に「回帰」する必要性を次のような言葉で度々強調した。「富裕な人々は神の存在を忘れがちだ。人間は繁栄するにつれて宗教的生活をないがしろにしてしまう傾向がある。だからこそ我々は、宗教的価値を遵守する必要を絶えず強調する。(42)」

宗教を私的生活に限定する啓蒙主義以降の西洋の世俗的考え方をマハティールが拒絶し、イスラームをより包括的に解釈したことは、いくらかのムスリムには好感を持って受け止められた。しかし、多くの非ムスリム（中国人、インド人、ヒンドゥー教徒、キリスト教徒）の間には不安を生じさせた。政府は、多元主義を一貫して強調し、唯一つの制度を押しつけることはなかったが、少数派の人々はこのような社会の流れが意味するものを不安に感じていた。国民の五三パーセント（七百万）がムスリムで、イスラームが公式の宗教であり、かつてのイスラーム活動家（急進的活動家であったと見なす人もいる）が副首相となり、政府や教育機関をマレー系ムスリムが支配しているマレーシアの状況を、少数派の人々は目の当たりにしているのである。

マハティールは、マレーシアが少数派の権利を尊重する多元的で民主的な路線を進むと強調してきたが、彼のいう多数派の支配と少数派の権利の区別は往々にして曖昧なもので、少数派の人々に安心感をもたらすには至らなかった。

少数派は自らの権利を有している。しかし、こうした権利は多数派の権利の否定を含むものではない。多数派の権利が少数派の権利を脅かしてはならないということは認める。しかし、少数派が自らの責任を果たさず権利のみを行使し、外国の民主主義の手先となり、マレーシアが特定の民主主義国家の得意客となるように、マレーシアの国力を弱めるような行為を行なうならば、多数派が少数派に譲歩することなど民主主義においてもあり得ない。(43)

マハティールは、イスラームは単なる私的な信仰や儀式ではなく、その展望と影響において社会的かつ文明的であると宣言し、イスラームの指導的野党であるPASの統合的政策を取り入れた。同時に、マレーシア政府は独自の発展計画を推進するとともに、穏健で近代的イスラームを支持することによりPASの保守的で反近代的イメージに対抗した。マハティール政府は、イスラーム、特に東南アジアのイスラームを、現世の物質的成功と来世の精神的価値と報酬の両方を強調する進歩的文明であると定義した。イスラームは、近代化と発展に寄与する信仰と生活様式として、また、理性、科学、先進技術を支持し発達させる価値体系、あるいは、人種・宗教的寛容や調和だけでなく強力な労働倫理として語られた。政府は、このような考え方を、上から一方的に押しつけるよりもむしろ徐々に浸透させようとして、様々な方法を用いて制度化した。アンワル・イブラヒムは、教育相として、イスラームの価値観の重要性とマレーシア社会の宗教的・道徳的価値観を強調する教育課程の改革を行ない、教員のための研修機関を設立し研修計画を実施した。一九九三年、政府はクアラルンプルにイスラーム理解マレーシア研究所(IKIM)を創設した。その研究所の目的とするところは、政府の社会・政治的課題を解釈するための近代的イスラームのイデオロギーをマレー系ムスリムの中で発展・促進させ、ムスリムと非ムスリムのより良い相互理解を促進することであった。IKIMの創設は、政府のイスラーム的特徴を強調すると同時に、政府が西洋的価値観と一線を画そうとしていることを示すのにも役だった。このようにしてマハティールは、政府が西洋に依存しているというイメージを強調しようとするPASの作戦に対抗した。また彼は、マレーシアの急激な経済・社会的変化に対応できず、中世のイスラームに固執する多くのウラマーや選挙民を構成員とするPASを、基本的に保守的で農村部に基盤を持つ組織であると見なしていた。したがって彼は、PASの路線とは対照的に、政府と「近代的イスラーム」との結合を一層強固なものにすることを望んでいた。同時にマハティールは、固有の価値観に対する多元的考え方を国内だけでなく地域政治においても利用した。

マハティールが西洋の価値を批判し、ルック・イースト政策を採用し、地域固有の価値観を強調することによって西洋から距離を置いたことは、地域的にも大きな意義を持っていた。政府がアジアの価値観について述べる時、中国とイスラームの価値観が特に強調された。一九九五年、儒教とイスラームの価値に関する国際会議がマラヤ大学で開かれ、シンガポール、香港、中国からの実質的代表団を含む千人もの参加者が集まった。アンワル・イブラヒム副首相が、マレー語と北京語により会議の開会宣言を行なった時、出席者は全員立ち上って喝采した。会議では、特に儒教とイスラームという二つの伝統について、共通点を含めてその価値観が掘り下げて討議された。マラヤ大学は、会議の結果を受けて、イスラームと儒教に関する常設の研究センターを設立すると宣言した。

ルック・イースト政策は、地域のアイデンティティと経済協力を一層強調する東南アジアの若い指導者たちによって具体化されている。こうした流れは、マレーシアのイブラヒムやインドネシアのハビビなどの政府閣僚や、マレーシア作家協会やインドネシア・ムスリム知識人協会（ＩＣＭＩ）などの新しい専門職業団体によって具体化されている。これらの組織は、社会の発展のために、西洋のやり方よりも、個々の様々な違いを乗り越えて、アジアの価値観を一致して強調するビジネスマン、知識人、政府官僚を結集させた。彼らは、アジアのアイデンティティと伝統を中心に据え、より一層の地域的協力と経済的統合、また科学技術と社会的発展をアジア固有の価値観の中に根付かせることの必要性を強調した。

こうした固有の地域性を強調するアプローチは、いかに強力なものであっても、多元主義、アイデンティティ、民主化などの諸問題に関して、潜在的な弱点も内包していた。実際、その中心的な指導者や組織の構成員は、ムスリムによって占められる傾向があった。彼らの多くは、かつてのイスラームの青年指導者や活動家であり、現在は三十代、四十代になり指導的地位に就いていた。どれほど彼らがアジアの文化や価値観に対して柔軟な理解を主張しても、特にマレーシアやインドネシアにおいて、多くのマレー系ムスリムから、経済を支配する特権的少数派とみなされてきた、非ムスリムの中国系住民は不安を抱いていた。というのは、彼らはこの新しいイデオロギー上の選択肢は、「全ての人々に同等の機会を認める政策をこれまで取ってきたリベラルで西洋寄りの経済人たちが、中国人が国の経済を支配する状況を作り出した」(44)と主張し非難しているムスリムに、迎合することであると考えていたからである。東南アジアだけでなく、より広範なムスリム世界でイスラームが復興している現代において、イスラーム志向の社会、政治、経済における要求や改革が、文化的アイデンティティと信仰を再主張することによって行われてきたことを、非ムスリム系少数派の人々は目の当たりにしてきた。それゆえ、この新しい方向性により、ムスリムが多数を占める非世俗的国家において生み出される自らの将来像に対して、彼らが恐れを抱くのも当然なことである。このように、結局彼らが恐れているものは、アジア共通の文化自体ではなく、アジアのイスラーム文化やその価値観が推奨され強要されることである。いくらか宗教色を薄めた言葉で表現されてはいるが、「ルック・イースト」を主張する現在の要求は、ある人々にとっては、より巧妙で、恐らく「非原理主義」ではあるが、それに勝るとも劣らぬくらい脅迫的なイスラーム復興主義の一形態のように思われている。

多元主義、調和、中庸、寛容を強調するイスラームの解釈を通して、非ムスリムを安心させようとしても、固有の精神的価値を産業化や物質的発展に結びつけようとする試みは、危険性を伴っていた。非ムスリムだけでなくより保守的なムスリムさえも、そうした傾向に対して懸念を抱く理由があった。まず、非ムスリムの多くは、精神的価値の強調は必然的にイスラームとイスラーム的価値の特権化を一層進め、マレーシアの多元主義的伝統を損なわせることになるのではないかと危惧していた。また、ムスリム、とりわけ保守的なウラマーは、宗教を物質的進歩と直接結びつけることは、イスラームの精神性を一層損なわせるものだと考えていた。農村部やモスクでは、ウラマーが抱いた懸念に熱心に耳を傾ける聴衆が大勢いた。PASの政治的主張にもそうした懸念が反映されていた。PASは民主化の過程に参加し、権力の分有という考え方を支持していたが、ムスリムも非ムスリムも同様に、多くの人々がPASの真の意図に懸念を抱いていた。選挙への参加は、目的達成のための単なる手段なのではないか。ＰＡＳが政権を取り、イスラーム制度を実施しイスラーム法を施行すれば、どういうことになるのか。ＰＡＳがクランタン州において、ムスリムばかりでなく非ムスリムに対しても、フドゥード（イスラーム刑罰）の適用を提案したことは、多くの人々に不安を与える原因となった。こうした不安は、何人ものＰＡＳの指導者が「議席の獲得自体は、イスラーム運動の目的とするところではない。それは究極の目的、すなわち、イスラーム体制による政府の樹立を達成するための単なる戦術や一過程にすぎない」(45)という発言を行なったために増幅された。近年、ＰＡＳが学生をコム（イランにおけるイスラームの聖地）に留学させているという事実は、ＰＡＳが長年抱いていた真の目的に対する不安を人々の心の中に増大させた。また、ＰＡＳに対する批判勢力が、ＰＡＳはイラン式のイスラーム国家の樹立を目論んでいるという批判を行なうことを許すことにもなった。

一九九五年四月に行なわれた総選挙は、マレーシアの政治体制の強さと危険性の両方をあらわしていた。マハティール首相と十四の閣僚ポストを占めるＵＭＮＯがその実権を掌握していた国民戦線が、選挙で大勝利を収め、野党勢力を完膚なきまでに打ち負かした。野党の中には、イブラヒムの「故郷」でもあり、支持基盤としていたペナンで壊滅的敗北を喫したＰＡＳと民主行動戦線も含まれていた。国民戦線の綱領や選挙公約の中心となっていたのは、「宗教の自由」であった。しかし、それは制限された自由であった。選挙公約において、イスラームは公式宗教であると認める一方で、宗教的事柄を決して強要しないということを明示し、宗教的自由と寛容を保証していた。しかし、宗教的自由に関する章では、次のような政府の使命が大いに強調されていた。その使命とは、「あらゆる宗教的逸脱や急進主義を矯正・排除し、イスラームの教えを擁護することであり、個人や集団の利益に関して宗教上の誤った解釈や実践が決して生じないように、イスラームの真の理解や教えを、学校、ダクワ（イスラームの伝道組織)、高等教育機関、研究所を通じて普及させることであった。」[46]

選挙後、マハティール政府は、選挙での大勝を背景に、「我々はイスラームに対して責任を負っている」と宣言した。同時にマハティール首相は、かつてダールル・アルカム運動に対して行なったのと同様に、PASはイスラームの教えから明かに逸脱しており、国家の安全を脅かしているという理由で、PASに対して必要な措置を取るという警告を発した。[47]内務省は、国内治安担当の局長が指揮する特別委員会を設立し、PASの指導者と活動家を監視させ、PASが[48]「国内に緊張状態を生み出し、人々を分裂させる原因を作ったり、逸脱した教えを広めようとしている」ことが判明したならば、政府は、国内治安法に基づいていかなる行動も取ると警告した。政府はすぐに、このような行動は政治的動機によるものではなく、国家の安全や宗教的教えの乱用に対する危険を排除するためのものだと主張した。しかし、政府だけでなく反政府のPASも同様に、自分たちこそが「真のイスラーム」の擁護者であり、相手側は逸脱主義であると非難したために、政府の取った行動は、マレーシアにおける宗教の政治化とその潜在的危険性を浮き彫りにすることになった。

結語

マレーシアはムスリム国家であると思われているが、人口の中で重要な地位を非ムスリム系少数派が占めている多元的国家である。歴史的にイスラームは、マレーの国民的アイデンティティ、歴史、文化と密接に関わってきた。しかし、イギリスが植民地支配を行なった結果、中国人やインド人が流入し民族構成が変化した。マレーシア社会の多民族、多人種、多宗教における微妙なバランスを保てるかどうかは、非マレー人（中国人とインド人）がますます増え権力を持つことに対して、マレー人がどのように対応するか、また政府が、一九六九年の民族衝突以降、表面化した格差と不正をどのように是正するかということにかかっていた。UMNOと政府のエリート層は、イスラームが暗黙の社会の基本要素である状況の中で、「マレーらしさ」を人種、言語、習慣、文化という観点から定義してきたが、現代のイスラーム復興主義やダクワ運動の影響により、イスラーム、言語、人種がより明確に一体化する状況が生まれた。同時に、国際的な出来事、交流、対話により、マレー人は、一層国際的なイスラームとしてのアイデンティティと広範なイスラーム共同体の課題や問題を意識するだけでなく誇りを持つようになった。その結果、イスラームはマレーシアの政治においてより一層明確なシンボルとなり、マレー・イスラームとしてのアイデンティティがますます強調されるようになった。かくして、非マレー人が多数を占め、経済や教育を支配している現実にもかかわらず、イスラームとマレー人は、特権的地位を与えられることになった。

マレーシアの国旗には、星と三日月が描かれている。憲法はイスラームを公式な宗教と定めている。首相はムスリムを統合することを最優先課題とし、政府の閣僚は皆ムスリムである。政府により定められた国家のイデオロギーは、マレー人に対する特別な地位、スルターンの役割、公式宗教としてのイスラームの地位を保証する憲法を「擁護していくことが市民の神聖な義務」であると主張している。(49)

これまでの生活様式や文化的価値を揺るがす都市化や近代化が、マレー人に大きな影響を与えた結果、これまで以上に宗教的あるいは民族的アイデンティティや特権が強調されるようになった。しかし、マレーシアにおけるイスラーム復興主義には、多様な意見や解釈が存在していた。UMNOが率いる政府の政治的エリートからPASを支持する農村部の選挙民に至るまで、一様にイスラームを標榜したために、それぞれがその個性や様々な社会・経済的状況に応じて、多様なイデオロギーの解釈、課題、戦略を持っていたことが目立たなくなっていた。

イスラーム行動主義組織とマレー人の地位向上を支援する政府の計画は、どちらもマレーシアの社会に重大な影響をもたらし、国家や社会のイスラーム化を促した。イスラーム行動主義、特にABIMとPASの挑戦により、政府は一層イスラームとマレー系ムスリム共同体を擁護するものとしてのイスラームの役割を人々に訴えるようになった。ABIMが穏健な「非政治的」改革路線を採ったために、マハティール政権のイスラーム化計画は進行し、イブラヒムや他のABIMのメンバーが政府に参加する状況が生まれた。その一方、より明確なイスラームへの回帰を主張する中で、PASは、農村部における伝統的支持層を、近代教育を受けた戦闘的イスラーム志向の若い世代のメンバーと結びつけ、都市部にも浸透を図ろうとしていた。他のムスリム国家とは異なり、政府は、このような運動に対して弾圧を行なわず、イスラーム化を進め支援することにより、政府の政策にその要求を反映させようとした。政府がマレー系ムスリムのアイデンティティや問題を重要視したために、国民の中には不安を抱く者もいた。しかし、マレーシアにおいては、ムスリム世界における他の地域のように、政府の弾圧が過激な政治や対立を生み出すという状況は存在していなかった。

ABIMとPASが辿った軌跡を見れば、信仰と社会・政治的現実との結びつきが、様々な連立関係とその盛衰に影響を与えただけでなく、イスラーム組織の構成、イデオロギー、政治的行動を決定していたことがわかる。ABIMのより近代的イデオロギーと政治は、都市部の知識層を中心とした支持基盤の影響を強く受けていた。一方、PASのより保守的なアプローチは、農村部の支持基盤と伝統的イスラームに則ったウラマーの指導を反映していた。しかし、大学を卒業し、近代教育を受け、都会に住む若い世代のメンバーが新しく加入するにつれて、PASの中で変化が生じた。ABIMとPASは、イスラーム志向の政党や組織が体制内に参加する意欲と能力を持っていることを示していた。彼らの政治や社会に対する関わり方は変化してきたのである。彼らは国家に圧力をかけたり対立してきたが、最も戦闘的な立場を採っていた時でさえも、彼らは目的を達成するために、選挙による政治（弾丸より投票箱）に訴えてきた。

イブラヒムとABIMの経験は、体制に参加して変化をもたらそうとする穏健なイスラーム活動家が直面する問題を映し出している。もし彼らが、独自に政権の座に就くのではなく、現政権への参加の要請を受け入れるならば、彼らは懐柔される危険や、懐柔されたと批判を受ける危険を抱えることになる。イブラヒムの事例は、政権と協力することのプラスとマイナスの両面を反映している。政府の閣僚になることとは、一面では、イスラーム化への政策に影響を与え変化をもたらす機会を得ることを意味する。しかし、その反面、イスラーム活動家たちは、政策の立案にほとんど関わっていなくとも、政府のあらゆる政策（良いものも悪いものも）の責任者と見なされ、それらの政策を正当化する道具として使われてしまう。彼らは、実際、公正な反対姿勢を堅持して、政治権力と統治の現実主義に対抗した。新しい立場に立ったために、彼らは、かつて政権の外にいた時には決して行なわなかったであろう政治的妥協を行なうことを要求され、また社会問題を考える際にも、政府としての立場を考慮に入れることを要求された。彼らが、このような姿勢を採ったために、社会に対する批判者としてのかつての役割は失われた。ABIMが最も強力で信頼性が高かったのは、野党勢力の一員であり、政権から独立した圧力団体であった時であった。しかし、イブラヒムが政府に加わってからは、ABIMは徐々に衰退してしまった。しかし、メンバーの多くが脱退し(政府内に入る時、ABIMを離脱しなければならなかった)、大学からマスコミ、一般企業まで社会の他の分野にもに参加したことによるABIMの影響は、マレーシアにおけるイスラーム化が強力に継続される大きな要素となった。

その歴史を通じて、マレーシアは多元的であるが、イスラームとマレー系ムスリムの特権を優先する国家の建設を目指してきた。その結果、宗教・民族的共同体主義が強まり永続的なものとなってきた。マレーシア社会の多元主義は、共同体間の緊張や対立だけでなく、妥協、和解、寛容の源でもあった。民族的個別主義は国家の統一を遅らせ、マレー・イスラームの宗教的個別主義とイスラーム普遍主義の間に緊張関係を生み出した。国家統一の基盤としてイスラームがマレー民族主義に取って代わるべきだというイスラーム主義者の主張は、マレー民族主義者と非ムスリムの共同体の双方を遠ざけることになった。しかし、中東諸国のイスラームとは対照的に、マレーシアにおけるイスラームは、国内の有力な少数派に対してより柔軟な姿勢を採っていた。それゆえ、他のイスラーム地域では、ラマダーン月の断食や公の場所でのギャンブルの禁止がムスリムに課せられていたが、マレーシアでは、非ムスリムの客でレストランもカジノも満員である。同様に、PASはシャリーア、特にフドゥード(イスラーム刑罰)の実践を主張したが、マハティール政権とUMNOは、マレーシアの法律はイスラームの原則に則っており、「シャリーアを部分的に適用することは、マレーシアの多民族多宗教社会においては必要な妥協である」と反論していた。[50] マレー系・ムスリムの共同体と非ムスリムの共同体との間には、緊張関係が存在し、衝突一歩手前の状況も幾度となくあったが、「世界の他の多くの国々と比較すると、マレーシアには高度の宗教的自由が存在し、国民も宗教に関してかなり寛容な姿勢を示している。[51]」

しかし、マハティール政権の一層のイスラームへの傾斜は、少数民族にとって不安の種となっている。マレー・イスラームとしての意識やアイデンティティが一層強調され、公共の生活におけるイスラームの役割が拡大されてきたために、共同体の間の微妙な均衡が損なわれてきている。マレーシアのイスラーム化は、これまで単にシンボルとなっているだけで実態が欠けており、見せかけにすぎぬという見方もあったが、実際には、イスラーム化は非ムスリムの間の恐れを増大させ、多様な民族からなる国民を統合して国家建設を行なう際の障害となっている。イスラーム国家とフドゥードの実践を求めるPASの要求、政府が進めるイスラーム化の進展、イスラーム社会における非ムスリムの権利を制限せよとの宗教活動家の過激な声明などが、非ムスリム寺院などに対する散発的な攻撃とも相俟って、非ムスリムの間に不安を募らせてきた。こうした状況は、中国人やインド人に国外への移住を促すだけでなく、彼らの民族・宗教的復興主義を促す結果ともなった。

第七章　アルジェリア

抑圧された民主主義

一九八〇年代は、イランが革命を輸出するのではないかという恐怖に支配されていた。第二のイランになるのはどの国か、第二のホメイニーは誰なのかということが、当時盛んに議論された。一九九〇年代初頭、「急進的イスラーム原理主義」に対する監視と警戒が続く中、ムスリム世界と西洋の多くの国は、選挙で選ばれたイスラーム政府が誕生したことに驚き、その将来の影響を憂慮していた。アルジェリアは、政治的イスラームと直面することになった西側諸国の恐怖、希望、挫折を具現化する国家であった。

イランやその他いたる所で、イスラームが現代のイスラーム政治において再主張されるのを多くの人々は目の当たりにしてきたが、一九八〇年代前半においては、北アフリカの親フランス国家やフランス語圏では、そのようなことは起こらないというのが一般的見方であった。というのも、(チュニジアのブルギーバやモロッコのハッサン国王のような)強力な支配者が国を治めていたり、アルジェリアのように政治舞台を掌握していた単独政党、FLN(民族解放戦線)が政府を構成していたからである。一九八〇年代後半、旧ソ連の崩壊に続いて起こった政治の自由化の流れや経済不振が、新しい現実をもたらした。一九八八年、エジプト、ヨルダン、チュニジア、アルジェリア、その他多くの国々で、食糧不足、高失業率、政治の腐敗に抗議する街頭デモや食料暴動が発生した。民主化への願いというより不安定な政権を少しでも延命しようという意図から、政府が総選挙の実施を約束した時、もともと権威主義的であった政権内に亀裂が生じることになった。しかし、国内の状況がそれぞれ大きく異なっていても、イスラーム主義者がエジプト、チュニジア、ヨルダンで最大野党勢力となった選挙結果は、多くの国の政府に一様に背筋が凍る思いを抱かせた。ヨルダンでは、ムスリム同胞団が八〇議席のうち三二議席を獲得しただけでなく、五つの閣僚の地位を占めた。しかし、政府、政治家、専門家のことごとく全てを驚愕させたのはアルジェリアであった。イスラーム救国戦線(FIS)は、地方選挙とそれに続く国政選挙で圧倒的勝利を収めた。以前考えられなかったことが、今まさに起ころうとしていた。つまり、イスラーム運動が武力でも、暴力的革命でもなく、体制内での活動によって政権の座に就こうとしていたのである。

イスラームとアルジェリアの民族主義

イスラームは、アルジェリアの政治的発展において重要な役割を果たしてきた。イスラームは、アルジェリア大衆の信仰の対象であるばかりか、多くのムスリム世界と同様に、歴史的には国民の統一と団結の源泉であった。このことは、特にフランスによる植民地支配の時代（一八九〇〜一九六二年）に顕著であった。イスラームは、独立・民族運動をまさに統合する機能を果たしていた。イスラームは、精神的拠り所であると同時に戦いのスローガンであり、団結と意識昂揚の源であった。「フランスによる侵略が一八三〇年代に始まった時から、イスラームは、アルジェリア国民にとってアイデンティティの拠り所となり、イスラームの心情は、一貫して反植民地主義運動の源泉となった。[1]」アブドゥル・ハミード・ベン・バディース（一八九〇〜一九四〇年）のようなイスラーム改革者は、一九三一年に、「イスラームこそ我が宗教、アラビア語こそ我が言語、アルジェリアこそ我が祖国」という標語を掲げるアルジェリア・ウラマー協会（AAU）を設立した。AAUは、イスラーム改革主義と民族主義を結びつけ、全国のモスクや学校を通じてイスラームの主張を広めた。直接的な政治活動を行なうことを避けることにより、AAUはフランスからの弾圧を免れた。ウラマーやモスクが参加した教育的活動を通して、アルジェリアの民族主義は、若い世代の心の中にもしっかりと根づいた。近代的改革主義者たちは、単にアラブ人であるだけでなく、ムスリムであるということを強調した民族主義を発展させ広める際に、伝統的イスラームの指導層と協力し合うことにより、イスラームの正統性を勝ち取り大衆の支持を得ることに成功した。彼らは、大衆文化が深くイスラームに根差す社会の中で、改革のための豊かな土壌を見つけることができたのである。

一九五〇年代と一九六〇年代に起きたアルジェリアの革命は、イスラームの精神に満ちたものだった。イスラームのイデオロギー、シンボリズム、言辞、制度は、フランス帝国主義による政治、軍事、経済、文化的脅威によって生じたアイデンティティの危機に直面した闘いの中で、中心となる対抗手段であった。革命のスローガンは、単に「アラブのアルジェリア」ではなく、「ムスリムのアルジェリア」であった。その闘争は聖戦であると宣言され、闘う人々はムジャーヒディーン（聖なる戦士）と呼ばれ、その機関紙の名も『エル・ムジャーヒディーン（聖なる戦士）』であった。革命の指導者たちは、宗教指導者であれ世俗的指導者であれ、

イスラームを掲げ、フランスに反対するアルジェリア人を結集するために、イスラームを戦術的武器として再び利用した。人々は、ラマダーンの間、禁酒、禁煙、断食を行なうことを要求された。宗教的規則が政治目的のために強要された。厳格で暴力的なイスラームが臆病者、異教徒、不信仰者に対して適用された。アルジェリア人であることとムスリムであることは等しいことであるとされた。革命指導者たちは、イスラームの名の下に頻繁に脅迫や報復を行なった。「宗教的恐怖」が実行に移されるようになった。アルジェリア人すべてが賛成していたわけではなかったが、大部分の人々がそうした行為に加わっていた。(2)

イスラームと独立後の国家

近代のアルジェリアは、アラブ系とベルベル系の二千万を超える人口を持つ国家である。一世紀を超えるフランスによる占領（一八六〇〜一九六二年）は、激しい流血革命の後、一九六二年に終焉を迎えた。独立後、民族主義運動の一翼を担っていたイスラーム改革主義は、政治的活動から撤退した。独立戦争を指導してきたＦＬＮ（民族解放戦線）は権力を強め、「一九八〇年代まで、軍部、国家、独裁

政党の三者による強力な同盟がアルジェリアの政治を支配した。(3)」アルジェリア民主人民共和国という名称を採用したが、アルジェリアは、大衆政治家による権威主義的国家であった。独裁的な政権が連続してアルジェリアを支配し、初代の大統領は、アフマド・ベン・ベッラーであったが、彼は一九六五年六月にウマリ・ブーメディエンヌ指導の軍事クーデターにより政権の座を追われた。ブーメディエンヌが一九七八年に亡くなると、軍部が依然として支配勢力であったアルジェリアでは、軍の元幹部であったシャドリー・ベン・ジェディッド（一九七九〜九一年の統治）がその後を引き継いだ。

アルジェリアのアラブ社会主義国家は、憲法上は上辺だけのイスラームによって正統化されていた。すなわち「アルジェリアにおいて社会主義を建設することは、アルジェリア国民の人格の基本的構成要素であるイスラームの価値を最大限に発展させることと同一視されたのである。」アルジェリア民主人民共和国の一九七六年の国民憲章は、イスラームはアルジェリアの社会主義革命と同一であると定めていた。

アルジェリア国民はムスリムである。イスラームは国家宗教である。ムスリム世界が苦境から脱し、再生する道は唯一つしかない。ムスリム世界は、改革を実行し、社会主義革命への道を邁進するように努力しなければならない……。ムスリム諸国民は、社会主義への道を断固として歩む過程で、自己の信仰の命ずる声に良く耳を傾け、その行動をイスラームの原理に沿ったものにするということを以前にも増して意識するようになったのである。(5)

国家は、民族・社会主義イスラームの名の下に、宗教学校、宗教組織、聖職者を国の統制下に置くことにより、権力だけでなく宗教も独占した。実際には、イスラーム社会主義を装ったFLNは、本質的に世俗的な路線を目指し、西洋志向の支配エリート層が政治・経済的発展を推し進めた。しかし、社会面においては、フランス語を話す世俗的エリート層とアラブ的性格の強い大衆が、社会の中で分極化していたために緊張状態が存在していた。大衆にとっては、アラビア語とアラブ文化がアルジェリア人としてのアイデンティティの第一の要素であったのである。

フランスの長年にわたる支配によりフランス文化が広く浸透していたために、マグレブや他の地域と同様に、アルジェリアではフランス語がエリート層の話す言語となった。歴史的には、モロッコやチュニジアよりアルジェリアにおいて、フランス語とアラビア語やアラブ文化との間に緊張関係が存在していた。アルジェリアでは、フランスによる「文明の伝道」が極端な形で行なわれていた。「帰化」政策により、フランスは政治・文化を全体的に同化させせようとしていた。フランス語は、公用語とされ学校教育における使用言語となった。アラビア語は、外国語のような地位に追いやられてしまった。フランス人は、「イスラームを根絶しフランス文化を押しつけようとした。大部分のコーランの学校やマドラサは閉校となり、モスクは教会へと変えられた。教育を受けたい者は、フランス語を学ばなければならなくなった。こうしてフランス人は、フランスの文化的遺産——ゴール人、コーネイル、ラシーヌ、フランス革命——などについて学ぶ少数のアルジェリア人の子供たちだけを対象として学校を開いた。[6]」語学から歴史まで学校の教育課程は、学生の関心をアルジェリアや北アフリカよりもフランスへと向けさせせた。このような状況から宗教、民族的アイデンティティ、真正性といった問題が、独立闘争における中心的課題となった。

独立後も、言語、宗教、国民的アイデンティティが相互に絡み合って重要な問題となっていた。アルジェリアの支配層である文化的エリートたちは、より世俗的で西洋化の方向を追求した。フランス語の教育を受けることは、社会で成功するための鍵であった。西洋の言語により教育を受けることは、出世していくために必要であったが、アルジェリア政府は、教育、司法、行政の諸制度をアラブ化する計画も促進した。宗教・民族主義的伝統に深く根ざしたアラビア語は、フランス語の教育課程を卒業した学生とアラビア語の教育課程を卒業した学生との間の対立の原因となっていた。アラビア語による教育課程は、伝統的ではあるが教養豊かな人々を生み出し、彼らにとって、アラビア語とアラブ文化が依然としてアルジェリア人のアイデンティティと民族主義の中心であった。アラブやイスラーム志向の強い人々にとって、フランス語とフランス文化は、ヨーロッパの植民地主義の名残りであり、今なお続いている政治、経済、文化における西洋への依存や外国による支配を象徴していた。「外来の」フランス語やフランス文化が、アルジェリア人としてのアイデンティティと自治に対する脅威となっていただけでなく、それらを身につけた世俗的エリートが社会で依然として特権的地位や権限を持っていたことに対して、多くの国民は憤っていた。政府が一方でアラブ化とイスラーム化を推し進め、もう一方で国家の発展やエリート志向のモデルとして「ヨーロッパ化」を進めようとしていたために、緊張状態や騒乱を引き起こす潜在的な危険性が常に存在していた。

科学・技術面での西洋化と同時に、都市部住民の道徳や支配層の振舞い方が西洋化されつつあった……。このような状況は、「イスラーム化」と「アラブ化」を強調する公式イデオロギーと「ヨーロッパのモデル」を模倣しようとする社会・経済的慣習を強調する指導者による政治的発言との間のギャップを広げることになった。(7)

イスラーム運動

最初のイスラーム系学生による運動は、こうした文化的衝突をきっかけにして生まれた。一九六〇年代末から一九七〇年代初頭にかけて、多くの個人的活動家やキヤム(価値)協会などの組織が登場した。彼らの思想や著作は折衷的なものであったが、国家の枠を超えイスラームの影響を受けていた。彼らはムスリム同胞団のハサン・アル＝バンナーやサイイド・クトゥブ、またジャマーアテ・イスラーミーのマウラーナー・マウドゥーディーだけでなく、アフガーニー、アブドゥフ、ムハンマド・イクバール、シャキーブ・アルスラーンなどのイスラーム近代主義者に依拠していた。西洋の文化や思想を一切拒絶する傾向があった保守的なウラマーとは対照的に、これらの改革者たちはフランス語を話し近代科学を習得していた。エジプトや南アフリカのイスラーム近代主義運動と同様に、近代的知識は、彼らの力を強めると同時に、西洋を批判するための有効な基盤を提供するものだった。こうした態度は、フランス語での教育を受け近代科学や技術を賞賛しながら、アルジェリアにおけるアラブとイスラームの遺産の重要性を再主張したマーレク・ベン・ナビーの中にはっきりとあらわれていた。イクバールと同様に、彼はイスラームを再構築することを主張した。

一九七〇年代末までに、アラビア語を話す学生とフランス語を話す学生との間に鋭い対立が生じた。一般的に、良い職に就くのにアラビア語での教育は、フランス語での教育ほど役に立たないという社会的認識があったために、両者の対立は一層激化した。アラビア語で教育を受けた人々は、フランス語で教育を受けた人々を世俗主義者やマルクス主義者であるとして排除する傾向があったため、両者の間で時おり衝突が生じた。一九七五年から一九八四年にかけて家族法改正の論争が繰り広げられ、学生組織や婦人団体がデモ行進を行ない衝突する中で、アラブ・イスラーム文化対フランス文化との境界線がさらに明確に引かれるようになった。

一九七〇年代末から一九八〇年代にかけて、問題の焦点は、文化や儀礼の問題から、イスラーム的な政治社会秩序に従った生活を強調する、より包括的なイスラーム主義の問題へと移行していった。モスクでは小人数のグループが集まり意見を交換した。「こうした集まりはもはや、礼拝や断食などを扱う学習の場ではない。これは、我々アルジェリア国民が直面しているすべての問題に触れ、そうした問題を説明し解決する方法を見つけ出す高度な学習の場である。我々は、すべての事柄について話し合った。あらゆる状況、経済、そして生活のあらゆる側面までも。(8)」

国政の破綻

国家統制による経済と社会主義計画は、アルジェリアの教育、雇用、住宅、社会福祉に対して責任を負っており、豊富な石油資源を背景に、社会の物質的発展と近代化を推し進めた。しかし一九八〇年代半ば、アルジェリア（石油の売上が輸出額の九〇パーセントを占めている）は、多くの国と同様に、石油の供給過剰とそれに続くエネルギー価格の暴落により生じた世界的な経済危機の影響に苦しんだ。国家統制による経済の破綻、増加する国家負債（総額二兆四千億円にも達し、インフレ率は三〇パーセント、失業率は二五パーセントにも達していた）、石油資源の収入の落ち込みは、産業化、農業計画、そして社会福祉に重大な影響を与えた。アルジェリアには失業中の若者が溢れ、緊縮措置の強要によって日常生活に不便が生じていたために、国民の大多数は政府の失政に一層批判的になり、支配エリートと大多数の国民との間に社会的緊張が高まった。

一九八八年十月、アルジェリアは大衆による街頭での抗議運動と「食糧暴動」によって大きく揺れた。大衆による抗議運動の波は、著しい生活水準の低下（高失業率、深刻な食糧・住宅の不足、腐敗、非効率な政府機関）を背景にして、全国に広まった。アルジェに始まった抗議運動は、瞬く間にオランやコンスタンティヌを含む多くの主要都市に拡大した。こうした社会的状況の中で、いくつかの組織が連合してイスラーム救国戦線（FIS）が誕生し、政治的組織としての信頼と正統性を獲得していった。先頭に立って組織的運動を展開した指導者の中には、FISの活動家が含まれていた。彼らは、大衆による反抗や抗議運動の扇動者であったと同時に、最終的には五百人もの民間人が死に至った軍隊による野蛮な弾圧の主な犠牲者でもあった。(9) アルジェリアと同様のことが、アラブ世界の他の地域でも起こっていた。すなわち、多くの国で「支配者による安易な政策」は失敗に終わったのだった。

こうした措置により、被支配者は、支配者が保証する社会福祉や雇用の安定を見返りとして自由な政治活動を行なう権利を放棄してしまった。このような大盤振る舞いを行なうために、政府は石油収入、外国からの送金、観光収入、海外援助に依存し、それらを政府の巨大な官僚機構と非効率的な国営企業、国営施設の運営資金とした。政府の主たる目的は、効率的な資本の蓄積や生産を行なうことではなく、安定した雇用を供給し最低限の社会的平等を実現することだったのである。(10)

アルジェリアにおけるイスラーム運動の高揚とそれに続く「戦争」は、このような全国規模の政治、経済、文化的混乱が起こっていた背景を考慮に入れて理解しなければならない。

改革への道、破壊への道

一九八〇年末のベン・ジェディッド政権は、アフリカの多くの国々と同様に、民衆の不満に対処するために大幅な政治の自由化と民主主義を約束した。ベン・ジェディッドによる政治改革の一環として、一九八九年に国民投票と憲法の修正が行なわれ、アルジェリアは社会主義の道を放棄した。その憲法修正によりFLNの単独政権は終わりを迎え、アルジェリアは、一党独裁国家から複数政党が競い合う政治体制へと移行した。自由主義者は、一層の政治・経済的自由を要求したが、抑圧された大衆の声を代弁する勢力として一九八〇年代末に登場したのはイスラーム主義者であった。三〇年にわたり、単独政党が国政を行ない反対政党が存在しなかったために、FISは、政府の権威主義や正統性にとって唯一の手強い相手となった。「市街地のモスク、工場、学校、政府機関内の礼拝所の増加」は、弱体化した政府の権威や世俗主義を脅かした。(11)

FISは、貧困層や中流階級からの支持を集め、政府の失政と腐敗を非難し、一層のアラブ化とイスラーム化を要求し、特に学校や大学などの国家機関に効果的に浸透していった。イスラームには社会正義を実現せよというメッセージが含まれているという彼らの主張――特に教育、住宅、雇用などの社会政策の失敗と政府の腐敗に対する批判は――国内の失業中の若者や田舎から都市部へ出てきた人々にとりわけ支持された。国民の六〇パーセント以上を占める二五歳以下の若者の失業率が高かったこともあり、彼らはすぐにFISに参加した。若者の参加によりモスクに集まる人々は急増し、政治的活動を行なう中で、若者たちはこれまでの怠惰と退屈を希望と目的意識へと変えていった。

一九九一年における多くの人々の生活水準は、支配的官僚エリートの生活水準とはかけ離れたものであった。そうした状況をある者は次のように述べていた。「毎年、就業適齢期になる若者のうち半分が就職することができない。ディナールの価値の下落(為替相場は一九九〇年の八月から九四パーセント下落した)により、消費者物価は急騰した。首都の貧困街では、一部屋に七人から八人もの人が暮らす状況だった[12]」。

大衆政治家のイスラーム

先に示したように、アルジェリアの統治者たちは、多くのムスリム国家の統治者たちと同様に、本質的に西洋の世俗的発展への道を踏み出したが、自らの正統性を高めるために、部分的にイスラームを利用し、イスラームと社会主義国家としてのアルジェリアのイデオロギーは同一のものだとした。国家の官僚機構はまた、教育機関、ウラマー、モスクを政府が監督することにより公認のイスラームを統制しようとした。しかし、一九八〇年代に、エジプト、チュニジア、ヨルダン、クウェートなどのムスリム世界における多くの地域と同様、大衆政治家によるイスラーム組織が登場拡大し、「独立した」(政府の統制を受けない)モスクと社会福祉事務所のネットワークを築きあげた。そのネットワークは、国家機関が一九八〇年代後半に行き詰まると一層その重要性を増すことになった。イスラームが、大衆文化や社会の非エリート層に根ざし、民族主義運動や革命の中でその役割を果たしたために、イスラーム主義者たちは民衆の心を引きつけるメッセージを発することができた。彼らは政府の失政と国内の西洋志向の世俗エリートを非難し、イスラームへの道を主張した。彼らが行なった社会福祉事業は、政府の失政に対する無言の批判でもあった。一九八九年にアルジェリアが地震に見舞われた時、イスラーム主義者が真っ先に対策を講じ、効果的に支援活動を行なった。政府に先んじてイスラーム主義者たちが毛布や衣料品を提供し、政府は何の役にも立たないというイメージが強まり、彼らの評価は、さらに高まった。

一九八九年に政治体制が自由化されたのに呼応して約六〇の野党が次々と誕生した。その中には、ハマース（イスラーム社会運動）、ナフダ党（ルネッサンス党）、イスラーム救国戦線（FIS）などの幾つかのイスラーム政党やイスラーム組織が含まれていた。FISは、宗教的に穏健で西洋的教育を受けたアルジェ大学教授シャイフ・アリー・アッバースィー・マダニー（一九三一年生まれ）と彼より若く一層急進的な説教者であったアリー・ベル・ハーッジなどの指導により一九八九年に誕生した包括的な連合組織であった。

マダニーは、宗教指導者イマームの息子としてアルジェリア南東部に生まれた。アラビア語とイスラーム関係の研究を行なっていたため、マダニーは、民族主義者としてもイスラーム主義者としても信頼を得ていた。一九五〇年代初頭、マダニーは政治活動家として民族解放戦線に参加した。彼はフランスによる占領時代に八年間、その後ベン・ジェディッド政権においても四年間投獄された。マダニーは、アラブ世界の多くのイスラーム主義者と同様に、アラブ民族主義の失敗に幻滅して、イスラームに解決策を求めるようになった。一九六三年、マダニーは、アルジェリアのアラブ・イスラームの遺産を再評価することを主張するキヤム（価値）協会に参加した。彼はまた一九六六年に、エジプトのムスリム同胞団のイデオローグであったサイイド・クトゥブの処刑に抗議して街頭デモに参加した。

一九六七年のアラブ対イスラエルの六日戦争でのアラブの敗北に幻滅すると同時に、FLNの社会主義政策に対して一層批判的となったマダニーは、大学に復帰して心理学と哲学の学位を取得した。さらに一九七八年に、彼はイギリスで教育学博士号を取得しアルジェ大学で教鞭を執るようになった。

一九八二年、アルジェ大学で起きた学生と政府の治安部隊との衝突を契機に、マダニーは、学生運動や国の政治に巻き込まれることになった。政治的イスラーム行動主義は、一九八〇年代に入るとこれまで以上に大学や都市部において目立つ存在となってきた。学生活動家やイスラームのパンフレットは、国民憲章の廃棄やイスラーム国家の樹立から教育課程改革、大学での男女の分離、アルコールの禁止に至るまで、政治、教育、社会の改革を求めた。こうした活動家がますます勢いをつけてきたことは、次の事例を見れば明らかである。すなわち、一人の社会主義の学生が殺された後、政府が一斉取締りを行ないアルジェで四百人以上の学生を逮捕したことに抗議して、十万人以上のイスラーム主義者が大学のモスクで示威行動を行なったのである。「統治者だけでなく、民衆自身も、抗議運動の規模やその熱狂を目の当たりにして驚愕した。それは国の独立以来、国家権力にとっての最大試練であった。(13)」

マダニーは、政府の失政を非難しイスラームへの道を唱道する講義で名を馳せた大学教授であった。彼は、シャイフ・サフヌーンやスルターニーなどの著名な宗教指導者と共に、政府や社会の一層のイスラーム化を求める公式声明を発表したために、逮捕され二年間投獄された。釈放後、政府が以前よりも自由化路線を採ったために、マダニーや他のイスラーム主義者はモスク、学校、大学で説教を行ない運動を組織化することができた。こうしてできた組織の会員数は、モスクや慈善団体のネットワークの拡大とともに急激に増大した。イスラーム主義者がますます存在感を増し、潜在的な力を秘めていたことは、政府が家族法を改革しようとしたことからも察することができる。一九八一年、アルジェリアの男女同権主義者が家族法の根本的改革を要求していたにもかかわらず、一九八四年に最終的に可決された法律は、イスラーム主義者の影響に対する政府の配慮を反映したものだった。その法律は、イスラームに沿った伝統的なアルジェリアの法律の基本に則り、ムスリム女性の家族や夫への依存を強めさせるものであり、ムスリム女性と非ムスリムとの結婚を禁止し、離婚は夫だけに認められた権利だと規定していた。(14)

政府の経済計画が失敗したのと同様に、政府の宗教政策も実効のあがらぬもので、大衆受けするイスラームが普及するのを規制することができなかった。共同戦線としてのＦＩＳは、その傘下に多様な政治的志向性を持つ組織を擁し、選挙民の支持を得ていた。しかし、こうしたＦＩＳの組織構成は、強みでもあり弱点でもあった。ＦＩＳは一方で、多様な人材と志向性を持つ懐の深さがあったが、その一方で、重大な問題についての指導や将来の見通しについて統一を欠くきらいがあった。指導に統一性を欠いていたことは、ＦＩＳの最も著名な指導者マダニーとベル・ハーッジとの関係に最もよくあらわれていた。両者とも現在の国家体制に批判的でイスラームに基づく実質的改革を求めていたが、マダニーは、その言辞において理性的なイメージを表面に出すと同時に穏健な発言を行ない、民主的選挙と多元主義を公に支持していた。

一方、ベル・ハーッジの場合、その主張はより対決的であった。一九五六年にチュニジアに生まれたベル・ハーッジは、両親をアルジェリア独立戦争で亡くした。マダニーとは異なり、ベル・ハーッジは、完全にアラビア語によるイスラーム的宗教教育を受けてきた。彼は中学の教師となり、イマームとしてモスクでの説教を行なった。彼は、イスラーム主義者に対する弾圧が行なわれた一九八二年から一九八七年まで投獄されていた。マダニーや他のムスリム諸国における多くの近代的イスラーム行動主義の指導者とは異なり、ベル・ハーッジは、西洋やアルジェリア以外の世界に全く触れたことがなかった。その結果、彼は教条主義的で戦闘的な人物となった。シャリーアをすぐに実践せよという彼の要求とアルジェリア政府や西洋に対する非難は、アルジェリアの多くの若者から支持された。(15)マダニーとは対照的に、ベル・ハーッジは、民主主義を西洋の一つの道具としか見ておらず、重要なものとは考えていなかった。

FISのイデオロギー

マダニーは、FISの最高指導者かつ中心的イデオローグであった。FISの指導部は、多様な立場を代表していたが、マダニーの知的な先見性と世界観は、FISの運動の趣旨と志向を具体化した。彼は、FISは人民戦線からなる政党であると述べていた。イスラームこそ国家や社会に対する包括的イデオロギーを与えるという信念に基づき、FISは、資本主義や共産主義よりもイスラーム的解決策を選択した。マダニーは参加型民主主義を主張する際、正義、自由、平等、道徳的な政治原理は、西洋型民主主義と比較すれば多少非現実的かもしれないが、社会的により公正なイスラームの原理に基づいたイスラーム型民主主義の中で実現されると信じていた。

アダム・スミス、カント、デューイのような現実主義的哲学者は、民主主義とは最大限の自由を行使する権利であり、その権利が社会階層(例えば労働者階級や貧困層)に属す人々にとって必要以上のものであっても構わぬと主張した。しかし、そのような民主主義に対する哲学・政治的解釈は、アルジェリアにおける民主主義には当てはまらない。リベラルで現実的な観点からすれば、アメリカの民主主義は、集団を犠牲にする私的自由を個人に対して与えている。こうした民主主義は、権力者により多くの権利を与え、弱者にはわずかの権利しか与えていない。これは、社会・経済的正義を犠牲にした自由である……。リベラルな民主主義が矛盾と無縁というわけではないのと同様に、社会主義的民主主義にも弾圧や不正が無いわけではない。社会主義や共産主義の観点に立てば、民主主義は、空虚なものであり、歴史的には周辺的な存在にしかすぎないのである。(16)

マダニーは、FIS流の民主主義をイスラームと一体化させた。イスラーム型の民主主義は、近代的形態(「新思想」)に優っており、個人の自由と社会の自由が相互に対立しない制度である。すなわちイスラーム型の民主主義においては、二つの自由は、「コインの表と裏」である。(17) イスラームは、個人が自由に投票し、議席を目指して立候補し、統治者の地位に就くことができる完全で公正な政治制度をもたらす。シャリーアは、正義と自由の試金石であり、個人と社会的権利や義務とのバランスをとる制度を確立するための手段である。それゆえ、マダニーはイスラームのモデルがリベラルな民主主義や社会主義的民主主義よりも完全なものであり、自らの文明が直面するイデオロギーの危機に立ち向かうための最善のモデルであると主張している。(18)

マダニーによるイスラームの解釈の中心となっているものは、民衆の宗教として、また社会的正義として、さらには公正な政治・社会的秩序を生み出すことのできるものとしてイスラームを強調することである。彼の民衆を尊重したイスラームの考え方においては、国民にとっての政治・経済問題が個人的利益より優先された。マダニーは、少数派の権利を認め保証する複数政党制度や権力の分立を認めていたが、アルジェリアの政党はみな本来の役割を果たしていないと考えていた。彼は、共同体を犠牲にするほど個人の権利を増長したと西洋を非難したように、アルジェリアの政党は、狭量なエリートだけの組織であり、国民の要求よりも自己の利益や党派主義をより重視していると批判した。かつてのFLNのメンバーとして、マダニーは、FLNは当初の崇高な原理から逸脱してしまい、大統領周辺やエリートの利害により物事が決する政党へと堕落し、「政治的にも道徳的にも地に落ちた」体制を生み出したと批判した。「民主主義を求める運動」や「社会主義勢力戦線（FFS）」などの政党が民主主義を求めたのに対して、マダニーは彼らを次のように批判した。「これらの政党は、国民の自決を保証するためではなく、利己的ないし党派主義的な利害から誕生した……。こうした政党は、博物館みたいなもので、我々が直面している歴史的危機に対処することはできない。」(19)

マダニーは、しばしばイスラームの理想とする世界は、白と黒、善と悪、利己主義と博愛主義など黒白がはっきりした世界であると述べている。それは、超越的原理となすべき「義務」からなる世界である。FISは都合の良いようにこの理想を具体化し、ライバルとなる政党を評価し、その誤りを指摘するために活用した。このようにして、FISは自分たちこそアルジェリア国民を代表する自律した政党であり、他の政党にはすべて欠陥があり、偏狭な自己の利益や権力により行動していると主張した。FISは複数政党制や権力の分立は認めていたが、「道を踏み外した者やエリート」も組織に参加することができるのかどうかは必ずしも明確にしていなかった。宗教・イデオロギー・政治・社会的相違に対してどのような立場を採るのかに関しても明確ではなかった。ムスリム共同体の理想的・神秘的統合を主張することは、時として、多様性や多元性を容認することと矛盾するように思われた。

選挙で勝利したからといって、ＦＩＳが国民から全面的支持を受けたわけではなかったが、マダニーは、アルジェリア国民は「イスラームが国内の諸問題を解決することができるということに対し疑いを抱かず、イスラーム的解決を望んでいると」と総括した。[20]

政治と同様の事が経済でも起こっていた。アルジェリアの慢性的高失業率と富の分配の不均衡に取り組む際、ＦＩＳが目指したものは、個人と社会の利害のバランスを取ることだった。ＦＩＳは、経済改革のための青写真を提示したわけではなかった。しかし、ＦＩＳは、信頼を失った過去の社会主義的制度を否定し、自由な経済体制を唱道した。「ＦＩＳは、農業、工業、商業、金融において自由な投資と私企業を認める計画を打ち出した……その計画とは、公正さを土台とした経済モデルであり、安心して資本投資ができ、工業技術の習得に投資し専門性を身につければ誰でも社会的に成功できる環境を作り出すというものであった。[21]」マダニーは、アルジェリアの停滞する経済状態は、政府の独占と規制のせいであるとした。「『レッセ・フェール』という自由主義的なモットーは、自由主義経済を発展させたが、社会主義制度のアルジェリアでは、「何もするな」というモットーが経済の発展を妨げてきたことに我々は気づいたのである。[22]」

ＦＩＳは、アルジェリアの石油資源を温存し、それに代わりうる他の資源を開発しようとする経済改革を打ち出した。アルジェリアの失敗の原因は、ＦＬＮとその官僚組織だけではなかった。もっと広い観点から見れば、その原因は、石油市場を支配しアルジェリアのような発展途上国の経済に悪影響を与える西洋の新植民地主義や帝国主義であった。ＦＬＮは、西洋に支配された石油市場にアルジェリアを依存させ、国家の天然資源を西洋の市場で安売りするなどして、国の将来を担保にしてその場しのぎをしていると、マダニーは強く非難した。「石油市場や他の主要な市場を支配している新植民地主義・帝国主義政策により、我々の国は本来もっと高価な商品を安売りし、本来もっと廉価な商品を高く買わされている——これこそ貧困への道である……。我々は卵を大金で買い、石油を安売りしている。」[23]

ヨーロッパの植民地主義と西洋の新植民地主義が、このような問題に関し、大部分のイスラーム運動や第三世界の大衆運動にとって、その破綻と抑圧の原因として浮かび上がっている。とりわけアメリカは、その超大国としての役割のために、政治・経済上の脅威と考えられている。国外の油田に依存しているために、アメリカの石油政策は次のような戦略を採った。「自国の油田を開発せずに海外からの石油の供給で備蓄量を増やす……。アメリカの政策は……他国を犠牲にして自国の利益を最優先し、我々が貧しくなるのを尻目に自分だけが豊かになろうとするものである。」[24]マダニーにとって、アメリカの政治・経済両面にわたる圧政は、ワンセットのものであった。アメリカによる世界市場の支配と「新植民地主義的貪欲さ」は「カウボーイ的」外交政策と相俟って、イスラーム世界の抑圧された人々をさらに苦しめた。マダニーは、湾岸戦争と中東に対するアメリカの態度は、シオニストの影響やメディアの扱いだけでなく、十字軍を想起させる中世と宗教戦争への逆行を意味する「植民地的十字軍」の発想から生じていると信じていた。

世界中の大部分のイスラーム主義者と同様に、マダニーは世俗主義とそれに関連したイデオロギーをムスリムの衰退と無力感の主な原因であると考えた。世俗主義は、植民地宗主国が最初に導入し、続いて西洋志向のムスリムのエリート層が国家機関やメディアを通じて定着させた外来のものであった。イスラームと世俗主義との間の対立は、イスラームがもたらしたものではなかった。つまり、イデオロギー戦争を始めたのは、イスラーム主義者と原理主義者を排除しようとするアルジェリアの世俗主義の方であり、マダニーに言わせれば、この戦いは、アルジェリア国民に圧力をかけて「自らのイスラームのアイデンティティと道徳的価値を捨てさせよう」[25]とする試みであった。マダニーは、アメリカに対して批判的であったが、アルジェリアの自治――運命を自ら決定するアルジェリア国民の権利やムスリム世界の権利――を認めるならば、アメリカと建設的で協力的な関係を構築したいという立場を採っていた。マダニーは、FISの経済政策について次のように述べた。「我々の経済政策は、アメリカの投資家に対して門戸を開いている。彼らが、アルジェリアにおいて新植民地主義的性格を持たぬ限り、国内の投資家と同等の機会が与えられるだろう。……（しかし）アメリカの湾岸地域への侵略により、我々の中には、アメリカ企業やアメリカ支援の開発計画の取り扱いに対して懸念を抱くものが出てきた。」[26]

反体制運動から選挙政治へ

一九九〇年六月十二日、アルジェリアで独立以来最初の複数政党による選挙が実施された。地方選挙は、政府の新しい路線とイスラーム主義者に対する支持の強さの双方を試すものだった。エジプト、モロッコ、チュニジアのように、イスラーム政党が禁止され、イスラーム主義者は個人として選挙に立候補しなければならなかった国々とは対照的に、ベン・ジェディッド政権は、FISが政党として選挙に参加することを認めた。FLNが当時の政治状況を支配し、支配エリートが強大な権力を握り、国内の男女同権主義運動がFISを批判していたことなどを考慮すれば、焦点は、FLNが選挙に勝つかどうかではなく、イスラーム主義者がどのくらい健闘するかであった。アルジェリアの政府官僚、評論家、そして国内外のメディアは、世俗勢力の存在とアルジェリアの長年にわたる西側との政治・文化面での交流とを考え合わせ、選挙でのＦＩＳの不振を予想していた。政府と西洋の教育を受けた評論家たちは、原理主義が、アルジェリアの世俗志向、民主主義、多元主義、女性の権利にとって脅威であると警告していた。それゆえ、あのような選挙結果に対する心構えができている者はほとんどいなかった。ＦＩＳは、選挙民の六五パーセントの得票を獲得し選挙で大勝利を収めたのである。実に市町村議会の五五パーセント、すなわち、一五五一の議席のうち八五三の議席を押さえ、四八の地方議会議席のうち三分の二にあたる三二議席を獲得した。これは、市町村選挙でわずかに三二パーセント、また地方議会選挙では二九パーセントの得票しか獲得できなかったＦＬＮの予想外の不振とは対照的であった。ＦＩＳは、全ての大都市で勝利を収めた。「アルジェでは六四・一八パーセント、オランでは七〇パーセント、コンスタンティヌでは七二パーセントの得票を得た。[27]」アルジェリア国民だけでなく北アフリカ諸国や西側も、信じられないことが起こった選挙結果に呆然とした。これは、イランのようなイスラーム革命ではなかったが、近代化理論を当然のこととする世俗的考え方や近代国家としてのアルジェリアの方向性に対する批判がもたらした選挙を通じての圧倒的勝利であった。

イスラーム主義者にとって、選挙での勝利は、イスラームと西洋化との間で繰り広げられている広範なイデオロギー闘争の一部であった。「世俗主義者たちだけがイスラームが選挙で勝利したことを悲観していたわけではない。イスラームの敵である西側諸国の政策立案者たちも選挙結果を嘆いた。このイスラーム主義者の選挙での勝利は、アラブのムスリム国家の精神に深く根ざした西洋の世俗的な価値に対する拒絶であり、それは植民地宗主国やその傀儡（フランス支配から受け継いだものを永続させた少数の世俗的ムスリム・エリート層）が強化してきた価値観の拒否を意味した。[28]」選挙結果が国際的に及ぼす影響に関して統治者たちが感じた恐れは、次のようなイスラーム主義者たちによる声明によって増大した。

アルジェリアは新しい時代への一歩を踏み出した……この状況は、すぐにアラブの全ての国で共通にみられる現象となろう。そして、何十万もの人々による絶え間ない抗議運動、抵抗、反乱は、アラブ諸国家の政府にとってゆゆしき問題となろう。アラブ世界全体が経済・政治面で変容する中で、先駆的かつ指導的事例としてアルジェリアが今後どのような重要性を持ってくるかは、他の国や他の国民に対してアルジェリアがどのような経験を示すかにかかっている。(29)

ＦＩＳが勝利した主たる原因は、ＦＬＮがヨーロッパ式の開発モデルを採用する一方で、強力な世俗的反対運動が大きくなるのを放置したために、事実上、ＦＩＳの勢力拡大を助長し国民の信頼を失ってしまったことであった。民衆が感じていた虚無感のために、投票に出かけなかった者もいくらかいたが、多くの国民は投票を行なった。選挙結果は、イデオロギー的にも経済的にも破綻した体制を、これまで政府に対して個々に反対してきた集団が結集して大衆運動となり、拒絶したことを意味していた。ＦＩＳは、反対運動の核となり、全国的に支持を集め、特に都市部で高い支持を得た。彼らは、これまで社会の多くの領域で欠けていた明確なイデオロギーと組織力を持ち、社会的責任を果たすと同時に社会福祉事業を行なって人々に感銘を与えた。ＦＩＳの診療所や福祉施設のネットワークは、都市部の最も貧しく人口過密の地域で活動を行ない、住宅の供給、モスクでの無料の教育、商店や雇用の創出、地域の清掃活動などを行なった。(30) 政府とＦＬＮがどうしようもない失政を行ない、腐敗が横行し、貧富の差がますます拡大する状況から生じた虚無感の中で、FISはアルジェリア固有の解決案を提示した。彼らの宗教的イデオロギーと価値は、民族主義と深いつながりを持っており、アルジェリア社会にとって必須のものだった。特に、それまで市民社会を指導し支配していた少数の西洋的世俗主義を志向するエリート層と異なるアルジェリア大衆にとっては必要不可欠なものであった。

FISは、大衆に広く受け入れられる政策課題を提示していた。それは、政府の失政と西洋式開発モデルに対する非難、アルジェリアのアラブ・イスラームとしてのアイデンティティ、遺産、価値の再主張、民衆の政治参加と経済（住宅と雇用）改革、社会福祉の効率的推進、政治・道徳の堕落に対する弾劾、経済的に虐げられた人々の権利の向上と富のより公平な再分配、そして家族の価値の再強調などであった。同時に、FIS以外には有効な代替案が示されなかったために、投票を棄権した人々が多かったこともFISに有利に働いた。しかし、それ以上に、FISを支持して一票を投じるというより、社会に浸透している政治・社会秩序に対する不満と怒りから、FLNに反対票を投じたという人々が多かったことが、FISの勝利に大きく貢献した。

運動の歴史が浅く、国外の様々な運動と連携していなかったことも考え合わせれば、FISが選挙に勝利し政権獲得に近づいたことは、いっそう印象的である。ムスリム同胞団、ジャマーアテ・イスラーミー、チュニジアのナフダ党などの多くの他のイスラーム運動と比較すると、FISが初めて組織されたのは、ずっと後の一九八〇年代末になってからだった。アルジェリアのイスラーム主義者は、他と比較すると非常に民族主義的で国外勢力の影響をあまり受けていないという特徴があった。彼らは、イラン革命、アフガニスタンでのソ連の占領に対抗するムジャーヒディーンの闘争、パレスチナ、そして世界各地のムスリム政治におけるイスラームの再主張などを意識しその影響を受けていた。彼らはまた明かに、北アフリカにおけるイスラーム活動家や事件と関わりを持ちその影響も受けていた。とりわけ、チュニジアのナフダ党（ルネッサンス党）の指導者であったラシード・ガンヌーシーや、かつてアルジェリアを訪問しＦＩＳと組織間の交流があったスーダンのムスリム同胞団の国際的活動家でもあったカリスマ的指導者、ハサン・アル＝トゥラービーの影響を受けていた。また、マダニーは否定したが、他のイスラーム運動と同様に、イラン革命の影響を封じこめることを願っていたサウジアラビアや湾岸諸国からの援助を受けていたという報告もあった。

一般に、アルジェリアのイスラーム主義者にとっての将来の計画や関心事は、他の大部分のイスラーム組織と比較すると、地域に向けられており、国際的視点を持つというより民族主義的傾向が強かった。マダニーが述べた次の言葉は、アラブ世界の他のイスラーム運動とＦＩＳとの関係を反映している。「彼らは我々と同じ感情を分かつ兄弟である……我々は、これまで力が無かったために、彼らに対して共感する以上のことはできなかった。一方が、何か不足しているからといって、もう一方がそれを与えることはできない。我々にできることは祈りを捧げることだけだ。そして彼らも我々に対して祈りを捧げることしかできない。」(31)

政府の反撃

選挙の結果を受けて、政府は市町村に対して補助金を削減するという攻撃的な措置を取り、選挙で選ばれたＦＩＳの市町村当局者が適切な住民サービスを供給できないようにした。ＦＩＳに対して、急進的改革を行ないイラン式の政府を樹立しようとしているという批判があったが、地方議会は、地域内での行政や生活改善など「国家、社会、経済の急激な改革よりも、服装、飲酒、ギャンブルなどの些細なことだが象徴的意味合いを持つ事柄[32]」に大きな関心を持っていた。さらに、若干の例外を除いて、FISはベール着用の強要、公衆浴場の禁止、バーの閉鎖などは行なわず、女性が参政権や労働の権利を獲得することも妨げなかった。しかし、彼らはこうした措置が必要と思われる領域ではより保守的な規則を施行した。[33]

一九九一年六月へと日程変更された複数政党による選挙の期日が近づくにつれて、政府は、来る総選挙においてFISが苦戦しFLNが勝利するように、勝手に選挙区を改変する新しい選挙法を三月に制定した。FIS指導部が一九九一年五月に全国規模のゼネストを行なおうとすると、政府は武力でこうした大衆の抗議運動に対抗した。大統領は、非常事態を宣言し秩序回復のために軍を投入した。FISの指導部は、政府による新選挙法実施に反対する街頭デモを展開しようとした。マダニーとベル・ハーッジは、約五千人の支持者と共に六月三〇日に逮捕され、選挙は延期された。マダニーとベル・ハーッジは軍事法廷で裁かれ、国家への反逆罪のかどで十二年の懲役刑を受けた。政府側は、FISが国家体制に反抗し国家の安全を脅かしていると非難しているが、立場を変えれば「FISが六月に行なった街頭デモは、民主的プロセスを『損なわせる』企てではなく、政府によって制定された非民主的な法律の撤回を求めるものだった。実際、一九八九年に合法化されて以来、FISは、政府内外の人々が積極的に擁護する民主主義の原則を完全に遵守するとまではいかなくとも、民主的手続きを厳守して活動を行なってきた。[34]」

FISのメンバーの大量逮捕により、政府や世俗的勢力には再編成を行なう余裕が生まれた。同時に、イスラーム運動の共同戦線が分裂していくのではないかと政府側が期待する中で、他のイスラーム組織が台頭してきた。ハマース（導きと改革運動）を指導するシャイフ・マフフーズ・ナフナーフは、アルジェリア・ウラマー協会と同じように、政治に直接関わることは避け、宗教組織と社会組織を結集したイスラーム連合を設立した。ナフナーフは、当初、ＦＩＳのような宗教団体が政党になることに反対していた。アルジェリアの世俗主義者や西側の評論家たちの多くは、ナフナーフとイスラーム連合は、ＦＩＳに代わる自由主義的な代替案であり、ＦＩＳの選挙結果に深刻な影響を与えるだろうと考えていた[35]。

一九九一年一二月二六日、アルジェリアはその三〇年の歴史の中で、始めて複数政党による国会選挙を実施した。ゲリマンダー（与党に有利になるような選挙区の変更）による新選挙区割り、国家機関やマスメディアの統制、さらにマダニーやベル・ハーッジの獄中生活など、政府とＦＬＮにとって有利な条件が揃っていたにもかかわらず、アルジェリアの登録有権者の五九パーセントが投票する中で、ＦＩＳは有効投票の四七・五四パーセントを獲得した。ＦＩＳは、アルジェリアの第一回国会選挙で選出される二三一議席のうち一八八議席を獲得し、その獲得議席数は、総議席の過半数にわずか二八議席足りないだけであった[36]。ＦＩＳに続いた政党は、社会主義勢力戦線（ＦＦＳ）であったが、わずかに二六議席を得ただけだった。ＦＬＮは壊滅的敗北を喫し、わずか一六議席しか獲得できず第三党となった。国会の総議席四三〇のうち残りの議席は、一九九二年一月の第二回選挙で選出される予定となっていた。

多くのムスリム統治者と西側政府が抱いた不安と恐怖は、ＦＩＳだけでなくイスラーム世界全体のイスラーム運動を席巻した歓喜に匹敵するほど大きなものであった。ＦＩＳの勝利は、自らの運動が民衆の代弁者であり、またＦＩＳが体制に適応し社会的にも政治的にも今や主流になったことの証拠であると、イスラーム主義者は考えた。一方、彼らと対立する人々は、FISは「民主主義をハイジャックした」と非難した。FISは、こうした非難を否定し、選挙結果であることの重要性を認識するように主張した。しかし、批判者たちは、FISは民主的プロセスを政権の座に就くために利用しているだけで、政権に就けば、政治的多元主義も女性の権利もほとんど認めないイスラーム的政治体制を押しつけると非難した。FIS指導部の声明は、こうした非難を抑えるのに十分説得力を持つものではなかった。FISが「イスラームこそ問題の解決策」というスローガンの下にどれほど足並みを揃えようとしても、多様な意見の相違が存在していた。戦線ないし連合の形態を取っていたために、FISは、アルジェリアの将来や民主化に対して多様な志向と態度を持った指導者や党員を抱えていた。FIS指導部の声明は、しばしば曖昧で矛盾することがあった。民衆の政治参加が、民主主義的政治プロセスへの移行を意味しないと考える者までいた。マダニーは、表面上は民主的プロセスを支持していたが、次のような発言に見られるように言葉を濁し如才なく対応した。「もちろん進むべき道は選挙である。それは国民の声を尊重する者全てが望む道である。現時点では他の道は無い。他の如何なる道もアッラーは望んでいない。したがって、権力を獲得する方法は、国民大多数の意思により結果が決まる選挙である。[37]」現実的対応を望む同様の主張は、石油化学の技術者でもあったもう一人の著名なFISの指導者、アブデルカーデル・ハシャーニーの声明の中にも見られた。「我々はアルジェリアの新指導部に対して宣言する。我々の憲法はコーランとスンナである。しかし、我々は政府の定めた憲法を遵守することにする。しかしそれは我々がその憲法を信じているからではなく、（もし我々が憲法を無視した場合、弾圧するための）口実を与えてしまうことになるからだ。[38]」ハシャーニーは、複数政党制を容認しているように思われた。「我々の価値と我々の文明の範囲内で、いつくかの政党の存在は許されるべきだろう。これによって政治は豊かさを増すことにもなろう。[39]」対照的に、ベル・ハーッジは民主主義は非イスラーム的概念であるとしてにべもなく拒絶した。またイマーム・アブデルカーデル・モニーは、次のように宣言していた。「イスラームは光である。なぜイスラームを恐れるのか。民主主義の中にこそ暗闇が待ち受けている……個人の自由は公共の利益に反さぬ限り尊重されるだろう。しかし自由と自由放任とを混同してはならない。[40]」FISの指導者たちは、このように多様な声明を発し、民主主義と女性の権利に関して曖昧な立場を取っていた。そのため、彼らは、FISが最終目的とする課題とは何かということに関して、たびたび疑念を持たれ批判にさらされることになった。

アルジェリアにおいてイスラーム主義者の民主主義に対する態度は、他の地域と同様に、西洋の制度に依存している現実の中で、彼らが西洋に対してどのような対応をとっているかという広い視点から理解されるべきである。二〇世紀初頭の多くのムスリム指導者は、民族主義、民主主義、多元主義を本質的に欠陥の多いものと考え非難した。彼らにとってこれらのイデオロギーは、ムスリムを分裂・弱体化させ、西洋への政治・文化的従属を永続化させるために西側諸国が持ち込んだ外来の非イスラーム的概念であった。同様に、アルジェリアの多くのモスク説教者たちは、民主主義をイスラームとは相容れないイデオロギーだと見なし、民主主義、世俗主義、「不敬な不信心」は全て同じものだとした。ヨーロッパの植民地主義や西側諸国の政策とその遺物は、民主主義に対する信頼性を損ねるものだと考えられていた。[41]冷戦期間中、またここ近年は中東における民主化のプロセスやボスニア紛争に関連して、西側諸国は、自分の都合によって現実主義を使い分け、「ダブルスタンダード」を用いていると多くの人々が主張している。すなわち、西側諸国は、自国とその同盟国に対しては民主主義を採用する一方で、ムスリム世界においては、石油、武器の輸出、パレスチナ協定支援のために、権威主義的政権を喜んで認めようとしている。このように、西側諸国は、ちょうど冷戦時代にラテン・アメリカやアフリカの反共産主義独裁政権を認めたのと同様に、(権威主義的で抑圧的かつ目に余る人権蹂躙を行なっている) 反民主主義的政権を支持していると見なされている。

軍部による介入——挫折した民主主義

一九九二年一月十二日、アルジェリア軍が介入し事実上のクーデターを行ない、大多数の有権者の意思を無視して、FISが民主的選挙により政権に就くのを阻止した。数ヶ月前、北アフリカの各国政府が顔を合わせ「急進的イスラーム」に対抗するための実働部隊を設立した時に、アルジェリアと近隣諸国は軍部による介入を正当化するための地ならしをすでに行なっていたのである。ある専門家は次のように述べている。

いくぶん西側諸国を意識した彼らのメッセージは、極めて明快なもので、次のように要約できる。「現政権こそ存続させる価値がある。なぜなら、現政権が政治的排他主義から重大な人権無視に至るまでいかなる欠点を抱えていても、西側との敵対関係を望む狂信者に対する唯一の防波堤になれるのは現政権だけであるからだ。」このような解釈に従えば、この地域における権威主義的な体制は望ましいものではないが、西洋型の政治的多元主義への唯一の道である。(42)

国家の安全と安定の維持を名目に、軍部は、第二回目の国会選挙のわずか数日前に行動を起こした。

もし選挙が予定通り実施されれば、FISが再び勝利し、国会で三分の二から八〇パーセントの圧倒的多数の議席を占めると予想されていた。[43] ベン・ジェディッド大統領がFISの選挙での勝利を認めFISとの連立協定を結ぶのではないかという危惧が軍内部にあり、軍は大統領を辞任へと追いやった。憲法の規定では、国民議会議長がベン・ジェディッド大統領の後任となると定められていたが、「国民議会議長が原理主義者たちと非常に近い関係にあった」[44]ために、国民議会は一月末に秘密裏に解散させられた。国内統治のために、連立与党の国家評議会、あるいは最高治安評議会という名ばかりの連立組織が軍部により任命された。こうしてアルジェリアでの民主主義の実験は中止され、FISに対する大規模な弾圧が始まった。一九九二年二月九日、評議会は、芽生えつつあった民主化を力ずくで包囲してその芽を摘みとった。評議会は非常事態宣言を発し、十二月の選挙結果を無効とし、第二回目の選挙を中止し、さらに全ての選挙を無期限延期した。ジャーナリスト（イスラーム主義者であろうがなかろうが）は、全て逮捕され、新聞が数紙発行停止となった。さらに政府はFISを解体するための行動を取った。数ヶ月もしないうちに、FISは非合法となり（一九九二年三月）、指導者、党員、FISの同調者であると疑われた人々は、全て逮捕され拷問を受けた。一万人以上のイスラーム主義者がサハラ砂漠の強制収容所に拘留され、FISのモスクや社会福祉センターは閉鎖され資産は没収された。FISに同情的であったイマームは、国が任命した聖職者に交代させられ、「説教壇を政治的目的のために用いた」[45]ということで逮捕された聖職者もいた。ある国際的なジャーナルは次のように述べている。「アルジェリアでは拷問が復活し、今では公然と行なわれているようだ。[46]」アルジェリア問題の権威であるジョン・エンテリスは、次のように書いている。「一月に予定されていた選挙を軍部が中止したことは、まぎれもなく軍事クーデターであり、近い将来、アルジェリアに民主主義が実施されることはまずないだろう。国家は不安定な状態にあるという政府の主張とは異なり、アルジェリアに騒乱の危険性は無かった。政府が軍部の気に入るようにしている限り、政権の安定には問題はないのである。[47]」

軍部がＦＩＳを壊滅するために速やかな行動を取ったことは、アルジェリアの民主化プロセスの本質に関して重大な疑問を投げかけた。軍部は、国家の安全を守るという名目で、ＦＩＳが政治体制に参加することにより獲得した権力を排除した。ＦＩＳの事例は、ムスリム世界の大部分の政権が、反対勢力の性質を見極め、彼らに対して寛容に対処することがどれほど難しいかを象徴していた。[48]ＦＩＳの指導者たちは、当初、穏健な運動を求め暴力を避けようとしていた。ハシャーニーは、ＦＩＳの党員に対して、選挙の結果、「何人も、何物も取り上げることのできない正統性を、ＦＩＳは獲得した」ことを今一度想い出させた。しかし、ハシャーニーのような穏健なＦＩＳの指導者の逮捕に加えて、軍部による民主化の運動に対する徹底的弾圧や対立を激化させる動きは、度重なる武力衝突を引き起こし、実質的な内戦状態をもたらした。

選挙の中止は、世俗的な支配エリートの多くから賞賛されたが、ＦＩＳと対立していた社会主義勢力戦線（ＦＦＳ）の指導者、フサイン・アイト・アフメトのような世俗的反対運動の政治家は、次のように語っていた。「形式的にはそうでなくとも、アルジェリアは実質上クーデターの状況にある……軍部がどう言っても選挙を中止させることが民主化の促進などと誰も信じるはずがない。[49]」このような事態を受けて、国際的人権擁護団体は「激増する人権蹂躙」を非難し、「非暴力的演説や活動に関わっただけで逮捕された多くの人々と共に、平和的な表現で批判を行なっただけで……逮捕された[50]」ハシャーニーやラバ・ケビールを釈放するよう要求した。一九八九年から一九九一年にかけて政治体制の自由化によってもたらされた様々な権利——複数政党制の導入、政治犯の釈放、新聞・雑誌の検閲の廃止、恣意的な逮捕・拷問の禁止——が元の状況へと戻された。政府による弾圧の主な標的となっていたのは、FISであったが、政府に対する世俗主義的反対運動（知識階級、政治家、ジャーナリスト）も沈黙させられることとなった。

合法的反体制運動からゲリラによる戦争状態へ

FISのメンバーの大量逮捕により政府とFISの対立は激化した。FISは当初、合法的な反対運動として活動し、選挙を戦い、地方選挙でも国会選挙でも大勝した。しかし、FISが民主的な手段で獲得した政府内での権力は否定された。軍部による弾圧により、FISは合法的な反対運動から、いくつかの革命的なグループも含め、戦闘的な反体制運動へと変容していった。指導者の多くが獄中にいたり亡命中だったために、連合は分裂していった。政府による弾圧は、FISを改革運動から革命運動へと変化させたのである。体制内から政権の獲得に向けて挑戦していた組織は、分極化し、より過激な運動へと変化した。強い不満を抱いていた党員は、政府の弾圧や暴力に対抗して、自己防衛から攻撃へと転じ、軍事的脅威となった。

一九六〇年代、ガマール・アブデル＝ナーセル指導下のエジプト・ムスリム同胞団をいくらか想起させるような筋書きの中で、FISは、穏健派とより戦闘的なグループへと分裂した。弾圧と拷問により次々と、アルジェリアにおけるイスラーム主義運動の急進的要素——かつてのFIS党員やその他のイスラーム主義者、「アフガン」（ソ連による占領の際にアフガニスタンで戦ったアルジェリア人）

——を吸収した過激なゲリラ集団が誕生した。政治的交渉に参加することを拒絶し、彼らは武装闘争（ジハード）とテロリズムを選択し、「腐敗した反イスラーム」政府に対する武力による打倒と彼ら独自のイスラーム国家の樹立を目指した。ヒズブッラーや武装イスラーム集団（ＧＩＡ）のような武装した軍事組織による秘密結社は、爆撃、待ち伏せ、軍の兵舎、警察署、刑務所などに対する攻撃など暴力と恐怖による活動を開始した。ＧＩＡは、ＦＩＳの穏健路線を明確に非難し、いかなる妥協や調停も拒否し、政府とその全ての支持者（アルジェリア人、外国人、外国勢力など一切の区別なく）に対して全面的なジハードを挑んだ。ＦＩＳの中にも、非公式なものだが、イスラーム救国軍（ＡＩＳ）という戦闘的分派が誕生し、交渉の余地がない状況では、政府に対して武装闘争を敢行した。暴動が拡大するにつれて、国内の状況は事実上の内戦状態——アメリカの担当者によれば「低次の戦争状態」——に陥り、軍部とイスラーム主義者が死闘を繰り広げた。過激主義者は、政府の官僚、軍部、警察だけでなく、市民、世俗的インテリ指導者、「ベールを纏わぬ」女性や女学生まで襲って殺害した。治安部隊が、顎鬚やスカーフを原理主義テロリズムの象徴とみなしたとすれば、戦闘的イスラーム主義者は、ベールを纏わぬ女性や世俗的インテリを国家による弾圧と恐怖政治の象徴として攻撃目標とした。アルジェの街は、「（姿の見えぬ）敵と闘うために派遣された一万五千人もの兵士が駐留する」[51]軍事キャンプとなった。一九九三年末から一九九四年初めにかけて、アルジェから周辺に至る地域は、イスラーム主義戦闘集団により包囲され、いつ攻撃を受けるともしれぬ状態に置かれた。

軍部とイスラーム主義戦闘集団の双方が、戦闘に巻き込まれた罪の無い民間人に対しても「見境の無い」攻撃を容赦無く行なったので、ＦＩＳの穏健勢力は武闘イスラーム集団のようなテロ活動から距離を置くようになった。アルジェリア軍が、ジャーファル・アル＝アフガーニーというＧＩＡの指導者を殺害したとき、FISの指導者は軍の行動を非難したが、実は、FISに忠実なグループの裏切りによりアフガーニーは殺害された可能性があった。同時に、これまで国民的討議にFISを加えることを頑なに拒んでいた政府が、マダニーやベル・ハーッジと話し合いを行なっているという噂が流れていた。[52]

民間人に対する攻撃はまた、背後にある文化的かつ階級的対立を反映していた。FISや他のイスラーム主義者は、アラビア語を話す都市部の職を持たぬ貧しい人々から構成されていた。そのため、万一彼らが政権の座に就くことは、フランス語を話す西洋化した都市部のエリートの権力と特権に対する直接の脅威であった。FIS壊滅のための軍による弾圧は、自らの生活様式を維持するために軍の介入を一般に支持している世俗的で西洋志向のアルジェリアのエリートの利害と関係していると、FISの多くの党員は考えていた。それゆえ、両者の対立は、世俗主義対イスラーム、また西洋化対イスラーム化をめぐる聖戦へと変容した。しかし、対立する二つの社会勢力のプロフィールに対するこのような一般的解釈によって、内戦状態に対するアルジェリア人の多様な対応の本質を見誤ってはならない。実際は、軍による支配を嘆く世俗主義者(フランス語を話そうとアラビア語を話そうと、エリートであろうとなかろうと)もいれば、失業中の若者だけでなく近代的教育を受けた職業人(医師・技術者・教師・軍人の一部)の中にもFISの支持者はいたのである。

度重なる暴力は、社会の両極化を一層進行させた。政府と軍部は、社会全般の傾向を反映して、二つの派に分裂した。その一方は、対話と国民の和解の必要を確信するグループであり、もう一方はFISに対する徹底的弾圧を一貫して支持する強硬派であった。和解派は、リアミンヌ・ゼルワル大統領や多くの世俗的イスラーム政党と若手の将校によって支持されていた。強硬派は、イデオロギーよりは自己の利害によって行動する軍上層部と多くのエリート、すなわち「失うものが多く、貪欲という最も卑しい理由のために現実的交渉の席に就くのを拒む人々」[53]を多く含んでいた。同時期に、アルジェリア自由青年組織やアルジェリア共和国防衛秘密機構などの反イスラームの殺人部隊も登場した。彼らは治安部隊や軍隊の現役、あるいは退役メンバーから構成されていると考えられていたが、「原理主義テロリズム」に対抗して、イスラーム主義者に対する攻撃と殺害を行なった。[54]

政治的イスラームの権力と脅威は、民族間の緊張関係を悪化させ、軍部は、二つの勢力、イスラーム主義者とベルベル人からの挟撃を受けていた。ベルベル人は、イスラームが北アフリカに到達する以前からこの地にあり、彼らはイスラームに改宗したが、依然として独自の言語、文化、そして自治を極めて忠実に守っていた。文化・民主主義会議（RCD）のサイード・サーディー博士をはじめとする、反政府であると同時に、それ以上に反原理主義の姿勢を採っていたベルベル人指導者は、政府を批判するだけでなく、原理主義者による行為はアルジェリアの同胞に対する民族大虐殺であると非難し、彼らに対して武器を持って抵抗するよう訴えた。[55]

状況が引き続き悪化するにつれて、フランスは、軍部が後ろ盾となっている政府に対して、現在の方針を変えずにFISを決して認めぬように圧力をかけた。一方アメリカは、FISも含めた国民的和解に向けて静かに圧力をかけた。しかし政府は、ゼルワル大統領と軍指導部との意見が食い違う状況の中で、依然としてはっきりとした態度を打ち出せずにいた。一九九四年五月八日、世俗主義政党とイスラーム主義政党の双方が、ゼルワル大統領による国民的和解政策を支持するデモ行進を行なうよう呼びかけた。しかし、十万人の動員を期待したの対して実際に集まったのはわずか十人で、合法的政党への支持がいかに貧弱で、デモ行進をボイコットしたFISの影響力の強さを見せつける結果となった。亡命中のＦＩＳの指導者は、交渉の席に就くための条件は、ＦＩＳを合法的政党として認め、政治犯を釈放し、新たに選挙を実施するための行動を取ることだとした。

和解から根絶へ

一九九四年、暴力とテロリズムはその激しさを増す一方で、政府と獄中のＦＩＳ指導者との間で水面下の交渉が始まる兆候が見られた。一九九四年九月、政府は、複数のＦＩＳ指導者を釈放した。マダニーとベル・ハーッジはブリダ刑務所から自宅軟禁へと移され、話し合いによる解決に向けての最初の一歩を踏み出したかのように思われた。しかし、マダニーはいくつかの条件が満たされるまでは国民的な和解交渉の席に就くことを拒んだ。その条件とは、「『正統な』政府が樹立されるまで『中立な』政府を立てること、ＦＩＳの正統性を再び認めること、戒厳令を解除すること、さらに大赦の言明、イスラーム主義者に対する審理中の裁判の終了、軍部による兵の引き上げなどであった。[56]」ゼルワル大統領は、にべもなく返答を拒否した。一九九四年一二月と一九九五年一月、ＦＩＳの代表団は、ＦＬＮも含めた他のアルジェリアの野党と共に、ローマのサン・エギディオ・カトリック教会が後援する会議に参加した。彼らは、マダニーがそれまでに要求していた項目の多くを含む要求事項について合意に達し、軍部による政治への介入を終わらせ、ＦＩＳを非合法とする法律を撤回し、ＦＩＳの政治犯を釈放し、自由な複数政党による選挙の実施につながる国民議会を開催するように要求した。アメリカは、その合意を賞賛し、アルジェリア政府を長らく支援してきたフランスも合意に対して前向きの姿勢を示した。アルジェリア政府は、その会議を認めることを拒み、会議の存在自体を無視した。

政府は、要求を拒否し、マダニーとベル・ハーッジを獄中へ戻し、イスラーム主義者を「根絶する」戦いを激化させた。

結語

政治・文化生活を完全に変容させ支配しようとする植民地宗主国による企てを、これほど耐え忍んだ国はほとんど見あたらない。アルジェリアは、フランスの覇権主義に対抗し、イスラーム世界において近代の独立戦争の中でも最も長期にわたる流血の戦いを経験した。イスラームは、アルジェリアの独立・抵抗運動において国民を結びつける勢力であることを証明した。しかし、多くのムスリム国家と同様に、独立後のアルジェリアでは、国民の意思や宗教がＦＬＮ、政府、軍部三者の連立からなる権威主義的統治に従属する複雑な状況を呈していた。アルジェリアの社会主義的政策による安定と統合の背後には、根深い文化・階級的分裂が常に存在していた。一九八〇年代後半、ＦＬＮの政治・経済政策の失敗は、ほとんど誰も予期していなかった勢力の伸張を招いた。唐突とも思える社会情勢の急激な変化の中で、アルジェリアは、軍部が治安の安定を担い、西洋志向のフランス語を話すエリートが社会・経済的安定を保証する単独政党による社会主義的国家から、「明日にもイスラーム国家になる国」となった。政治制度を開かれたものにし、地方や中央の選挙を実施したことにより、政府関係者を困惑させ、アルジェリア社会全体を席捲するイスラームの潮流が生まれた。ＦＩＳが選挙により政権獲得までもう一歩という状況が生まれる中で、イスラームは脇役から主役へと躍り出た。

多くの政府関係者は、ＦＩＳが、未だに体制内で活動し、個人や集団の権利を認め、政治制度の主導権を国民に与える準備ができておらず、民主主義をハイジャックしようとしていると非難した。しかし、軍部が第二回目の総選挙の実施を阻止し、大規模な弾圧を行なったことは、数十年にわたる権威主義的統治の遺産が社会の中に未だに強い影響を持っており、結果としてアルジェリアにおいては民主主義の伝統が存在していないことをはっきりと示していた。FISが選挙に勝利したことで、政治文化的支配権を失ってしまったアルジェリアの数十年にわたる世俗的権威主義の伝統は、軍部の介入を契機に、自己の権力と特権を守り、国家を「原理主義者による」宗教的権威主義から救うために動き出した。試行錯誤を通じて市民社会が発展していくかどうかを危険を冒して見極めようとすることなく、アルジェリアにおける「民主主義の実験」、すなわち民主化のプロセスは、一時中断どころか事実上中止されてしまった。国民が選挙で選んだ政府は、軍部が任命した国民の声を代弁しない評議会に取って代わられたのである。

アルジェリアにおける経験、あるいは実験は、政治の自由化、民主化、多元主義、権力分立などの問題に対して、世俗的エリートたちや「原理主義」を代表するFISがこれまでどのような対応をしてきたかという、世俗的エリート層やFISの本質にかかわる多くの問題を提起した。政府側は、原理主義者は「民主主義をハイジャックする」ために登場したと非難したが、軍部が武力介入したために、指導層のエリートたちは「平和な民主主義」しか認めていなかったはずだという原理主義者からの反論が正当化されることとなった。FISに対して、「国民一人一人が一票の選挙権を持つ」制度だけしか認めないという批判がある一方で、世俗的エリートに対しては、反対勢力が脆弱で自らの勝利が確実な時しか選挙が正当だと認めないという批判があった。ジョン・エンテリスは次のように述べている。

政府、軍部、FLNが民主化のプロセスを自然のなり行きに任せておかないのは、権威主義の強力な名残りがアルジェリアの政治文化、態度、行動全般に未だに存在していることを明らかに示している……アルジェリアが民主主義の実験を進めていくためには、権威主義的で独裁的な国家体制を尊重する伝統的姿勢を捨て去る他はない。(57)

アルジェリアは、世俗主義者対イスラーム主義者、イスラーム主義者対イスラム主義者、アラブ人対ベルベル人、フランス語話者対アラビア語話者との関係において、思想と価値をめぐって世俗的国家とイスラーム国家の双方が、いかに分裂と対立の源となっているかを示している。長年にわたる流血の独立戦争を経験した後で、アルジェリアは、国民的アイデンティティの本質を定義し再確認するための、いわばアイデンティティ戦争へと突入したのである。政府とイスラーム主義者双方による武力攻撃、政府の殺人部隊とイスラーム主義者によるテロリズムの連鎖は、市民社会全体を脅かす内戦を引き起こした。こうした内戦状態は、社会の分裂、過激化、そして世俗主義者とイスラーム主義者の先鋭化をもたらし、アルジェリア国民の多くがその犠牲となった。政治的に明白な勝利を収める勢力は存在せず、事態打開の糸口さえ見い出せぬ状態である。アルジェリア政府だけでなく、イスラーム主義者と非イスラーム主義者双方を含めた反政府勢力は、政治参加、多元主義、相互信頼を前提として、国民的アイデンティティを再定義あるいは再構築するための議論が行なわれる環境を創り出す責務を負っている。

第八章　エジプト

対立する政府、人民主義者、過激イスラーム

エジプトはこれまで、アラブ内だけでなくムスリム世界全体において、政治、社会、文化、宗教面における発展の先駆的役割を果たしてきたとしばしば考えられてきた。エジプトの統治者は、二〇年以上も国家と支配エリート達に大きな問題を投げかけてきたイスラーム復興への対応に苦慮してきた。[1] 現代のイスラーム復興主義（イスラーム原理主義）は、その現在における形態の起源をたどってゆけば、エジプトの経験に行きつく。エジプトが経験したことは、世界各国のイスラームはもとより西洋諸国まで、地域の枠を超えて国際的な影響を及ぼしてきた。ムスリム同胞団は、北アフリカから東南アジアに至るまで、ムスリム世界のイスラーム運動の成長と発展にイデオロギーや組織上のモデルを与えてきた。スーダン、チュニジア、アルジェリア、湾岸諸国、南アジアそして東南アジアのイス

ラーム主義者は、同胞団、特にハサン・アル＝バンナー（一九〇六―一九四九年）とサイイド・クトゥブ（一九〇六―一九六六年）が組織形成に影響を与えたことを認めている。彼らの思想は、パンフレット、書物、カセットテープを通して今日まで広く行き渡っている。

一九九〇年代、エジプトは、社会に対する宗教のダイナミックで多様な関係、宗教の国家に対する挑戦、そして宗教の民主化過プロセスに及ぼす影響を示す重要な事例となっている。エジプトは、急進的で暴力的な革命イスラーム行動主義だけでなく、社会や政治においてイスラームが制度化される過程を目の当たりにしてきた。すなわちエジプトにおいては、政府や支配エリートが、自らの正統性とライフスタイル、権力、特権を何とか維持しようとイスラームに対して様々な政策を採った。その結果、（多くのイスラーム社会と同様に）イスラーム主義者、世俗主義者、政府官僚の多極化が進行し、政府は、いったん民主化を進めると公式に表明しながら、その約束を反故にした。しかも「原理主義者」は民主主義を「ハイジャック」しようとしていると批判することにより自らの行為を正当化した。そして最後には、暴力的革命主義者だけでなく穏健派まで含んだムスリム過激主義者と国家治安部隊との間の対立が激化してしまった。

イスラームと近代エジプト政治

現代のエジプト政治を特徴づけているのは、多分に一九五二年の革命とそれに続いて誕生した一九五二年から一九七一年に至るガマール・アブデル・ナーセルによる統治である。ナーセルは、エジプトの民族主義を再定義し、アラブの民族主義と社会主義を国内外で推し進めた。彼は、権威主義的な

「安全」国家の機構を中央集権化した洗練されたものにし、自らを地域だけでなく世界の指導者として演出した。

ナーセルと彼の革命は当初ムスリム同胞団の支持を受けたが、革命後、ナーセルがイスラーム国家の建設を目指さず、アラブの世俗的民族主義と社会主義を促進しようとしていることが明らかになると、同胞団は反対に回った。同胞団との関係が悪化するにつれて、政府と同胞団は、時に武力衝突にまで発展する対立をあちらこちらで繰り広げ、ナーセルだけでなく閣僚も暗殺の標的とされた。政府は暗殺計画を同胞団の仕業であると見なし、同胞団を弾圧しメンバーを大量に逮捕した。一九六六年にはついに、ナーセルは徹底した同胞団の弾圧に乗り出し、サイイド・クトゥブなどの主だった理論的指導者を処刑した。さらには、何千人もの人々を逮捕し、多くの人々を地下に潜伏させたり国外に追いやった。ナーセル時代の後半までに、政府は宗教指導者を取り込みイスラームの(実際他の全ての)反対勢力を沈黙させた。

一九七一年から一九八一年まで支配したアンワール・サダトは、第三次中東戦争により打ちひしがれたエジプトを引き継いだ。一九六七年のアラブの敗戦に続き、カリスマ的指導者、ナーセルが亡くなり、その死はエジプトだけでなくアラブやムスリム世界で何百万の人々から悼まれた。サダトは、このような状況下で政権の座に就いたのであった。サダトは、自らの政治的アイデンティティと正統性を築こうとしていた。そのために彼は、ナーセル派や左翼主義者の力を弱体化すると同時に、自らの正統性を高め大衆からの支持を集めるためにイスラームを用いた。彼はまた、政府公認の宗教指導者を利用してイスラーム運動の再登場を支援したが、このことは、政治的イスラームの再肯定、新生ムスリム同胞団の復活、より戦闘的なイスラーム組織の登場と増大を促す結果となった。

一九七〇年代、エジプト政府は明確にイスラーム重視の姿勢を打ち出した。サダトはイスラームのシンボルと言辞を大いに活用した。彼は自分自身を「信仰心の篤い大統領」と呼び、金曜礼拝時には決まって写真を撮らせ、かつてないほどの規模でモスクの建設を進め、一九七三年のエジプト・イスラエル戦争を聖戦として戦った。また彼は、ムスリム同胞団を牢獄から解放し、彼らが市民生活を営むことを許し、さらにはナーセル派と左翼主義者に対抗するイスラームの学生組織をキャンパス内で設立することを支援した。

サダトのより開かれた政治・経済政策により多様で多元的なイスラーム運動が発展した。ムスリム同胞団は、牢獄から解放され、長年にわたる弱々しく卑屈なイメージを払拭した。彼らは自らの組織を立て直した。同胞団は、未だに非合法の政党であったが、出版物の発行などの活動を再開し、時に批判をすることもあったが、政府に対しては当初好意的な姿勢を取っていた。弾圧、投獄、拷問などの試練を経て、同胞団は、ウマル・ティルマサーニーの指導の下、暴力に反対し、体制内で変革のために活動するという方針を明確にした。

同時に、新しい急進的なイスラームグループが登場した。こうしたグループの多くは、かつてのムスリム同胞団のメンバーによって指導されていた。彼らは、獄中生活や地下活動の経験から、政府は反イスラームであり、自らの進むべき唯一の道は武力で政府を打倒することだと信じていた。一九七〇年代半ばまで、急進的グループは盛んに活動を展開した。彼らは政府に対する武力闘争を選択し、兵士を募り、大衆を結集し、政府組織を攻撃し、官僚たちを暗殺した。その中心的グループは、「イスラーム解放機構」(ムハンマド青年団［シャバーブ・ムハンマド］とも呼ばれている)、タクフィール・ワル・ヒジュラ(不信仰の断罪と移住)としてより一般に知られている「ジャマーアト・アル＝ムスリミーン」

（ムスリム集団）、「ジャマーアト・アル＝ジハード」（ジハード団）、「地獄から救済された者たち」の四つであった。イスラーム解放機構は、一九七四年四月、カイロの軍事工科大学を一時占拠した。しかし、政府軍は、サダト大統領の暗殺とイスラーム共和国の樹立を狙ったこのクーデターの計画を阻止した。一九七七年七月、タクフィール・ワル・ヒジュラは、急進派を厳しく批判していたアズハル大学の教授でワクフ省前大臣、フサイン・アル＝ザハビーを誘拐し殺害した。ムハンマド青年団とタクフィールの指導者たちは処刑されたり投獄されたが、多くのメンバーは地下に潜伏したり、神の兵士（ジュンドッラー）や後にサダト大統領を暗殺したジハード団などの他の急進グループに加わった。

サダトのイスラーム重視の政策は、結局は逆効果であった。他の国々で多くの人々が悟っていたように、サダトは、イスラームが諸刃の剣であり、自らの正統性や民衆からの支持を高めることもできるが、その正反対の状況をもたらしうるということに気付いていた。政府が支援したイスラーム学生組織はキャンパス内で急激に勢力を拡大した。彼らは、学内におけるほとんど全ての選挙で勝利を収め、しだいに政府に対して独立した姿勢を取るようになった。同胞団と学生グループの包括的組織である戦闘的なガマーア・イスラーミーヤ（イスラーム集団）は、政府に対する批判を一層強めた。彼らは、サダトがイスラエルを訪問しキャンプ・デービッド合意に調印したこと、イランのシャーを支持しアーヤトッラー・ホメイニーを非難していること、家族法を施行したことなどを非難した。イスラーム主義者は、こうした法改革を「西洋かぶれ」だとして嘲笑し否定した。これらの法律は、イギリス人の母を持ち西洋化したジーハン・サダトにちなんでジーハン法と呼ばれた。サダトの「門戸開放（インフィターフ）」経済政策は、エジプトの西洋への依存を強めさせ、衣服や行動からテレビ、音楽、ビデオに至るまで西洋文化を浸透させ、経済的特権を持つ西洋化したエリートをますます潤していると考えられた。その結果、金持ちが一層豊かになり、貧困層の人々が一層貧しくなる社会ができつつあった。

サダトは、瓶から魔神を出してしまった後で蓋を元に戻そうとしていた。彼は、宗教と政治の分離を宣言し、同胞団に対する規制を強化し、イスラーム学生グループを禁止し、さらに国内のモスクを国有化しようとした。一九七〇年代、民営のモスクの数は二万から四万へと倍増していた。サダトの初期の政策は、民営モスクの建設を奨励したが、そうしたモスクの中には、正規のモスクだけでなく、ホテル、病院、アパート、あるいは個人住宅に付随した別館や別室として造られたモスクも含まれていた。エジプトの四万六千ものモスクのうち、ワクフ省の管轄下に置かれていたのはわずか六千だった。民営モスクとその説教者たちは、国の援助を受けたモスクとは対照的に、政府の支配を受けていなかったので財政的にも政治的にも自立していた。旧態依然の宗教指導者や政府の管轄下にあったメディアはしばしば、カリスマ的な説教者がモスクで行なった熱のこもった説教により、その基盤を著しく脅かされた。

サダトはますます権威主義的になり厳しく反対者を取り締まったために、彼の国内外の政策は、宗教界だけでなく世俗主義者からも批判されるようになった。批評家たちは、彼を「新ファラオ」と呼んだ。一九八一年、エジプト社会の各層（イスラーム活動家、弁護士、医者、ジャーナリスト、大学教授、政敵、政府の元閣僚）の人々が千五百人以上も投獄され、サダトによる弾圧は頂点に達した。大量逮捕の初期の過程で、より過激なイスラーム組織のメンバーは逮捕を免れ、第四次中東戦争（一九七三年）を記念するパレードを閲兵していたサダトをジハード団が暗殺した。サダトによる弾圧は、このように悲劇的な結末を招いたのだった。

ムバーラクと政治的イスラーム

　副大統領から大統領となったホスニー・ムバーラクは、アンワール・サダトの暗殺を目の当たりにして、戦闘的イスラームの脅威を充分意識していた。新大統領ムバーラクとイスラーム復興主義の形態は、サダトの死後、一九八〇年代にどちらも変化した。一九七〇年代、エジプトにおけるイスラーム復興主義や原理主義が対立と暴力の運動であったとするならば、一九八〇年代に入り、イスラーム行動主義は組織化され、イスラーム主義者が政治の主流になりつつあった。

　ムバーラクは、政治の自由化と寛容の路線を採ったが、政府の権威に対して暴力により立ち向かう者に対しては、迅速で断固たる対応を採った。ムバーラクは、宗教・政治的反対と国家に対する直接的脅威とを慎重に区別した。宗教的な批判を行なう者は、公の場で反対意見を表明することを許され、議会選挙に立候補することも、新聞を発行するなどメディアを使って反対意見を述べることもできた。ムバーラク政権は、イスラーム武力勢力と宗教指導層を代表するアズハル大学の宗教学者との間のテレビ討論なども後援した。国営のテレビや新聞は、宗教的な特集番組や特集記事を企画し、その中では自由な論争や批判が行なわれた。ある批評家は、ムバーラクの政策に対して次のように述べていた。「ムバーラク大統領の政府が宗教的対立者を非常に積極的に取り込もうとしている大きな理由の一つは……『イスラームに目覚める』ことが政府転覆につながる本質的に受け入れがたいことではなく、資本主義や民主主義の発展と両立する多くの要素を含んだ長年の運動の延長であると認めているからである。」(2)

しかし、一九八〇年代後半、柔軟政策によってイスラーム反対勢力を懐柔し政府批判を十分沈黙させることができなかったために、ムバーラクは、次第に（政府の暴力による転覆を主張する）宗教的急進派だけでなく、（既存の合法的政治の枠組みに参加している）穏健派からの批判に対しても攻撃的な対応を採るようになった。ムバーラク政権は、やみくもに戦う対象を拡大していった。やがて、戦闘的で非合法なガマーア・イスラーミーヤ（イスラーム集団）、ジハード団、その他の過激派組織を戦いの相手とするだけでなく、ムスリム同胞団などの穏健なイスラーム運動に対しても、弾圧や投獄などの手段を用いてその勢力が拡大するのを防ごうとした。

イスラーム運動の組織化

過激な主張を持つ戦闘的少数派が行なった武力を用いた内乱的行動やサダト大統領の暗殺は、より広範な支持基盤を持つイスラームの選択肢、すなわち「静かなる革命」に暗い影を投げかけ、覆い尽くしてしまった。しかしムバーラク政権初期の寛容な政策により、イスラームの政治・社会運動は急激に成長し、組織を拡大し、社会の主流の一部をなすまでになった。宗教的意識や神の教えを遵守しようとする意思が高まるのに伴い、復興主義の精神は社会の至るところに浸透し制度化され、個人レベルにおけるイスラームの教えの遵守、スーフィーの伸長、イスラーム機関（銀行、投資会社）、社会福祉サービス、出版社、メディアなどの組織の増大につながった。

一九八〇年代、多くの著名な知識人、専門職業人、世俗主義者、マルクス主義者がイスラームに「復帰」した。数十年前に世俗主義的国家を唱えて注目を引き、今なお人々の尊敬を集めるイスラーム学者、ハーリド・ムハンマド・ハーリドをはじめとして、ムハンマド・アマーラー、ターリク・アル＝ビシュリー、アーディル・フセイン、アヌアール・アブデル・マーレクたちは、政治的イスラームの道を訴え、イスラームの用語を用いて自らの思想を表現し直した。イスラーム主義者は、自由党の機関紙『アル＝シャーブ』の編集者であったファフミィ・ハウェイディやアーディル・フセインなどの著名なジャーナリストの中にも見うけられた。

同様に、イスラームの衣装を纏うという一九七〇年代に始まった現象は、一九八〇年代に入って、都会のイスラームの女性、特に中・上流階級の学生や働く女性の間に広まり、よく見かけられる光景となった。顔と身体全体を覆う伝統的衣装を身に纏い、人前に出ることを避ける女性たちもいたが、仕事を持ち都会で暮らす大部分の女性は、公共輸送機関や職場が人で一杯の状況の中で、男女が近づいたり体が触れ合ったりすることはタブーであったために、より活動しやすい現代的なイスラームの衣装を好んだ。一九七〇年代当時、イスラームの衣装を着ることは好奇の対象であったが、一九八〇年代に入ると、イスラームの衣装は大いに広まりファッショナブルなものとなった。そのため、女性はもはや自分で衣装を作る必要はなく、ブティックで買い求めることができた。実際、一九九〇年代までにイスラームの衣装は、エジプトでは、ムスリムの女性（西部地域では非ムスリムの女性にも）にとって実に魅力あるファッションとなり、彼女たちはイスラームの衣装を買いもとめ身につけた。同時に、ますます多くの学生や働く女性が、モスクで女性が主催する学習会に参加し、コーランとイスラームを学び、女性問題や自分たちの悩みを語り合った。

おそらく最も重大な社会状況の進展は、ムスリム同胞団や他の自発的（博愛主義的）イスラーム組織が、社会・政治的変化の実質上の実行者となるほどに成長したことであった。彼らは、組織作りや大衆の動員に力を発揮し、既存の組織に代わる社会・経済的組織となり、政治過程に参加するようになった。これらの組織は、中産階級と中下流階級(ビジネスマン、官僚、医者、技術者、弁護士、ジャーナリスト)からメンバーを集め、サウジアラビアの後援者をはじめとして湾岸諸国やイラクなどの豊かな石油産出国で働くメンバーから資金を得ていた。彼らは、イスラームの慈善団体(ジャムイーアト・ハリーヤ)を創設し、議会や専門職団体の選挙へ参加するなど幅広い社会・政治的活動を行なった。彼らが運営するモスク、病院、診療所、デイケア・センター、青年クラブ、法律相談所、外国語学校、銀行、出版社、薬物中毒のリハビリセンターなどのネットワークは倍増した。

その多くは非政治的なものであったが、イスラームの民営ボランティア団体(PVO)は、福祉事業の隙間を埋め、それゆえ、社会的エリートを除いて、恵まれない人々に対して適切なサービスを供給することができない政府に対する無言の批判となっていた。彼らのサービス・ネットワークは、中流階級にとっては高額な民営施設の代わりとして、下層階級にとっては人であふれた公共施設の代替施設として機能した。エジプトの社会学者、サアドゥッ=ディーン・イブラーヒームは次のように述べていた。

イスラーム行動主義のこうした傾向は、それゆえ、国家や資本主義セクターによる社会・経済的組織に代わるイスラーム的な選択肢を具体化する施設の設立へとつながった。イスラームの社会福祉施設の運営は、役所仕事ではない人間味のあるもので、国営施設よりも効率的であった……こうした施設は、サダトのインフィターフ(開放政策)の下で一九七〇年代に量産され全国民のわずか上位五パーセントの富裕層にしかサービスを提供していなかった諸施設よりも、はるかに草の根的志向をもっており、安価で質素なものだった。非政治的イスラーム行動主義は、このようにして社会・経済的実力をつけ、今ではエジプトで政府や他の世俗的勢力を脅かすまでに成長してきた(3)。

一九九二年十月、政府よりむしろイスラーム主義者が壊滅的な被害を与えた地震に対していち早く対応したことは、政府の対応の遅れに対する辛辣な非難となっただけでなく、社会的危機に際してのイスラーム主義者の有効性を証明するものであった。

各種専門職組合もまたムスリム同胞団や他のイスラーム行動主義者の影響を感じ取っていた。イスラーム行動主義者は、最も有力な勢力となり、弁護士、医者、技術者、ジャーナリストの専門職組合での指導権を獲得した。政治体制の枠組みの中で活動しながら、ムスリム同胞団などの穏健な活動家は、一層の民主化、政治的代議制、社会正義、人権尊重を要求する中で、政府への批判や要求を行なったのである。

民主化

イスラーム復興主義や行動主義が社会の主流となり制度化された最大の証明は、ムスリム同胞団が選挙政治における一大勢力として登場したことである。アンワール・サダトは、ナーセルの科学的社会主義に対抗するイデオロギーとして民主社会主義を導入し、エジプトの一党独裁による国家体制を複数政党による選挙制度へと変えた。しかし、サダト政権後半には権威主義的傾向が強まり、サダトの民主的な取り組みは現実を伴わない口先だけのものだと非難するイスラーム主義者や世俗主義者からなる反政府勢力が誕生した。ムバーラクが大統領となってから、エジプトは「大統領制国家」となり、一人の対立候補もなく、ムバーラクが投票の九四パーセントを獲得するような大統領選挙が何度も行なわれた。ムバーラクは自分自身がサダトの副大統領であったにもかかわらず、(副大統領の指名や選挙を実施すれば、国民の意見が分かれ、マスコミがその違いや問題を盛んに記事にして国家を分裂させることになってしまう) という口実で、副大統領のポストを空席のままにしておいた。与党の国民自由党が国民議会と官僚機構を支配していた。政府はまた、政党の創設と存続を決定する絶対的権力を有しており、ムスリム同胞団を政党として認めることを拒むことができた。

一九八〇年代、エジプト、北アフリカ、ヨルダンの穏健なイスラーム行動主義者は、政治を漸進的に下から変えようとするアプローチを採り、政治体制に参加する意欲を見せていた。(4) イスラーム運動は選挙政治に参加し、予測に反して圧倒的成功を収めた。エジプト国内では政党として認められていなかったが、ムスリム同胞団は他の政党と連立を組み、最大の反政府政治勢力として登場した。

近年のエジプトの行動主義者は、武力の使用やその戦略と同様に、政治姿勢においても多様性を示している。ムハンマド青年団、ムスリム集団、ジハード団、イスラーム集団などの急進的組織は、政府打倒を目指し、民主主義を完全に否定していた。ムスリム同胞団の民主主義に対する態度は、年月の経過とともに変化した。創設以来数十年にわたり、同胞団が民主主義に対して曖昧な態度を採っていたのは、冷戦という文明に対する地球規模の脅威の中で、イスラーム世界が生き残るために苦闘していたことの一つの表れであった。ムスリムは、世俗主義、個人主義、物質主義を重視する資本主義的西洋と独裁制や専制を特徴とする共産主義、社会主義および無神論的東洋との板挟みとなっていた。(5) ムスリムは、民衆の政治参加という制度を持つ西洋や東洋の体制を脅威として捉えていたが、同時に、そのどちらもが失敗に終わると考えていた。ムスリム同胞団は、イスラーム主義こそが、西洋や東洋の模倣（すなわちアイデンティティの喪失と失敗）に代わりうる真正でムスリム固有の制度であると信じていた。

同胞団の民主主義に対する批判は、西洋民主主義に対する批判であり、おそらくもっと正確には、外国のイデオロギーや政府の形態を模倣することに対する批判であった。ハサン・アル＝バンナーと初期のムスリム同胞団の指導者たちは、代議制による政府と政治参加の原則を認めていたが、政党や政党主義を拒絶した。なぜなら彼らは、政党主義は分裂を生み出しエジプトの統治者に専制政治を行なうために利用されると考えていたからだった。彼らは、「政党は政府の代議制にとって必要なものとはいえない。民主主義は言論の自由に対する保証と国民の政府への参加のみを必要としている。『政党主義』がなければ、議会制は完全にイスラームと両立する」[6]と信じていた。

同胞団は組織内部で選挙を実施し、国政選挙にも参加した（参加が許されぬ時は参加する権利を要求した）。同胞団にとって、政治的参加や民主主義は、せいぜい目的のための手段にすぎなかった。なぜなら、イスラームを保持し広めるための闘争が全ての事に優先したからである。一九七〇年代に再登場し、暴力的革命ではなく政治参加を明確に選択した時、同胞団は、政府を批判すると同時にイスラーム闘争を遂行するという目的を達成する手段として、民主主義を一層訴えるようになった。

同胞団は、許されれば、政治体制の枠組みの中で活動し選挙に参加した。「ムスリム同胞団の初期の活動を見れば、同胞団が民主的ルールに則って活動していたことが分かる。[7]」一九四一年、ハサン・アル＝バンナーと同胞団は、選挙に参加する決意を表明し、一九四五年の総選挙に実際に出馬した。しかし、政府が操作したこの選挙では一議席も獲得することができなかった。ナーセルの権威主義的政権下においては、同胞団のこうした取り組みはうまく行かなかった。サダト政権やムバーラク政権下で、同胞団は政党として認められ、エジプトの複数政党制に参加しようと努めた。同胞団は、一九八四年の選挙でワフド党と連携し、両者の連立は四五〇議席中六四議席を獲得し議会で最大の野党勢力となった。一九八七年の選挙で、同胞団は、労働党や自由党と連携し、新しい連立、イスラーム連合を結成した。「イスラームこそ解決策」というスローガンの下、イスラーム法の実践を訴えながら選挙戦を戦い、イスラーム連合は投票の十七パーセントを獲得し、ムバーラク政権の最大野党勢力となった。同胞団の候補者は、イスラーム連合が獲得した六五議席中三八議席を占めていた。

現状に対して批判的である一方、社会を非イスラームとして拒絶しない同胞団の綱領は、その穏健で漸進的アプローチを反映していた。彼らの綱領は、革命を唱えるのではなく、イスラームの価値をメディアだけでなく政治、経済、社会、教育界に理解させようとするイスラーム改革のプロセスを訴えていた。イスラーム連合は、排他的というよりむしろ包括的であった。イスラーム連合の候補者リストにはコプト教徒も含まれており、一九八九年の活動計画には「兄弟であるコプト教徒はもちろん啓典の民も一般にムスリムと同様の権利と義務を有している」(8)ということが確認されていた。

エジプトのイスラーム主義者は、湾岸戦争への対応では意見が分かれた。国家の後援を受けた宗教的権威者(エジプトのムフティ及びアズハル大学の教授)をはじめとしてシャイフ・シャーラーウィーやハーリド・ムハンマド・ハーリドなどのムスリム知識層に属する多くの著名なウラマーは、アメリカが主導する反サッダーム・反イラクの多国籍軍を支援していたムバーラク大統領とアラブ諸国を支持した。同胞団は、サッダームの侵略に対する非難、西洋主導の軍隊に対する批判、そして湾岸地域での西洋の軍隊が居すわる危険の間でその態度を決めかねていた。同時に、自由党のアーディル・フセインとイスラームに帰依したかつての社会主義者、イブラーヒーム・シュクリーによる指導の下、イスラーム志向の新しい反対勢力が登場した。自由党とその機関紙『アル＝シャーブ』は、エジプトが多国籍軍の軍事行動に参加（侵略）しイラクを空爆したことに対して最も声高に反対した。[9] 湾岸戦争をめぐって、エジプトだけでなくムスリム世界全体で見られた多様な議論や対応は、イスラーム主義者の中に、政治体制へ参加する者、体制に反対する者、また態度を決めかねている者がいる現実を浮き彫りにした。このことは、イスラーム主義者の民主主義に対する態度は一枚岩であるという安易なイメージには全く反するものだった。すなわち「民主化という問題をめぐってのイスラーム主義者の党派的争いは、民主化がイスラム世界と西洋との関係にどのような意味をもつかということに関して、近年特に顕著になっている全ての安易な思い込みにはそぐわないものである。[10]」

ムバーラクと急進派との戦い

急進的で暴力的なイスラーム勢力は、ムバーラク政権初期においては比較的静かであったが、一九八〇年代後半から一九九〇年代においては、政府に対して大胆かつストレートな戦いを挑み攻撃した。イスラーム学生組織は、再び大学の自治会を掌握した。アシュート、ミニア、カイロ、アレキサンドリアなどの都市で、彼らはイスラーム法の実践、カリキュラムの改革、授業での男女の分離、男女混合の社交団体の制限、西洋音楽やコンサートの禁止などからなるイスラーム革命を要求した。エジプト国民五千万のうち半数以上を占める二〇歳以下の若者が悲劇的環境に置かれている長年の社会・経済的現状に対して、政府が何ら効果的な取り組みを実行できないために、彼らの組織は拡大していった。何十万人もの大学卒業生が就職することも住まいを確保することもできないでいた。若者は、結婚したくとも、適当な住まいが見つかるまで家族と共に暮らし、数年間結婚を先延ばししなければならなかった。

イスラーム組織は、希望と新しい共同体意識を人々に与えた。それは、ウスラ（家族）と呼ばれる単位から成る社会であった。より重要なことは、彼らの共同体が、アイデンティティ、共同体意識、宗教と文化の一体感の拠り所となるイスラームのイデオロギーに基づいていたことだった。彼らの共同体は、現代エジプト社会を宗教的世界観に基づいて批判し、大胆に社会を矯正するための課題を示した。急進的グループも、主流グループと同様に、教育や社会福祉団体のネットワークを通じて影響力を伸ばしていった。信者対象のコーラン学習グループや社会センターは、食料と衣服を与えるだけでなく住まいを得るための手助けをした。大学の学生組織は、無料の教科書、衣服（女性用のイスラームの衣装も含めて）、個人授業、住居などを提供して援助した。

政府は、エジプトの民営モスクを統制しようとして、結局、イスラーム組織が戦闘的になる環境を整えてしまった。エジプトのモスクの大部分は、民営のものであり（それゆえ、伝道者、説教の内容、活動は独立しており）、政府の支配を受けていなかった。サダト時代は、当初、政府の政策により、大小のモスクの建設が推進された。そうしたモスクの多くは団地やオフィス・ビルに併設された別館や別室という形態のものだった。数だけで考えれば、カイロはモスクの町となった。しかし、絶対的多数のモスクは政府の管轄外にある民営のものであった。サダトと後に（一九八五年）ムバーラクは、民営モスクを政府の管轄下に置く計画を発表したが、モスクの数が膨大で、打つ手も限られていたために、充分な成果をあげることができなかった。一九九二年十月に、ムバーラク政権の宗教省は、政府管轄のモスクで行なう全ての説教は政府が任命した役人からの承認を受けねばならず、また民営モスクの建設は制限されることになると発表した。一九九二年十一月十日、宗教相、ムハンマド・アリー・マフグーブは、再度全ての民営モスクは宗教省の管轄下に置かれると発表した。

ムバーラク政府に対する武力による最大のイスラームの挑戦は、イスラーム集団（ガマーア・イスラミーヤ）やジハード団によるものであった。一九九〇年代、彼らは治安部隊や警察との熾烈な戦いを繰り広げた。一九九一年、シャイフ・ウマル・アブド・アッ＝ラフマーンによってスポークスマンに任命されていた物理学者でもあったイスラーム集団の若手指導者、アラー・モフィエッディーンが暗殺（不可解な死）されたことにより両者の戦いは激化した。イスラーム集団は、政府を非難し、その報復として、国民議会の議長、ラファアト・マフグーブを暗殺した。こうして、政府とイスラーム集団との間に、政治的暴力と報復という悪循環が始まってしまった。

イスラーム集団は、サダト時代初期に大学構内や国政で活発に活動していた学生グループが発展し（おそらくより正確には「自然の成り行きで」）、戦線、あるいは包括的組織となったものだった。そしてその組織には、カイロ、アレキサンドリア、アシュート、ミニア、ファユームなどで活動していた多くの地下急進グループも含まれていた。過去とは対照的に、そのメンバーの中には、若く（学部学生、大学院生だけでなく多くの若年層が含まれていた）、インテリではない、貧困と失業という非常に厳しい状況下で暮らしている、より急進的なイデオロギーを持ち、いつ暴力に訴えるとも知れぬ多くの若者が含まれていた。サダト時代のイスラーム集団は、都会の大学を拠点としたものであったが、今日では、高校生ぐらいの年齢のメンバーを多く持つ秘密結社となり、エジプトの都市部だけでなく小さな町や村でも活動を展開するようになった。イスラーム集団は、盲目の導師シャイフ・ウマル・アブド・アッ＝

ラフマーンを精神的指導者として仰いでいた。ラフマーンは、サダトの暗殺者として逮捕され、裁判にかけられたが釈放された人物であり、アメリカの世界貿易センター爆破事件では、犯行の精神的指導者として有罪となった。エジプト社会の不安定化と政府打倒を目指して、イスラーム集団は、銀行や政府の建物を爆破するだけでなく、外国からの旅行者、コプト教徒、政府の役人を襲撃し殺害した。彼らは、個人主義や西洋文化を広めるような映画館、劇場、雑誌、団体にも攻撃を加えた。(11) 戦闘的なメンバーは、エジプト社会を解放するためには、全ての真のムスリムが武力闘争、すなわちイスラームに反し、イスラームを抑圧し、西洋の操り人形にすぎぬ政権に対する聖戦を行なうことが必要だと信じていた。

イスラーム主義者の戦術は、経済を悪化させることにより国内を不安定にしようとするものであった。彼らは、観光を攻撃目標にし、政権の安定を揺らがせるために政府やエジプトのエリート社会を象徴する建物を襲った。観光は、一九九一年には、三十億ドルを稼ぎ、エジプト最大の外貨収入源であった。また、観光客のために行なわれた社会基盤の整備により、何百万人ものエジプト人が収入を得ていた。こうした状況の中で、政府の閣僚が何人も殺されたり負傷しただけでなく、原理主義を批判する著名な世俗主義者も襲われた。原理主義をあからさまに批判し嘲笑したコラムニスト、ファラーグ・フォダは、一九九二年七月に暗殺された。イスラーム主義者の主張に対して、イスラームのリベラルな世俗的解釈により反論した裁判官であり著名な知識人でもあったムハンマド・サイード・アシュマーウィーは、二四時間警備の下で暮らさねばならなかった。

エジプト軍は、基本的には政府に忠実であったが、イスラームの浸透に対して理解を全く示さないわけではなかった。政府がイスラーム主義者の一掃に努めたにもかかわらず、軍部はイスラーム主義者の浸透に対して軟弱な姿勢であった。一九八六年十二月、ジハード団（サダトの暗殺者）と関わりがあるとして、四人の軍将校を含む、三十三人の活動家が逮捕され、政府転覆を狙った聖戦の実行を共謀した容疑で起訴された。政府は絶えず、軍内部で「原理主義者」の疑いのある者を密かに追放し、将校によるムバーラクの暗殺計画を未然に防いだ。また軍事法廷を開き、秘密裏に政権に反旗を翻した者を裁き処刑した。しかし、政府の警戒にもかかわらず、軍の若手将校や兵士の中には、イスラーム主義者とその同調者が驚くほどたくさん存在していると言われていた。陸軍の大部分は依然として政府に対して忠実であったが、将校グループも含めて軍内に原理主義が浸透しつつあるという兆候が絶えず見られた。軍事法廷や政府批判に関する厳しい報道規制にも関わらず、クーデター未遂事件が外部に漏れた。その中には、軍事裁判の最中に、「イスラームの白い衣装を纏った被告人が、コーランを振りかざしムバーラク大統領に死をと叫んでいたが、彼はなんと陸軍の中尉だった」[12]という話しも含まれていた。一九九四年三月には、三人の将校が、リビア国境近くの滑走路上で大統領を爆死させようとする計画を企てた容疑で有罪となった。[13]

他の多くのムスリム国家と同様に、エジプトにおけるイスラーム運動とイスラーム組織（穏健派も急進派も）は、数多くの国家（リビア、サウジアラビア、湾岸諸国、イラン、スーダン）からの支援を受けてきた。イスラーム主義者の大部分が湾岸戦争でサウジアラビアとクウェートを支持しなかったために、国家財政が貧窮することになった。今日では、イランとスーダンが、急進組織に対して限定的な資金援助と軍事訓練を提供しているぐらいである。しかし、両国の経済状況などその国内事情を考えれば、イランから兵站などの実質的援助を得ることは期待できなかった。外国政府からの援助よりも海外の個人的支援者から、これらの組織が多くの援助を受けていた事はさほど驚くべき事実ではなかった。

確かに海外からの支援は触媒の働きをし活動の支援となったが、イスラーム組織が今後強化され信頼を獲得できるかどうかは、外部の協力者たちよりも国内の状況と活動家の手腕にかかっていた。

ムバーラク政権は、イスラーム過激主義など政府の安定と地域の安全に対する大きな脅威であると明確に見なしたものに対しては断固たる措置を取った。その過程で、過激派と穏健派、国家の安全と国家威信の限界、犯罪人の起訴と人権との境界線は、しばしば曖昧なものとなった。「テロリズム」との戦いにおいても、政府による取り締まりが広範に行なわれ、大量の過激派とその同調者が逮捕された。しかしその中には、全てのイスラームの反対勢力を封じ込めようとしたために、過激派だけでなく穏健派のイスラーム主義者や容疑者の家族まで含まれていた。その一例として、一九八九年、一万人ものイスラーム主義の活動家が逮捕された。その際、数千人が令状なしで拘束され、アラブ人権団体は政府が日常的に拷問を行なっていると非難した。(14)

一九九〇年代、急進派と政府は至るところで「聖戦」を繰り広げた。その中で、イスラーム過激派だけでなく警察や治安部隊までもが、逮捕と起訴という手続きを無視して殺人と暗殺のための「襲撃リスト」なるものを作成していた。国際アムネスティの報告には、治安部隊は罪を問われることなく人を殺す許可を受けているようだ(15)」と書かれていた。被告人の上訴する権利を認めない特別軍事法廷が、テロ容疑で起訴された民間人を裁くために設けられた。軍事法廷は、迅速に、しばしば秘密裏に厳しい判決を下した。処刑された人の数は、過去においてナーセルやサダトの暗殺計画など政治的動機による犯罪にからんで処刑された人々の数を大きく上回った。弁護人は、被告に対する面会が制限されていることや、被告人が拷問されていることを繰り返し抗議した。暴力的活動家を弁護した場合は、弁護人自身が逮捕されることもあった。弁護士でもあった著名なムスリム活動家、アブデル・ハーリス・マダニーが、逮捕の翌日に殺された事件では、「治安部隊が彼を拷問により死に追いやった」[16]という疑いを抱いたエジプトの弁護士協会と国際人権団体は、真相究明の調査を政府に要求した。一九九四年二月一日付けのエジプトに関するアメリカ国務省の人権レポートには、エジプト政府は、「恣意的逮捕と何千人もの拘束者に対する拷問、軍事法廷を使ってのテロ容疑者の裁判、拷問の責任者である将校への処罰の免除など、日常的に権力を乱用している」[17]と報告されていた。事実、組織的拷問、令状なしの長期間の拘束、イスラーム主義者やテロリストである容疑者の家族を「人質」として連行しての自首の強要、報道の検閲などが行なわれていた。国際的民間人権団体は、「こうした悲惨な人権の実態が、義憤、市民社会の縮小、エジプトでの宗教的不寛容と法による統治の形骸化をもたらし、急進的な反政府勢力が成長するための土壌となっている」と明言した。[18]

専門職組合

ムバーラク政府が暴力的急進主義を根絶するだけでなくイスラーム行動主義の組織化に対処し統制しようとしていたことは、政府の専門職組合に対する政策が度々変化したことに如実にあらわれている。教師、弁護士、医者、ジャーナリストなどの自発的に誕生した民主的な専門職組合は、エジプトの市民社会の支柱と言える。一九八〇年代、イスラーム主義者が各種専門職組合における一大勢力となった。イスラーム行動主義者が政治経済面において社会の主流となったことに伴い、イスラーム志向の専門職従事者が大幅に増加し、それは大学卒の若手専門職業人の数にあらわれていた。彼らの登場による影響が最も強く表れていたのは専門職組合においてであった。イスラーム主義者は、医者や技術者の組合を始めとして弁護士協会の指導部を占めるまでになった。専門職組合は、「エジプトの市民社会における最も高尚な部分であり、そのメンバーは、高い社会的地位を享受し、彼らが自由に行なう発言に対して人々は熱心に耳を傾けた。中でも、弁護士会は人権擁護や法の支配を求める運動の先頭に立っていた。」(19)一九九二年九月の弁護士会の選挙で、同胞団が執行部の多数議席の獲得に成功したことは、長らく自由主義の勝利だと見なされ、同胞団の力とその影響が一層強くなっていることを示していた。ムスリム同胞団が勢力を拡大した背景には、若いイスラーム志向の専門職業人の数が増加していたこと、同胞団の体制批判が専門職業人にとって最も共感を呼ぶものであったこと、多くの職業人が組合選挙に無関心で投票しない中、少数派ではあったが高い志を持ち組織化された同胞団が、一貫した目的意識を持って行動し「見込み通りの票を獲得」したことなどがあった。

一九九三年二月、政府は、ムスリム同胞団による支配と影響が拡大するのを防ぎ専門職組合を政府の管轄化に置こうとして、専門職組合を統括する選挙法を改正した。国民議会で可決された証拠法第百条は、専門職組合の選挙で厳しい定員枠を設けた。もしその枠が満たされなかった場合は、組合執行部のメンバーは政府により任命されることになっていた。イスラーム主義者だけでなく非イスラーム主義者からも批判された政府のこうした動きにもかかわらず、同胞団は弁護士、医者、技術者などの専門職組合の実権を掌握し続けた。

しかし、政府は依然として組合からの政府批判を封じ込め統制しようとした。一九九三年五月十日、イスラーム集団を指導していた、弁護士でもありエジプトの人権団体のメンバーでもあったアブデル・ハーリス・マダニーが警察による拘留中に死亡したことに対して、抗議集会が弁護士によって開かれた。しかし、その集会は、催涙ガスを使用する警察によって解散させられ、騒乱を扇動した容疑で三十三人の弁護士が逮捕された。政府は、マダニーに対して拷問を行なったという抗議を否定し、亡骸の入った棺おけを封印して返し、検死を行なうことを許可しなかった。公式に任命された検察官は、最終的に五月十二日、マダニーの死は不当な行為によるものであったことを認め、拷問死に対して警察を訴追することを決定した。しかし裁判所は、六月十七日、逮捕された弁護士たちの拘留をさらに十五日間延長した。[20] 七千人のメンバーを抱える弁護士協会・カイロ支部長、アブデル・アジーズ・モハンメド（彼はイスラーム主義者ではなく、実際、背教の罪に問われたカイロ大学の教授の弁護人をしていた）は、政府は「武闘勢力に対する戦いにこじつけて市民社会の一部となっている専門職組合を弱体化させること」[21]を狙っていると非難した。

同じような流れの中で、イスラーム主義者の影響を弱めるためにもっと明確な形で、政府の統制下にあった国民議会は、新しい教育法、法律第一〇四条を議会での審議もなく抜打ち的に五月三十一日に可決した。その法律は、教授が学部長を選ぶ権利を破棄し、総長が代わりに学部長を任命するというものであった。反対者たちは、同胞団が大学教員の中で特に目立った活動もせず優遇されてもいないという事実があったもかかわらず、その法律は、「イスラーム主義者がこれ以上重要な地位を占める可能性を無くそうとする政府の企てを一歩進めるものであり……もし大学教授が自分たちの代表を選ぶことを任されないとするならば、民主主義など議論しても無駄である」[22]と非難した。エジプト政府による専門職組合を統制しようとする企ては、イスラーム主義者と世俗主義者が共通の利益を守るために共闘するという予期せぬ事態を招くこととなった。

さらに悪いことには、チュニジアやアルジェリアでの事態を想起させるように、一九九四年六月、ムバーラク政府は、戦いの相手をイスラーム集団のテロ活動だけでなくエジプト最大の反対勢力であったムスリム同胞団にまで拡大してしまった。無差別とも思える全面的な戦いの中で、ムバーラク政府は、「武力闘争を行なう運動だけでなく、多くの自治体、専門職組合、労働組合、大学教員を支配しつつある運動の弱体化」[23]に乗り出した。エジプトの検察官は、ムスリム同胞団の最高指導者、ハミード・アブー・ナーセルの逮捕状を最初請求したが後に取り消した。治安部隊は、政府転覆を企てた容疑で四つの行政区域で十一名の同胞団メンバーを逮捕した。[24]武力衝突が起こるだろうと恐れる者もいたが、同胞団は、一貫して政府との対決と武力衝突を避け、民主主義と人権の原則を訴えるという戦術を採った。

教育——モスクと学校の支配

若年人口の大きさ、若者の高失業率、住宅の不足などがイスラーム主義者が増加する環境を作り、若者が暴発する危険性をも生み出しているという認識から、教育省は、急進主義を「育む土壌」を抑えようとして一連の教育改革を行なった。歴史的に見れば、イスラーム主義団体は、若者の教育やその他の問題をこれまで一貫して重要視してきた。エジプトのムスリム同胞団やインド亜大陸のジャマーアテ・イスラーミーの創設者たちの目的は、未来志向のものであった。彼らは、近代的教育を受けイスラーム志向を持ったムスリムの新しい世代を生み出すことによって社会を変革することを目指していた。それゆえ、特に教育に重点が置かれていた。ハサン・アル＝バンナーとサイイド・クトゥブは、チュニジアのラシード・ガンヌーシーやスーダンのハサン・トゥラービーと同様、どちらもかつては教育者であった。したがって、教育に対して、支配しないまでも、影響力を行使することは、彼らの運動の中で明確に述べられた目的の一つであった。多くのイスラーム主義者は、教師や大学教授であった。彼らは学生を運動に誘い、学生組織と緊密に連携していた。政府内で働く立場になった場合、イスラーム主義者は、外交や防衛よりも宗教問題や教育、青年文化省など、国内問題を所管する閣僚の地位を重要視した。

ムバーラク政権が、どれほど教育問題に関心を持っていたかは、教育大臣であったフセイン・カムル・バハー・エディンの言葉によくあらわれている。彼は、「テロリズムは心の中から始まる……原理主義者は権力を得るために子供たちを洗脳しようとしている」(25)と述べていた。政府は、教育を国家の安全に関わる問題であると明言し、「イスラームの脅威」に対抗するためのいくつもの政策を立案した。教育予算は四倍増となり、イスラーム主義者やイスラーム主義の同調者と思われる教員は解雇、退職させられたり、僻地の事務職へと転勤させられた。さらに、全国統一のカリキュラムが課され、これまでの政策を転換して、英語と西洋の世俗的諸価値を紹介することにより、発展への窓を開くだけでなく「エジプトの学校を席捲しつつある原理主義の波を抑えるためのカルチャーショック」(26)を与えようとした。

このような政策は、植民地支配の記憶と西洋化や世俗化を進めることにより近代化を推進しようとした初期のエジプト近代主義者に対する記憶を呼び起こした。イスラーム主義者といくらかの世俗的民族主義者は、現在の西洋への政治・経済面での依存が文化的アイデンティティや真正性に対する脅威になっているという、反政府運動のための共通認識を持っていた。ある世俗的批評家は、政府は原理主義者の脅威に対する恐れに過敏に反応しすぎて、「教師が第二代カリフ、ウマル・ビン・アル・ハッタープの偉大さを話しただけで、テロリストと見なされてしまう状況」(27)が創り出されてしまったと批判した。

少数派の権利

アラブ世界で最大の人口を持つエジプトでは、スンナ派ムスリムが人口の大多数を占めている。法の規定はないが(少数派に対する特別な法律は存在していない)、キリスト教徒、バハーイー教徒、ユダヤ人、シーア派ムスリム、ヌビア人、ギリシア人、アラビア語を話すベドウィン人などを含め多様な宗教的・民族的少数派が存在している。キリスト教徒は、エジプト国民六千万の約十パーセントを占めている。キリスト教徒の大部分は、コプト正教徒であり、彼らはイスラームが誕生しエジプトに広まる以前からこの地に住み、エジプト国内のムスリムと共通の言葉、アイデンティティ、文化を持っていた。

多数派であるスンナ派ムスリム共同体と少数派であるコプト教徒の共同体との間には、多少の緊張が存在したが、一般的にコプト教徒は、他の少数派と同様に、自らの信仰を実践し、日々の暮らしを営み、社会的成功を収めることもあった。しかし、一九七〇年初頭から、政治的イスラームの復興により民族共同体の間に緊張関係が生じ、多数派と少数派の間の関係が悪化した。このように状況が悪化し始めたのは、サダト時代においてであった。というのも当時、コプト教徒は、政府が自らの正統性を高め大衆を結集させる手段としてイスラームを重視し、イスラーム急進派が勢力を伸ばすという厳しい状況の中に置かれていたからだった。

一九七二年三月、アレクサンドリアでコプト教のシェヌーダ大主教がムスリムをキリスト教に改宗させることによりエジプトを乗っ取ろうとする計画を進めているという噂が広まり、暴動が起こった。三月に、カイロ近郊のハーンカという村で教会が焼き討ちされたことに抗議するコプト教徒による集会は、反コプト教徒のデモを誘発し、その結果コプト教徒の家や商店が焼かれた。(28) 一九七八年から八一年にかけて、状況は再び非常に悪化し、アシュート、ミニア、カイロなどで暴動やデモが頻発し、武装したムスリムがコプト教の教会を焼き払いコプト教徒を襲い殺害した。

その当時、サダトは、キャンプ・デービット合意やイラン問題から民主主義や強まる権威主義的傾向まで国内外の諸問題に関して、(急進・穏健両派の)イスラーム主義者だけでなく多くの世俗的批評家からも同様の批判を受けていた。イスラーム主義者は、サダトの公の場でのイスラームに則った敬謙な言動は、まやかしだと非難し、イスラーム法の実施を要求した。地下の急進的グループは、政府の転覆まで企んでいた。サダトはこうした批判に応じていくつかの措置を取った。背教は死刑に処することができるとする一九七七年の刑法修正案の草稿は、憲法の改正につながり、エジプト修正憲法(一九八〇年)においてシャリーアは、法源のうちの一つという表現から、主たる法源という表現に定義し直された。さらに、イスラーム急進派が、非ムスリムは正式な市民というよりむしろ庇護された人々(ズィンミー)と考えるべきだと主張していたために、法の下での少数派の平等な市民権と地位は脅かされた。ムスリム同胞団とサダトによる発言は、さらに状況を悪化させた。ムスリム同胞団は、少数派を時には「兄弟」と呼び、またある時には「コプト教徒は、国外勢力の影響を受けて、国を売ろうとしている」(29)と非難するなど、その態度は一貫性に欠けていた。このような発言は、コプト教徒に対する人々の反感やステレオタイプを増大させた。十九世紀、イギリス人は、十字軍などかつての歴史的対立に加えて、ムスリムからキリスト教徒を保護するという理由を大義として、エジプトの国内問題に介入した。サダト大統領と与党の機関紙もまた、時に触れてこのステレオタイプを利用した。先にも述べたように、サダトは自らの正統性と大衆の支持を得るためにイスラームのシンボルと言辞を利用してきたし、自らに対する批判を全く許そうとしなかった。サダトと同様、一九七〇年代に権力を持つようになったコプト教のシェヌーダ大主教は、宗教問題だけでなく政治問題にも言及する強力な指導者であり、政府がコプト教徒の権利と安全を保証しないでいることを批判した。サダトは、シェヌーダや海外のコプト教徒の共同体から受けた批判、とりわけ、彼がアメリカを訪問した際、アメリカ在住のコプト教徒がエジプトでのコプト教徒の苦難に対して国際的メディアの関心を集めようとデモを行なったことに激怒した。サダトは、批判者を徹底的に打ちのめす発言を行ない、「少数派は、反愛国的で、国家利益に反して海外の敵と協力しようとしているというイメージを強めた。[30]」サダトは、シェヌーダを大主教の地位から引退させ、砂漠の修道院へと追いやり、シェヌーダはそこから教会を指導することとなった。

ムスリムとコプト教徒の間の緊張は、悪化する社会・経済的状況の影響も受けており、そのため扇動者の言論に耳を傾ける聴衆も多くいた。就職とその職種、また教育機会の面で、ムスリムが経済的不利益を受ける一方で、少数派のコプト教徒が繁栄し、就職や教育などで、特に社会の上流階級において、差別や排他的行為が行なわれているとムスリムの人々は批判した。ムスリムが自らの多数派としての特権的立場を強調したのに対して、コプト教徒は反論として、自分たちは有史以来イスラームがアラブに広まる以前からの長い固有の歴史と伝統を持っていることを訴えた。イスラーム武装勢力の脅威に対抗して、若い世代を含めてコプト教徒の中に宗教的意識が昂揚し、彼らは自らのアイデンティティと共同体を維持し守るために戦闘部隊を組織した。しかし、サダトの死により、ムバーラク政権の初期には短い小康状態が訪れた。

一九八〇年代後半、急進グループが再登場したことにより、非合法な急進主義者と政府との戦闘が激化した。それに伴い、ムスリム対キリスト教徒の新たな対立が生まれた。イスラーム集団が大都市だけでなく小さな町（ビバ、シェヌリス、ケーナー）や村にまで広がるにつれて、教会、住居、商店への爆破を始めとして暴力事件や殺人が頻発し、服装と行動に関する規則の強要も一層その度合いを増した。教会を保護していた警察や治安部隊も銃撃され殺されたが、武力勢力と政府の戦闘の巻き添えとなったコプト教徒は、政府の役人は事件の数とその重大さを過少に発表し、またこのような事件を宗教的動機による攻撃というより個人的対立や復讐であるとしていることを強く非難した。一方、エジプトの人権団体は、「イスラーム集団として知られる組織が、絶えず暴力に訴え、キリスト教徒である市民に対する憎しみをあおり、彼らに対する様々な差別を扇動し、このような差別行動に積極的に加わるよう働きかけている」(31)と批判していた。それゆえ、例えば、一九九四年五月、エジプトの人権団体は、政府がイスラーム武力勢力を押え込もうと武器を自由に使用し、恣意的逮捕や殺人まで行なっているにもかかわらず、戦闘的イスラーム主義者は依然として、北部エジプトで多くの人権侵害（キリスト教徒、警察、外国人旅行者の殺害も含めて）を行なっていると報告した。(32)

結語

多くのイスラーム世界と同様、エジプトにおけるイスラーム行動主義は後退することはなかった。むしろ、エジプトでは他の地域よりも社会により広範に深く根づいていた。イスラーム行動主義の多様性、すなわち、その多くの異なるプロフィールや姿勢は、過激な原理主義の脅威と同一視されてきたために、その本質が見過ごされがちだった。イスラーム主義者が自らの重要性と影響力をますます増大させたことは、彼らが文化的正統性を獲得し、ムスリムの社会生活の主流となり、もはや単なる社会の周辺に位置するはみ出し者の集団ではなくなったことによく表れている。今では、世俗的諸団体よりもむしろ、イスラーム志向の団体が民衆の求める教育や社会サービスを提供し、政府の福祉政策の限界と度重なる失政を補完する働きをしている。ムスリム同胞団と他の行動主義者は、弁護士、医者、技術者、ジャーナリストなどの専門職組合の実権を掌握する勢力となっている。

イスラームの認識と行動主義の昂揚は、中・下流階級、インテリ、一般人、学生、専門職従事者、労働者まで老若男女を問わず社会全体で見られた。近代的で、教養があり、しかもイスラーム志向の専門職業人が社会に現れたことは、支配階級の多くが抱いていた西洋の世俗主義的考えや彼らの生活様式に取って代わることのできる政治・社会的エリートが誕生したことを意味した。こうした新しいエリートたちは、一層の民主化、政治的代議制、人権の尊重を求める枠組みの中で、政府に対する批判や要求を行なった。

現代のイスラーム行動主義は、政府機関に代わりうる制度や施設を提供し、政府が市民の要求に適切に対応できていない現状に対する暗黙の批判となっている。このような状況は、神秘主義教団や他の非政治的宗教組織の顕著な成長とも相俟って、政治的志向の有る無しにかかわらず全てのムスリムを糾合する可能性を生み出した。適当な環境が整いさえすれば(体制が行き詰まったり、実現可能な政治的・イスラーム的選択肢が欠如している場合)、行動主義者は結束した政治的行動を取り、「イスラームこそ解決策」と唱える候補者に投票するであろう。

イスラーム主義者は、政府に対しては具体的な批判を行なっていたが、自分たちの計画に関しては大枠しか示してこなかった。このことは、雇用、住宅、腐敗、富の分配の不均衡など解決が難しい問題に対して、独自の解決策を提示することなしに政府の失政を批判することができたという意味で、彼らにとってプラスに働いた。彼らはイスラームの言辞とシンボルを用い、イスラーム的解決策とシャリーアの実践を要求するが、これらの主張が具体的な政策としてどのようなものになるかを明示しようとはしない。実際、マクロのレベルで、彼らはしばしば大まかな処方箋を示し公約を行なっているが、彼らが信頼を獲得し成功を収めているは、ミクロのレベルにおいてである。彼らの行なっている教育や社会的事業は、一般の人々に、イスラーム的秩序が身近な生活の中でどのように具体化されるかということを示している。それとは対照的に、政府はしばしば約束はするが、マクロでもミクロのレベルでもその公約を実行に移すことができていないと国民から思われていた。

ムスリム同胞団を中心としたイスラーム運動が、勢力を伸ばし国民の信頼を獲得し、多くの事を成し遂げることができたのは、彼らが政治、社会、経済的思惑だけでなく宗教的動機から、新しい社会秩序を構築したからであった。イスラーム運動による新しい秩序により、宗教的正統性を備えたイデオロギー的世界観と、宗教が社会的現実や問題と密接に関わりその解決のためにも有効であるということを示す社会制度が生み出された。その結果、イスラームは、社会に対する挑戦や脅威であるばかりでなく、社会に変化をもたらす重要な要因であると受け取られるようになった。多くのムスリムが、イスラーム運動の中に意義、方向性、支援、充実感を見い出す一方で、イスラーム運動は、政府の失政に対する間接的な批判であり、政府の正統性に対する挑戦であり、エジプト政府と社会の安定に対する直接的脅威であると考える者（特に政府と多くのエリート）もいた。

エジプト社会の現実は、多くのムスリム社会と同様、今日、社会・政治的発展に与えるイスラームとイスラーム行動主義組織の影響が減少することなく一層増大していく環境を醸成した。エジプトは、依然として社会・経済的危機や文化的対立の渦中にあり、国民は、政府や世俗的イデオロギーが行き詰まるのを目の当たりにしている。国民は、政府と支配エリートに幻滅し、組織化され最も影響力のあったイスラーム行動主義者を中心として政府に対する反対運動が展開された。そのため、政府の正統性は極めて脆弱なものとなっていた。政府が国民の社会・経済的要求を満たすことなく、その政治参加を制限し、その上、イスラームと穏健なイスラーム主義者を効果的に取り込む必要に気づかず、西洋に過渡に依存する傾向があったために、新たな政治的選択肢としてイスラームへの道が絶えず主張されるようになった。過去に見られたように弾圧に訴えることは、短期的成果がどのようなものであっても、長期的には、一層イスラーム運動を過激化させ社会を不安定にしてしまうだけである。体制を開かれたものにし、健全な市民社会を育成することは、短期的には難しいだろうが、エジプトの長期的利益と発展にかなうものである。「イスラーム運動が将来どのように発展するかは、権力の座にある人間がイスラーム運動を適切に扱うかどうかにかかっている。それは、イスラームか自由かという対立の構図によるものではない……エジプトの統治者は、イスラームが国家建設において、本当に役立つのか、それとも邪魔になるのかを見極める余裕を持つべきである。[33]」

結　論

一九九〇年代、ムスリム世界の多くの国々で、イスラーム復興と民主化運動が相互に影響を与えながら大きなうねりとなっているのを、我々は目の当たりにしてきた。この二つの大きなうねりの中で、宗教・文化的アイデンティティ、真正性、正統性などの問題が、民衆の政治参加、権利の獲得、市民社会の確立という問題と複雑に絡み合っている。西洋の世俗的路線に沿って進められた独立後の発展の歴史は、否定されないまでも疑問視されるようになった。体制側だけでなく反体制側の政治・社会運動においても、宗教的なシンボルや用語に対してしばしば再評価が行なわれてきた。彼らは、政治や市民社会の中で、宗教を正しく用い実践することもあれば、時に乱用し作為的に操作することもあった。

ムスリムの経験は、孤立した状況で生じたわけではない。今日、地球的規模で宗教や共同体(民族、言語、文化)が復興し民主化運動が行なわれているのを、我々は目の当たりにしている。脱世俗化の方向に向かう世界的傾向は、近代化がその前提とするもの、すなわち社会が発展し進化すれば必ず西洋化と世俗化が進むという考え方に挑戦するものである。国家と宗教的伝統、あるいは政治指導者と宗教指導者は、自己のアイデンティティを再確認し発言権の拡大を求める宗教勢力や民族主義勢力に対して対策を講じなければならなかった。このようなポストモダンにおける様々な変容は、ムスリム社会だけに見られる現象ではない。ソ連やユーゴスラビアの解体、インドにおけるヒンドゥー教徒とムスリムの間の対立、またパンジャーブのシク教民族主義者による反乱、カシュミールにおけるムスリムの反乱、スリランカにおけるタミル人の反乱、さらにはイスラエルにおけるユダヤ教の戦闘的グループと世俗的グループとの対立の中にも、こうした変容を見い出すことができる。ある政治学者によれば、長年にわたり行なわれてきた宗教的・民族的アイデンティティの再確認は、ポスト冷戦における文明の衝突、すなわち新世界秩序の論議に通じている。その新たな世界秩序の中では、地球的規模での対立の脅威は、もはや超大国間や国家間のものではなく文明間のものとなっている。

全ての主要な世界宗教において、周辺的な宗教組織だけでなく中心的な組織も宗教的テーマや課題に関して再主張を行なってきた。彼らの名称とその主張は様々であるが、一般的には、それぞれの理論的立場や政治的立場により、原理主義運動、改革主義運動、革命主義運動、自由主義運動と呼ばれている。世界の多くの地域で、地理、歴史、思想、文化、伝統などの大きな違いを超えて、ますます大勢の人々が、暴走し制御できなくなった近代性に対して一層幻滅し批判的になってきている。彼らは、アイデンティティ、意義、価値(特に家族や共同体の価値)、そして政治参加と社会正義などの問題に一層関心を持つようになってきた。大部分の人々は、過去にむやみに縛られたり、時代錯誤的な理想郷などの宗教的幻想に囚われたりせずに、基本的な宗教的原理や価値を再概念化し、現代生活に適応し直すことを提唱している。それゆえ、彼らの関心は、政治、経済、社会、宗教、文化におけるアイデンティティの確立と権利の拡大などの問題に向けられるのである。

民主主義の要求と民主化運動の発展は、今ではムスリム世界の多くの地域で顕著なものとなっている。サウジアラビアのファハド国王のような一部のムスリム統治者や宗教指導者だけでなく、イスラーム主義者の中にも、民主主義とイスラームは全く異質のものであり、イスラームには民衆の政治参加や統治に対する独自の伝統があると主張する者もいた。しかし、多くの人々は民主化という言葉を用い民主的な政治体制を信奉していた。しかしながら、こうした考え方に誤りや問題がないわけではない。しばしば見過ごされていることだが、本書で論じたように、そもそも民主主義という用語には明確な定義が存在していないのである。確かに支配的な解釈も存在するが、これまでたくさんの異なる解釈がなされ、将来的には、新しい解釈も誕生するだろう。すなわち、民主主義という用語には多様な解釈と応用が可能なのである。一部の人々の信念や思い込みに反して、民主主義の西洋における経験は、単一の理論的枠組みというよりは、むしろ豊かなモザイクのようなものであった。実際、西洋における民主主義の歴史と実践は、民主主義という民主的な価値と制度が誕生し発展してきた過程が、まさしく社会の歴史的変化において必然的に生じる緊張と対立に彩られた「混乱した」過程であったことを示している。民主主義は、民主主義論者とデマゴーグの双方から擁護され、美辞麗句で飾られた議論と流血の革命の対象となった。民主主義にはそもそも様々な解釈が存在し、民主主義の発展には多様な形態があるということを認めれば、従来の民主主義という言葉に代わりうる用語や解釈が存在することに気づくことができる。この意味で、西洋の民主主義をそのまま採用することだけが民主化なのではなく、西洋の民主主義制度を応用したり、民衆の政治参加と発言権の拡大を地域に根差した形で成し遂げることも民主化なのである。同様に、西洋の民主主義を採り入れることの正当性は、単に新しいものを創り出すだけでなく、古い概念、信念、制度を再解釈したり新しく定式化することであると認識すれば、西洋以外の文化的・宗教的伝統の中でも統治の民主的な形態が創造される可能性が生まれてくる。

人々の理解や使い方に大きな違いがあっても、民主化、政治参加、イスラーム的民主主義の要求は、多くのムスリム社会で民主主義が現代の潮流となっていること示している。民主主義は非イスラームであり反イスラームでもあると信じる者や、民主主義はポスト冷戦時代において新世界秩序の名の下に、イデオロギー的・政治的覇権を獲得しようとする西洋諸国の新たな戦略であると信じ込んでいる者が未だに存在している。しかし多くのムスリムは、民主主義を支持するかどうかが、政権だけでなく政党や反対勢力の信頼性や正統性を決定するためのリトマス紙であると考えている。ムスリム指導者や政治家は、自らの信仰の深さや思想的傾向にかかわらず、これまで常にイスラームの政治への関わり方に心を砕かねばならなかった。同様に今日においても、大多数の権力者たちは、好む好まざるにかかわらず、民主化を支持する民衆と格闘しなければならない。

事例研究で示したように、北アフリカから東南アジアにいたるムスリム世界の多くの人々にとって、この数十年は、独立以降の国家の状況を総括し、自らの社会が政治、経済、社会面で立ち行かなくなった原因を明らかにすることにより、既成の体制に挑戦してきた時代であった。現体制を否定し革命への道を選んだ国もあったが、多くの国では、政府から民衆運動に至るまで多様な方法で、宗教的アイデンティティに対する新たな意識と感性を政治に結び付けてきた。その結果は、複雑かつ多様なものであった。イラン革命やイラン、スーダン、パキスタンにおけるイスラーム共和国の建国がどんなに素晴らしい事であったとしても、それがもたらした結果は、以前の世俗的な権威主義体制の代わりに、政治・宗教的少数派や反対政党を厳しく弾圧する宗教的正統性を備えた権威主義体制が登場しただけのことであった。独自の体制を持つイラン・イスラーム共和国だけでなく、アルジェリア、チュニジア、エジプトにおける世俗的なイスラーム政権も、様々な口実(例えば、イスラームの擁護や宗教的狂信者からの国家の防衛等)を設けて有力な反対勢力の権利を制限しているにもかかわらず、自国の体制は、国民の政治参加、多党制、人権擁護を備えたものだと考えている。

マハティール政権下のマレーシアでは、イスラームが公式宗教でありムスリムが政治体制を支配しているが、同時に経済力のある有力な非ムスリム少数派も存在しており、イスラーム国家の新しい事例となっている。マレーシア政府は、イスラーム反対勢力に対して懐柔策を採ってきた。そして、国内だけでなくマレー半島における多元社会の現実に対処するために、西洋の価値よりもアジアの価値を認め、マレー系ムスリムとしてのアイデンティティの重要性を強調しつつも、近代的経済発展とのバランスを取ってきた。マレーシア政府が推進した民主化は、その価値観の傾向と同様、より地域に根差したものであり、いくつかの欠点にもかかわらず、国政選挙において充分に機能してきた。しかし、政府によるイスラーム重視の姿勢は、非ムスリム少数派の間に不安を生じさせ、同時に真のイスラームの擁護という名の下に、イスラーム反対勢力の活動を制限したり押え込むための手段ともなった。

現代のムスリム世界を眺めれば、社会的活動や政治的行動を積極的に行なう近代イスラーム運動が多くの地域に存在し、その勢力を拡大している状況が浮かんでくる。エジプトのガマーア・イスラーミーヤ(イスラーム集団)のように政権を直接脅かし、暴力的革命に訴える組織も存在するが、多くは、ムスリム同胞団、ジャマーアテ・イスラーミー、イスラーム救国戦線のように、現体制内に参加する姿勢を示している。

一九七〇年代と一九八〇年代は、中東における人質事件やハイジャックからイランによる革命輸出に対する恐れまで、革命的イスラームに対する恐怖に支配されていた。しかし一九九〇年代に入ると、宗教や政治が直接表面にあらわれない、より多層的な状況が生まれてきた。これまでのイスラーム主義者や秘密テロリストに対するイメージは、銃を携帯し、世界貿易センターを爆破するなど都市部で数々のテロ活動を行ない、西洋諸国に対する聖戦を実行することに血眼になっているというものであった。しかし、そうしたイメージに、政治や社会の主役となって活躍するイスラーム活動家やイスラーム組織が持つ明快で開かれたイメージが新たに加わった。それは静かなる革命と呼ばれるものである。彼らは市民社会の中で活動し、自らの社会・政治的団体や政党を結成し、他の政党や組織と連携し、全国専門職連合にも参加している。

一九八〇年代後半、多くの国が経済的にも政治的にも行き詰まり、ソ連も崩壊してしまった。このような状況は、より開かれた政治的環境を生みだした。すなわち、一九八〇年代末から一九九〇年代前半にかけて、急進派が政府を脅かすようになっただけでなく、イスラーム組織やイスラーム政党が現政権に代わりうる社会・政治的選択肢であることを自ら示す機会を与えられたのである。イスラーム勢力は、エジプトやアルジェリアでは教育や社会福祉事業を行なった。こうした事業は、経済不振と腐敗、高慢で非能率的な官僚、保身に汲々とするエリートによって身動きが取れず崩壊目前の政府による事業に充分代りうる効果的で能率的なものだった。政治的には、イスラームの候補者は、専門職組合などの選挙だけでなく地方選挙や国政選挙においても有力な候補者となった。イスラーム活動家は、選挙により市長、国会議員、専門職組合(医師、弁護士、技術者、大学教員)の会長に選出された。

また彼らは、エジプト、イスラエル、パキスタン、アルジェリア、スーダン、レバノン、トルコ、ヨルダン、クウェート、パキスタン、マレーシアなど多くの国々で閣僚の職にも就いている。

政治参加と民主化を伴ったイスラーム運動の経験と実態は、実に多様なものである。パキスタンのジャマーアテ・イスラーミーは、パキスタンの建国以来政治体制の中に参画してきた。ジャマーアテ・イスラーミーは、野党勢力であった期間が長かったが、ズィヤー・ウル・ハック政権初期のように政府と閣内協力を行なうこともあった。ジャマーアトの理念や政治姿勢は、現実的で柔軟性のあるものだった。彼らは、パキスタンの建国に当初反対していたが、後に容認し国家の建国に参画した。また民族主義と民主主義に対しても当初反対していたが、政権に完全に参画してからはイスラームに基づく民主主義国家の建設を唱道するようになった。ジャマーアトや他のイスラーム政党が政治に参加し手腕を発揮したことにより、彼らの影響力はかえって強まり、パキスタンの政治と政治文化におけるイスラーム寄りの姿勢はより明確なものとなった。しかし彼らは、世俗的思想を厳しく制限したために、選挙での大量得票に結びつけることはできなかった。ジャマーアトも他のいかなるイスラーム組織も、選挙を通して、政権獲得が可能となるところまでは到達しなかった。パキスタンの政治状況がより開かれたものであったために、ジャマーアテ・イスラーミーなどのイスラーム政党やイスラーム組織の力をかえって弱めることになったのである。実際、政治や大衆運動におけるイスラームの道への訴えは、統一された反対運動を一時的に生み出すことはできたが、結局は社会の分裂を招くことになった。このような分裂は、社会の世俗的集団と「イスラーム」集団の間で生じただけでなく、イランのアーヤトッラーからスーダンやパキスタンのイスラーム指導者や組織まで、イスラーム行動主義の指導者の中でもイスラーム諸組織の内部でも起こっていた。政府に代わりうる世俗勢力やイスラーム組織が存在しているマレーシアにおいて、また一時的にはパキスタンにおいても、政治体制が開かれたものであったために、その理念や政治は一層柔軟性を持つようになり、いかなるイスラーム組織も単独で野党の支配勢力となることはできなかった。それとは対照的に、アルジェリア、チュニジア、エジプトでの最近の歴史が示すように、イスラーム組織が、「唯一の不満のはけ口」であるような状況、すなわち、イスラーム組織が国民の抱く不満の唯一の代弁者として活動し、組織票だけでなく政府や体制に対する反対票を投じたいと願う人々の票をも獲得できる状況であれば、イスラーム組織が最大野党となる可能性が高くなるのである。

イスラーム急進派による暴力的革命の輸出に対する恐怖が一九八〇年代を支配していたと言えるが、九〇年代に入り、イスラーム行動主義の主流派が選挙で勝利を収めたことにより新たな懸念が生まれた。すなわち、「選挙制度を通じてイスラーム組織が政治に参加する真の目的は、政権を獲得しイスラーム式の統治を強引に実践することではないか」という不安が生じたのであった。イスラーム世界の多くの政府や西側諸国は、これまで十年以上にもわたって、「イスラーム原理主義」は民衆からの支持をほとんど得ていない過激な革命的脅威であると非難してきた。しかし、チュニジア、エジプト、ヨルダン、トルコなどの国々で、イスラーム主義者が選挙により最大の反政府勢力となった。アルジェリアでは、彼らが選挙により政権獲得をまさに実現しようとするような状況が生まれ、イスラーム主義者が民主主義をハイジャックしようとしていると非難する者が出てきた。このような非難は、チュニジア、エジプト、アルジェリアなどの各国政府が、民主化への取り組みを遅らせたりその内容を縮小させるだけでなく、イスラーム主義者からの批判や反対を抑圧するための格好の口実となっている。イスラーム主義者が民主主義をハイジャックしようとしていると警告する者がいる一方で、多くの政権が自分たちを脅かすことのない民主主義、すなわち政府批判を許さぬ民主主義しか容認していないと非難する者もいる。チュニジアでは、弾圧が短期的には成功しているように見えるが、アルジェリアでは政府の弾圧により流血の内戦が起こり、暴力と報復の悪循環が始まった。またエジプトでも弾圧政策が国内の安定をますます脅かしていた。

多くのムスリム社会が抱える政治・経済の現状を見れば、民主化の将来は決して明るいものではない。西洋で発達した民主主義が異なる文化を持つ国においてどの程度適用可能であるかが問題であるとする者がいる一方、民主主義とイスラームがそもそも共存できるのかという率直な疑問を呈する者もいる。我々がイスラームや民主主義などの用語を、それらが現実の経験の中で見せる柔軟性、適応性、多様性を認めずに、絶対的で決まりきった意味だけで用いるならば、こうした問いかけに対して正しく答える事は一層難しくなる。民主主義などの用語がムスリム社会に浸透した時、民族主義や社会主義が西洋化した世俗エリートの独占物ではなくなり、地域に根づき、姿を変えてイスラームと結びついたことを思い起こすことが重要である。同様に民主化の過程も、大衆に根差した真に民主的な運動となり、イスラームの政治的復興が堅固なものになるにつれ、その世俗的特徴は失なわれていくことになる。

これらの問いに答えたとしても、同じくらい厄介な問題がいくつか残っている。自らの正統性や権威に問題を抱える権威主義的政府が、どのようにすれば強力な市民社会を建設できるのだろうか。統治者たちは、短期的な権力の維持に囚われることなく先見の明をもって、市民社会と民主化を支える価値や制度を育む環境を育てることの重要性をどの程度認めようとしているのだろうか。世界の政治環境は、ポスト冷戦や湾岸戦争後の経済状況により一層複雑なものとなっている。ムスリム世界の発展途上国は、世界の他の発展途上国と同様に、超大国の対立がもたらした有効な援助や支援をもはや期待することはできない。ソ連が消滅した今、アメリカは多くの援助を提供する必要はもはやなく、またそうする意思も持っていない。同様に国内の経済問題を抱えた湾岸諸国もかつてのようには、ムスリム国家に対する援助も外国人労働者に対する雇用も提供することはできない。脆弱な経済力しか持たず、国民の大部分が二五歳以下で急激な人口増加の問題に直面している国々が、将来に向けて、民衆の権利の拡大やアイデンティティなどの問題に取り組んでいくことは極めて困難なことであろう。

政策課題

一九八〇年代、ムスリム世界や西洋の多くの人々は、イスラーム組織は民衆の代弁者ではなく単なる周辺的な過激集団であり、有権者によって拒絶されると考えており、彼らは次のような議論によって、イスラーム運動を非難し弾圧することを正当化していた。その議論とは、イスラーム運動は体制内で活動することを拒否し、民衆の声を代弁していない社会の周辺に位置する小さな暴力的過激集団であり、それ故、国家や地域の安定に対して脅威になっているというものであった。しかしながら、一九八〇年代後半から一九九〇年代初頭にかけての彼らの積極的な社会参加と選挙での躍進は、このような考え方を覆すものだった。皮肉なことに、イスラーム組織が体制内で活動するようになり、彼らは政権にとってはるかに恐ろしい脅威となった。かつてイスラームの主張は民衆の声を代弁していないと無視したり、イスラーム過激主義を体制に対する脅威だと非難した人々は、今度は体制に参加しようと願うイスラーム組織に対して民主主義をハイジャックしようとしていると非難している。一九九〇年代のアルジェリアにおいて、FISが選挙戦に勝利し、選挙により実際に政権獲得の一歩手前までいったことは、多くのムスリム国家と西側政府にとってはまさに悪夢であった。

イスラーム運動が、政権に近づき実際に政権を獲得するための手段として選挙を用いるのではないかという不安は現実のものとなった。確かにイラン・イスラーム共和国、パキスタン（ズィヤー・ウル・ハック政権）、スーダン（NIFが支援するウマル・アル＝バシール政権）などの例は、イスラーム主義者が権力の座に就けば、大幅な政治制度の改革を行なおうとすることを示している。しかし、こうした懸念に対しては、世俗的志向の強い非イスラーム政府も必ずしも民主的ではないということを認識することにより、バランスのとれた見方をすべきである。実際、中東の他の国々と比較した時に幾分リベラルに見えたとしても、エジプトは間違いなく、過去においても現在においても権威主義的国家である。エジプトの統治者は、ムスリム世界の大部分の統治者と同様に、政権の正統性と安定を選挙区の民衆の支持よりも軍部や治安部隊に依存している。エジプト政府は一貫して、反対勢力や市民社会の制度に対しては、ある程度の「寛容」を示しながらも統制を行なう一党独裁による国家である。エジプト政府による政治の自由化や民主化への取り組みは、強力な反対政党が勢力を拡大することができないような枠組みの中で行なわれていることを理解しなければならない。同時に、チュニジアやアルジェリアの例も記憶しておかねばならない。これらの国においては、政府は最初、政治の自由化を約束したが、後に選挙結果によってイスラーム主義者が唯一の強力な反対勢力となると、約束を反故にして彼らに対する弾圧を行なったのである。ラシード・ガンヌーシーのようなイスラーム主義指導者はリベラルな政治的発言をしているが、そうした発言が、彼らが実際に政権に就いた時に実行される党としての方針なのかどうかを、多くの人々が疑問視したのも当然である。彼の行動は、彼の言質に本当に一致するのだろうか。実際、ベン・アリー大統領が政権に就いた時に行なった政治的自由化の約束は、彼の何十年にもわたる権威主義的統治の中での一時的な気まぐれにすぎなかったという明白な事実は、ほとんど触れられたことがない。

権威主義の脅威は、宗教的教義よりも政治力学や政治風土から生じている。ある政府が宗教的戒律の実践と西洋化の実現のどちらに傾倒しているのかを見定めたとしても、その政権が権威主義的なものになるのか、民主的なものになるかを予測することはできない。西洋化への傾倒は民主主義の保証にはならないし、イスラーム法の適用もイスラームに固有の権威主義の証明にはならない。実際、イラン共和国での選挙や国会審議の中で、激しい議論が行なわれ対立も存在している。このことは、イランにおいて、厳しい制限があったとしても、シャーによる最後の十年間の統治におけるより、はるかに政治的反対が公式に許されていることを示している。歴史的アイデンティティの確認が民衆の大きな関心事である時代において、イスラーム世界では、世俗的指導者とイスラーム主義者のどちらもが、一層の政治参加を生み出そうと努力する中で、歴史的伝統に沿っていかに政治的権威主義を確立するかという問題に直面している。

急進主義とテロリズムの脅威に対抗することはもちろん必要である。しかし、暴力的手段によって現体制の転覆を明らかに目指している過激派と、体制に参加しようとする意欲を表明している組織とを区別することができなければ、政府は全てのイスラーム組織を無差別に弾圧することになってしまう。こうしたアプローチは、政府とイスラーム運動との間で全国的規模の暴力と報復といった悪循環を招くことになる。このような状況は、自明の理として社会の過激化、テロリズム、多極化をもたらすることになる。イスラーム運動をむやみに弾圧したり、その活動の芽を摘もうとすれば、全国的に暴力的運動が勃発するだけでなく、アルジェリアで実際に起こったように、またエジプトで益々その危険性が高まっているように、穏健派までもが過激化することになる。穏健派と暴力的過激派を区別して両者の間に楔を打ち込むことは、両者に小異を捨てさせ協力関係を構築させてしまうよりもはるかに生産的なことである。

これまで見てきたように、エジプトにおけるムスリム同胞団やパキスタンにおけるジャマーアテ・イスラーミーの歴史は示唆に富んだものである。ガマール・アブデル・ナーセルによるムスリム同胞団に対する弾圧を瑞緒として発生した暴力の悪循環により、サイイド・クトゥブはイスラーム思想に関してより戦闘的イデオロギーに沿った解釈を行ない、ムスリム同胞団内部では過激派が実権を掌握するようになった。一九六〇年代の同胞団に対する徹底した弾圧により、多くの人々は、同胞団は事実上根絶されたと考えた。しかし実際は、逮捕・投獄を免れた同胞団のメンバーは、十年後に、タクフィール・ワル・ヒジュラ（スリム集団）やサダトを暗殺したジャマーアト・アル＝ジハード（ジハード団）など暴力的過激派のいくつもの分派を形成した。こうしたグループの流れをくむ組織は今日も残っており、その多くはガマーア・イスラーミーヤ（イスラーム集団）の下に糾合している。

エジプトとは対照的に、パキスタンのジャマーアテ・イスラーミー（あるいはヨルダンのムスリム同胞団やマレーシアのＡＢＩＭやＰＡＳ）などのイスラーム運動は、体制内で活動を行なうことができた。ジャマーアトは政治的影響力を持っていたが、決して選挙における脅威にも、暴力的革命を起こすような脅威にもならなかった。実際、パキスタンは、マレーシアと同様、イスラームの政治的活動の重要な舞台であったが、ジャマーアテ・イスラーミーだけでなく、ＪＵＩやＪＵＰなどの主だったイスラーム政党は体制内で活動を行なっていた。やがて、彼らは政権内に取り込まれたり、野党として政治に参加するようになった。時間の経過とともに、彼らは重大なイデオロギーや政治面での変化を受け入ていった。実際、パキスタンやマレーシアで示されたように、彼らを共闘へと向かわせる弾圧や共通の敵が存在しない開かれた政治環境においては、多くのイスラーム組織は、他の政党と同様に、個人的魅力、イデオロギー的要素、組織間の相違点ばかりを重要視するようになった。その結果、イスラーム組織は、連帯を強めるよりも弱体化と分裂の方向へと向かった。このような現象は、サーディク・アル＝マフディーのウンマ党とハサン・アル＝トゥラービーの国民イスラーム戦線が対立していたスーダンや、マレーシアにおけるＰＡＳとＡＢＩＭとの競合、パキスタンのジャマーアテ・イスラーミーと他のイスラーム政党との対立、イランの宗教指導者間の相違においても見られた。

それとは対照的に、一九八〇年代前半のシリア、一九九〇年代前半のチュニジア、そして一九九〇年代全般におけるイラクで行なわれた大規模な弾圧は、短期的には国内の地下イスラーム反対勢力を沈黙させ駆逐した。一方、アルジェリアとエジプトでは、政党や専門職組合の活動を制限するために採られた政策が、権力のみに執着し市民社会を弱体化させ、何にでも口を出す権威主義的な政府のイメージをかえって強めてしまった。こうした傾向は、一層社会の分裂を招くことになった。賛成か反対のどちらかしかない状況では、中道の立場などもはや存在しなくなり、市民はあらゆる現実的な問題に関して、政府と「過激な原理主義的脅威」のどちらを支持するかという選択を迫られることになった。軍事政権は、暴力的な急進派に対しての大胆な外科手術と非暴力的な反対勢力に対する懐柔策とをもはや区別せずに、イスラームは全て社会に対する脅威だと見なすようになった。その結果、イスラーム運動の中で穏健派はますます周辺へ追いやられてしまった。彼らはこうした経験から、体制への参加はもはや現実的な選択肢ではないと確信するようになった。

歴史の教訓が生かされないのはよくあることである。ムスリム世界の権威主義的政府は、大衆運動による有力な反政府勢力を、その名前が民族主義、社会主義、リベラルな民主主義、あるいはイスラームのどれであれ、全て脅威だと見なしている。これらの運動は、支配者や保身に汲々とするエリートの権力や特権だけでなく、彼らの生活様式に対しても批判を加えている。近年、このような現実は、エジプトで見られるだけでなく、チュニジアやアルジェリアにおいては、より顕著な形であらわれている。この両国においては、主要な国際的人権団体やアメリカ国務省による報告で非難されているように、政府は、選挙で大いに健闘したイスラーム運動に対して、弾圧、軍事法廷による見せしめ裁判、拷問などを行なった。同時期、イランやスーダンのイスラーム政府は、独自の権威主義的政治と弾圧を行なっていた。またエジプトのイスラーム集団やジハード団、アルジェリアの武装イスラーム集団などは、野蛮なテロ行為を行ない、イスラームに対する彼ら独自の解釈に異議を唱える者はすべて粉砕しようとしていた。イスラーム主義を掲げる政府や組織が成功を収めているかどうかは、一貫した判断基準を用いて、現代世界の広範な情勢の中で判断されるべきである。反対勢力に対する弾圧、拷問、恐怖は、それが自称イスラーム主義者であっても世俗主義者であっても、同じように厳しく糾弾されるべきである。同様に、政治の中に実質的な民衆参加の制度を作り出そうとする積極的努力は、たとえその中に西欧や北米での民主主義に使われている理念とは異なる思想やアプローチが含まれていたとしても、促進されるべきである。

二十一世紀においては、権力の維持に汲々とすることなく国家の政治・社会的発展に真に関心を持つ政府ならば、民主化を支援し市民社会を成長させる制度や価値の発展を促すことにより、政治の自由化や人権問題に熱心に取り組んでいるということを示すことが求められるだろう。各国政府は、社会の安定と自由を直接脅かす組織と体制内で段階的に変革を行なっていこうとする団体とを、それらが世俗的であれイスラーム的であれ、しっかりと区別した上で、政策を実行しなければならない。現実に効果的に機能している民主主義においても、現在、権力構造を再構築し政府を一新しようとする努力が熱心に行われている。

急進的過激派の活動だけでなくイラン、スーダン、ズィヤー・ウル・ハック政権下のパキスタンなどの例を見れば、イスラーム運動は、選挙によって政権の座に就いた場合、反対勢力や少数派の(現在彼ら自身が望んでいる)権利を尊重するということを言葉だけでなく行動により示すことが求められるだろう。イスラーム活動家は、今日、政府の弾圧や西洋の帝国主義を非難するのと同様に、イスラームの名の下になされる過激な行動やテロ活動を厳しく非難することを迫られている。政府だけでなく、イスラーム運動も、権威主義というものが、宗教的であろうが世俗的であろうが、また神や国家いずれの名を冠したところで、非生産的で危険なものであるという認識を明確に示さなければならない。

民主主義と民族自決を唱道するアメリカや他の西側政府は、世俗的であれ宗教的であれ、政治的プロセスに参加している全ての運動と政党の権利を尊重するということを、その政策により示すべきである。西側高官の中には、これまで冷静な立場を採ってきた者もいる。例えば、アメリカの元国務次官補、エドワード・ジェルジアンは、機会がある度に次のように述べていた。アメリカはイスラームやイスラーム運動を敵と見なしておらず、選挙のプロセスに参加するいかなる運動の権利も認める。但し、そうした運動が、どのような運動であれ、権力を得ようとして民主的選挙を操作していない、すなわち、「一回の選挙で一人一票」[1]という信念に基づいて政権に就いたらという条件をつけてである。

しかしながら、このようなアメリカの姿勢にとって試金石となる事態がアルジェリアで起こった。FISが選挙で勝利した時、イスラーム運動が、エジプト、ヨルダン、チュニジアでのように単に最大野党となっただけでなく、選挙を通じて政権の座にまさに就こうとする状況が生まれたのだった。

アルジェリア軍の介入は、ムスリムと西側政府双方の民主的姿勢を試すものだった。アメリカや西欧諸国の政策が破綻していたことは、彼らのアルジェリアやチュニジアへの対応を見れば明らかである。アルジェリアでは、選挙結果が無効とされ、FISに対する無差別の弾圧が行なわれていた。チュニジアにおいてもルネッサンス党に対して同様の弾圧が行なわれていた。このような状況に加えて、アメリカや西欧諸国は、ボスニアにおけるムスリムの大量虐殺を目の当たりにしても何もできず、チェチェン共和国やカシュミールにおけるムスリムの悲惨な状況に対しても無関心であった。こうしたことから、イスラーム主義者や多くのムスリムの目には、西側の民主的姿勢は全く信頼できないものとして映った。ムスリムは、こうした認識を強め、アメリカと西欧諸国は、西洋と選ばれた同盟国に対しては民主的な基準を適用するが、中東やイスラーム運動に対しては異なる基準を適用するという、「ダブルスタンダード」を不当に使い分けていると非難した。本来、民主化のプロセスと人権に対する敬意と支援は、真に普遍的で首尾一貫したものでなければならないのである。

政府主導の国民参加型の政治過程が頓挫したために、穏健なイスラーム主義者までもが急進的傾向を強めた。政府による暴力(嫌がらせ、投獄、拷問、あるいは仲間が苦しみながら獄中で死ぬのを見ること)を経験した人々の多くは、「民主主義」の追求は挫折したと結論づけた。彼らは、政治過程への参加から撤退せざるをえなくなり、武力や暴力こそが弾圧的政権に対抗する唯一の手段であると確信するようになった。

イスラーム志向の政治家や政治勢力も、非イスラームの指導者や政治勢力に対するのと同じ基準で評価されるべきである。拒絶ばかりするイスラーム主義者も確かにいるが、選挙により政権に就く可能性があるイスラーム志向の指導者や政府ならば、アメリカとの対応においても是々非々の立場を採るであろう。少なくとも、世俗的政府と同様に、多くのイスラーム政府が、ほとんどの問題に関して、国益に基づいて行動し、世界が政治的にも経済的にも相互依存しているという現実を認めるだけの柔軟性を持っていることは明らかである。イランが西側諸国と交易をより積極的に行なおうと努力していることは、この可能性を如実に示している。アメリカは、国益が直接脅かされない時は、イデオロギーの違いを意識し容認すべきであり、少なくとも寛容の精神を持ってその政策を実行すべきである。

国民の声の代弁と国民の政治参加を正統性の基盤とするムスリム政府は、今後、寛容な姿勢を示すことを要求されるだろう。取り組むべき課題は、非イスラーム勢力との協力関係の構築と権力の分有であり、政府に代わりうる強力な野党や反対勢力が発展し政権の座に近づくことを認める体制を創り出すことである。イスラーム組織のメンバーは、通常、数の上では少数派であり、決して国民の多数派とはいえない。エジプトのムスリム同胞団、チュニジアのルネッサンス党、アルジェリアのFIS、ヨルダンのムスリム同胞団の選挙における強さは、献身的な信者の中核から生じるのではなく、彼らが政府に代わりうる最も信頼できる現実的「不満のはけ口」であるという事実から生じている。それゆえ、彼らの支持層には、組織のメンバー、共感者、支持者、そしてイスラームの大儀のために投票するムスリムだけでなく、非能率的で信頼できない政府に反対票を投じ、政権交代を試してみたいと願う人々も含まれている。

最終的に、政治という舞台が開かれとものとなり、票を得るために鎬を削り、政権に就けば多様な要求の中で統治しなければならないという現実は、世俗的政党だけでなくイスラーム組織に対しても、国内の現実や多様な有権者とその利害に対応して、自らのイデオロギーや政策の幅を広げたり修正することを迫っている。全ての主だった政治指導者が、こうした努力の中で成功を収めるかどうかは、歴史的な観点から国民と社会の宗教的・文化的アイデンティティを確認できるかどうかに益々かかっている。トルコのように最も世俗化された政治体制においてさえも、政治の流れの中でイスラーム化が徐々に進行している。二十世紀後半の二つの大きなうねりは——高まる民衆の政治参加の要求とイスラーム復興——一体となり、イスラームと民主主義の関係に影響を及ぼす新たな現実を生み出している。エジプト、イラン、アルジェリア、スーダン、パキスタン、マレーシアの事例は、イデオロギーや政治が発達し変容することを示している。またこれらの事例は、現代の状況が持つ歴史的意味は、杓子定規な用語で理解されるべきではなく、相互補完性と矛盾が共存する、複雑で多様な側面を持つ現実として解釈されるべきであるということを表している。

訳者あとがき

ハーバード大学の政治学者サミュエル・ハンチントンが著わした『文明の衝突』は、世界に大きな論争を巻き起こした。ハンチントン教授の説に従えば、冷戦の終結とともに、イデオロギー対決の時代は去り、世界政治は異なる文明間の対立や厳しい相互緊張を産み出すことになろう。我々は二十世紀最後の四半世紀に頻発した民族紛争や宗教対立を目の当たりにして、この仮説に対してある程度首肯せざるをえない。実際、近年地球的規模で注目を集めているイスラームに対して、欧米だけでなく日本の知識人の中にも、イスラームといえば「コーランを掲げ銃を携えた過激なイスラーム原理主義者」を連想する者が少なくない。しかしながら、イスラームは本当に西欧文明とは相容れないものなのであろうか。西欧世界のみならず世界の多くの国々で人々が信奉するようになってきた民主主義は、イスラームとは両立しないものなのであろうか。

このような「文明間の対立」や「イスラームと民主主義の両立性」という問題に関して、ジョージタウン大学のエスポズィト教授とボル教授が著わした『イスラームと民主主義（*Islam and Democracy*）』は、イスラームの歴史と地域固有の特徴を多元的に洞察することにより、問題解決のための新たな視座を提供してくれる。ＩＴ革命によるグローバリゼーションが急激に進行する一方で、アイデンティティの確認（個人的なアイデンティティであれ、地域や共同体のアイデンティティであれ）に対する要求が世界中で高まっている。二十一世紀を目前にした現在、我々はグローバル化の激しい波の中で、「文明の衝突」という終末論的なシナリオに代わる「文明の共生」という新たなシナリオを可能とする理論的枠組みを模索する必要に迫られている。固定観念に縛られることなく、イスラームが持つ驚くほど柔軟で寛容な精神を理解する時、我々は、自由と正義の希求や少数民族・少数意見の尊重など民主主義の根底に関わる諸原則を見つめ直す機会を得ることになるだろう。

本書の翻訳に関しては、宮原が主に序章、第一章、第三章、第五章を分担し、大和が残りの第二章、第四章、六章、七章、八章、結論を分担したが、全体にわたって共同で表現・用語の統一・校正を行なった。最善を尽くしたつもりであるが、事例研究の対象が六カ国と多岐にわたっていることや時間的制約などから、不備な点も多々あるかもしれない。ともあれ本書が、専門家を含む、多くの読者にイスラームと民主主義の関係について新たな視点を加えることができれば幸いである。

なお、出版に際し、多くの方々のご援助を頂いたことを記しておかねばならない。とくに京都大学名誉教授の中山研一先生には、本書を成文堂から出版するよう強く勧めていただいた。また、千葉大学名誉教授の中村光男先生と東京外国語大学の麻田豊先生には、専門の観点から種々のご指摘とご助言を頂いた。この場を借りて、深く感謝申し上げる次第である。

最後に、訳者が勤務する北陸大学の同僚からも、暖かい励ましと有益な助言を頂いたことは喜びに耐えない。さらに、本書の出版にあたって、北陸大学から出版助成金の形で援助を頂いたことに対して深く感謝申し上げたい。そして、困難な出版事情の中で、本書の出版を快く引き受けて下さった成文堂の阿部耕一社長、および印刷の過程で大変お世話になった土子三男編集長に対して、心からお礼申し上げたい。

二〇〇〇年三月

宮原辰夫
大和隆介

(28) Ibid., p. 2.

(29) Baker, "Islam, Democracy, and the Arab Future," p. 257.

(30) Nadia Ramsis Farah, *Religious Strife in Egypt : Crisis and Ideological Conflict in the Seventies* (New York : Gordon and Breach, 1986), p. 4.

(31) EOHR, "A Statement of Recent [Incidents] of Communal/Religious Violence,"3 April 1990, p.1.

(32) "Assiut bears the brunt of Islamists'human rights abuse," *Middle East Times* (16-22 : May, 1994) : p. 2.

(33) Bianchi, "Islam and Democracy in Egypt," p. 104.

結論

(1) Edward P. Djerejian, "The U.S. and the Middle East in a Changing World" (Washington : D.C. : Meridian House International, June 2, 1992). The policy was reiterated by Robert H. Pelletreau, Djerejian's successor, in "Islam and U.S. Policy," an edited version of which appeared in Robert H. Pelletreau, Jr., Daniel Pipes, and John L. Esposito, "Politica Islam SvmDOsium : Resurgent Islam in the Middle East." *Middle East Policy 3* (1994) : 7-8.

(8) John O, Voll, *Islam : Continuity and Change in the Muslim World,* 2nd rev. ed. (Syracuse, N.Y. : Syracuse University Press, 1994), p. 116.

(9) Baker, "Islam, Democracy, and the Arab Future," p. 489.

(10) Ibid., p. 491. For a detailed analysis of Islamist reactions and responses to the Gulf War, see James P. Piscatori, ed., *Islamic Fundamentalisms and the Gulf War* (Chicago : University of Chicago Press, 1991).

(11) Amira EI-Azhary Sonbol, "Egypt," *The Politics of Islamic Revivalism,* p. 25.

(12) *Irish Times,* 23 February, 1994.

(13) *South China Morning Post,* 27 March, 1994.

(14) Jane Freedman, "Democratic Winds Blow in Cairo," *The Christian Science Monitor,* 17 January, 1990.

(15) Christopher Hedges, "Seven Executed in Egypt in Move to Suppress Islamic Rebel Group," *New York Times,* 9 July, 1993-

(16) "U.S. Said to Ask Egypt About Lawyer's Death," *New York Times,* 27 May, 1994.

(17) Ibid.

(18) Virginia N. Sherry, "Egypt's Trampling of Rights Fosters Extremism," *New York Times* 15 *April,* 1993.

(19) Sami Zubaida, "Islam, the State and Democracy : Contrasting Conceptions of Society in Egypt," *Middle East Report* (November-December 1992) : 8.

(20) "Militants rally to lawyer's death," *Middle East Times* (16-22 May 1994) : 1.

(21) "Fugitive lawyer Remains defiant," *Middle East Times* (27 June-3 July, 1994) : 16.

(22) "Professors can not choose," *Middle East Times* (6-12 June 1992) : 1.

(23) Chris Hedges, "Egypt Begins Crackdown on Strongest Opposition Group," *New York Times,* 12 June, 1994 : 3.

(24) "Security Girds for Post-militant Political Order," *Middle East Times* (6-12 June 1992) : 2.

(23) "Educating Against Extremism," *Middle East Times* (2-8 May, 1994) : 1.

(26) "Ministering to the'Satanic West, *Middle East Times* (2-8 May 1994) : p. 6.

(27) Ibid.

(52) "Algeria：A Kite for Peace," *The Economist,* 5 March, 1994：p. 45.

(53) "Algeria：Looking for Scapegoats," *The Middle East* (May 1994)：20.

(54) Ibid., p. 21.

(55) Ibid., p. 21.

(56) John P. Entelis, "Political Islam in Algeria," *Current History* (January 1995), p. 17.

(57) Entelis and Arone, "Algeria and Turmoil," pp. 33–35.

第八章　エジプト

(1) See, for example, Nazih Ayubi, *Political Islam：Religion and Politics in the Arab World* (London and New York：Routledge, 1991). chapter 4；Raymond William Baker, *Sadat and After：Struggles for Egypt's Political Soul* (Cambridge, Mass.：Harvard University Press, 1990), chapter 8；John L. Esposito, *The Islamic Threat：Myth or Reality?* (New York：Oxford University Press, 1992), chapters 4–5 and idem, *Islam and Politics,* 3rd rev. ed. (Syracuse, N.Y.：Syracuse University Press, 1991), chapters 4–5, Amira EI-Azhary Sonbol, "Egypt," in Shireen T. Hunter, ed., *The Politics of Islamic Revivalism* (Bloomington, Ind.：The University of Indiana Press, 1988), chapter 2.

(2) Robert Bianchi, "Islam and Democracy in Egypt," *Current History* (February 1989)：93.

(3) Saad Eddin lbrahim, "Egypt's Islamic Activism in the 1980's：" *Third World Quarterly* 10：2 (April 1988)：643.

(4) For an analysis of this issue, see John L. Esposito and James P. Piscatori, "Democratization and Islam," *The Middle East Journal 45* (Summer 1991)；John L. Esposito, "Islam, Democracy, and U.S. Foreign Policy," in Phebe Marr and William Lewis, eds., *Riding the Tiger：The Middle East Challenge After the Gulf War,* (Boulder, Co.：Westview, 1993). *Islam and Democracy：Religion, Politics, and Power in the Middle East* (Washington, D.C.：The United States Institute of Peace, 1993).

(5) Richard Mitchell, *The Society of Muslim Brothers,* 2nd ed. (New York：Oxford University Press, 1969；1993 ed.), p. 226.

(6) Ibid., p. 261.

(7) Raymond Baker, "Islam, Democracy, and the Arab Future," in Tariq Y. Ismael and Jacqueline S. Ismael, eds.. *The Gulf War and the New World Order* (Boulder：Westview Press, 1992), p. 485.

tional (August 1991) : 19.

(30) For an example of this kind of activity, see "Taking Space in Tlemcen : The Islamist Occupation of Urban Algeria," *Middle East Report, vol. 22*, no. 6 (November/December 1992) : 12-13.

(31) "Amid Praise for Algerian System : Hopes for an Islamic Government," *The Message International* (August 1991) : 17.

(32) John P. Entelis and Lisa J. Arone, "Algeria in Turmoil : Islam, Democracy, and the State," *Middle East Policy,* 1 : 2 (1992), p. 29.

(33) John P. Entelis, as quoted in *Maghreb Report* (March/April, 1993) : 6.

(34) Entelis and Arone, "Algeria in Turmoil," p. 31.

(35) Brumberg, "Islam, Elections, and Reform in Algeria," p. 69.

(36) "Human Rights in Algeria Since the Halt of the Electoral Process," *Middle East Watch, vol. 4*, no. 2 (February 1992) : 2.

(37) "Amid Praise for Algerian System : Hopes for an Islamic Government" : 16.

(38) David Hirst, "Algiers Militants Urge Care at the Gates of Victory," *The Guardian, 18* January 1992.

(39) "Human Rights in Algeria" : 13.

(40) *Middle East Times,* 19-25 June, 1990 and "Human Rights in Algeria" : 13.

(41) John L. Esposito and James P. Piscatori, "Democratization and Islam," *The Middle East Journal vol. 45*, no. 3 (Summer 1991) : 440.

(42) Vandewalle, "Ben Ali's new Tunisia," *Field Staff Reports : Africa/Middle East 1989-90*, no. 8, p. 3.

(43) Jonathan C. Randal, "Algerian Elections Cancelled," *The Washington Post,* 13 January, 1994.

(44) Alfred Hermida, "Algeria : Democracy Derailed," *Africa Report, vol. 37*, no. 2 (March-April, 1992) : 15.

(45) Ibid.

(46) "Algeria : Dusting off the Iron Glove," *The Middle East* (April 1993) : 19.

(47) Entelis and Arone, "Algeria in Turmoil," p. 35.

(48) Jonathan C. Randal, "Fundamentalist Leader in Algeria Is Arrested," *The Washington Post,* 22 January, 1994.

(49) Randal, "Algerian Elections Cancelled."

(50) "Human Rights in Algeria," p. 1.

(51) "Algeria : The Army Tightens Its Grip," *The Economist,* 17 July, 199

(6) David Ottoway and Marina Ottoway, *Algeria : The Politics of a Socialist Revolution* (Berkeley, Calif. : University of California Press, 1970), p. 30.

(7) Vatin, "Religious Resistance and State Power in Algeria," p. 135.

(8) Francois Burgat, *The Islamic Movement in North Africa,* trans. William Dowell (Austin : Center for Middle Eastern Studies, University of Texas, 1993), p. 261.

(9) *Middle East Watch : vol. 4*, no. 2 (February 1992) : 11.

(10) Janiel Brumberg, "Islam, Elections, and Reform in Algeria," *Journal of Democracy vol.* 2, no. 1 (Winter 1991) : 59. See also Saad Eddin lbrahim, "Crises, Elites, and Democratization in the Arab World," *The Middle East fournal vol. 47*, no. 2 (Spring 1993) : 292-305.

(11) "Algeria's Facade of Democracy," *Middle East Report* (March-April, 1990) : 17.

(12) "Algeria's Brush with Freedom," *The Economist* (15 June 1991) : 40.

(13) John Reudy, *Modern Algeria : The Origins and Development of a Nation* (Bloomington, Ind. : Indiana University Press, 1992), p. 242.

(14) Ibid., p. 243.

(15) Burgat, *The Islamic Movement in North Africa,* p. 276.

(16) "Transcript : Interview With Abassi Madani" (Los Angeles : Pontifex Media Center, 1991), p. 4.

(17) Ibid., p.5.

(18) Ibid.

(19) Ibid., p. 6.

(20) Ibid., p. 8.

(21) Ibid., p. 10.

(22) Ibid.

(23) Ibid., p. 11.

(24) Ibid.

(25) Ibid., p. 14.

(26) Ibid., p. 16.

(27) Burgat, *The Islamic Movement in North Africa,* p. 279.

(28) Mohamed Esseghir, "Islam Comes to Rescue Algeria," *The Message International* (August 1991) : p.13.

(29) Burhan Ghalyoun, in Al-Yawm Al-Sabi, "Algeria : Democratization at Home, Inspiration Abroad," quoted in *The Message Interna-*

(38) Mahathir, "Islam and Justice," p. 2.
(39) Ibid., pp. 2-7.
(40) Mahathir Mohamad, "Religion Has Pertinent Role To Play in Society," *Perspektif IKIM no. 5* (December 1993) : 16.
(41) "Malaysia Raps Rap," *The Economist,* 18 June 1994 : 39.
(42) Michael Vatikiotis, "The Golden Mean : Faith in Religion Invoked to Cope with Modern Pressures," *Far Eastern Economic Review* (14 October 1993) : 23.
(43) Mahathir Mohamad, "A Muslim Perspective on the New World Order," p. 8.
(44) Michael Vatikiotis, "Value Judgments : Younger Leaders Search for New'Asian'Directions," *Far Eastern Economic Review* (10 February 1994), p. 28.
(45) Mustaf Ali, "Malaysia," in Azzam Tamimi, ed., *Power Sharing Islam?* (London : Liberty Publications, 1993), p. 109.
(46) "National Front Issues Election Manifesto," *New Straits Times* (13 April 1995), p. 4, as quoted in *FBIS* (19 April 1995) : 41.
(47) "Mahathir Warns Islamic Party on Behavior," *FBIS* (8 May 1995) : 54-55.
(48) "Panel Set Up to Monitor PAS Activities," *The Star* (15 May 1995) : 2, as quoted in *FBIS* (16 May 1995) : 42.
(49) von der Mehden, "Malaysia : Islam and Multiethnic Politics," p. 197.
(50) Maria Luisa Seda-Poulin, "Islamization and Legal Reform in Malaysia," *Southeast Asian Affairs 1993* (Singapore : Institute of Southeast Asian Studies, 1993), p. 226.
(51) Means, "Malaysia : Islam in a Pluralistic Society," p. 486.

第七章　アルジェリア

(1) Robert Mortimer, "Islam and Multiparty Politics in Algeria," *The Middle East Journal vol. 45*, no. 4 (Autumn 1991) : 575.
(2) Jean Claude Vatin, "Religious resistance and State Power in Algeria," in Alexander S. Cudsi and Ali E. Hillal Dessouki, eds., *Islam and Power* (Baltimore : Johns Hopkins University Press, 1981), p. 146.
(3) Ibid., p. 575.
(4) Mahfoud Bennoune, *The Making of Contemporary Algeria, 1830-1987 : Colonial Upheavals and Post-Independence Development* (Cambridge : Cambridge University Press,1988).
(5) *Charte Nationale* (Republique Algerienne, 1976), pp. 21-22.

(16) Siddiq Fadil, as quoted in Muzaffer, *Islamic Resurgence in Malaysia,* p. 48.

(17) Ibid., p. 49.

(18) Ibid., pp. 12-13.

(19) Ibid., p. 16.

(20) Anwar lbrahim, as quoted in Muzaffer, ibid., p. 50.

(21) von der Mehden, "Islamic Resurgence in Malaysia," pp. 174-175.

(22) Ibid., p. 174.

(23) Delair Noer, "Contemporary Political Dimensions of Islam," in Hooker, ed., *Islam in Southeast Asia,* p. 200.

(24) Jomo Kwame Sundaram and Ahmad Shabery Cheek, "The Politics of Malaysia's Islamic Resurgence," *Third World Quarterly,* vol 10. no. 2 (April 1988) : 852-853.

(25) Zainah Anwar, *Islamic Revivalisms in Malaysia : Dakwah Among the Students* (Selangor : Pelanduk Publications, 1987), P. 29.

(26) Ibid., p. 52.

(27) von der Mehden, "Malaysia : Islam and Multiethnic Polities," p. 195.

(28) Fred R. von der Mehden, *Two Worlds of Islam : Interaction Between Southeast Asia and the Middle East* (Gainesville, FL : University of Florida Press, 1993).

(29) von der Mehden, *Two Worlds of Islam : Interaction Between Southeast Asia and the Middle East,* p. 97.

(30) "Back to English : Government Promotes Bilingualism as a Business Asset," *Far Eastern Economic Review* (11 November 1994) : 18.

(31) Mahathir Mohammad, "Islam and Justice," in *Islam and Justice,* ed. Aidit bint Hj. Ghazali (Kuala Lumpur, Malaysia : Institute of Islamic Understanding, 1993), p. 2.

(32) Ibid.

(33) H. E. Dato Seri Dr. Mahathir Mohamad, "A Muslim Perspective on the New World Order," United Nations Forty-sixth Session, New York, 24 September 1991 (Washington, D.C. : American Muslim Council, 1991), pp. 3, 6.

(34) Ibid., p. 7.

(35) Ibid.

(36) Ibid.

(37) Ibid.

(2) Fred R. von der Mehden, "Malaysia : Islam and Multiethnic Polities," in John L. Esposito, ed., *Islam in Asia : Religion, Politics, and Society* (New York : Oxford University Press, 1987), chapter 8.

(3) For a discussion of the introduction of Islam in Southeast Asia, see M. B. Hooker, "The Translation of Islam into Southeast Asia," in Hooker, ed., *Islam in Southeast Asia* (Leiden : E. J. Brill, 1983), chapter 1.

(4) von der Mehden, "Malaysia : Islam and Multiethnic Polities," p. 448.

(5) Fred R. von der Mehden, "Islamic Resurgence in Malaysia," in John L. Esposito, ed., *Islam and Development : Religion and Sociopolitical Change* (Syracuse, N.Y. : Syracuse University Press, 1980), p. 164.

(6) *Malayan Constitutional Documents, vol. I* (Kuala Lumpur : Government Press, 1962), p. 124.

(7) Means, "Malaysia : Islam in a Pluralistic Society," pp. 471-472.

(8) von der Mehden, "Islamic Resurgence in Malaysia," p. 164.

(9) Chandra Muzzafar, *Islamic Resurgence in Malaysia* (Selangor, Malaysia : Penerbit Fajar Bakti, 1981), pp. 23 ff.

(10) von der Mehden, "Malaysia : Islam and Multiethnic Polities," p. 179.

(11) For this discussion, see John L. Esposito, "Trailblazers of the Islamic Resurgence," in Yvonne Yazbeck Haddad, John Obert Voll, and John L. Esposito, eds., *The Contemporary Islamic Revival : A Critical Survey and Bibliography* (Westport, Conn. : Greenwood Press, 1991), pp. 47-52.

(12) Fred R. von der Mehden, "Islamic Resurgence in Malaysia" in John L. Esposito, ed., *Islam and Development : Religion and Sociopolitical Change* (Syracuse, N.Y. : Syracuse University Press, 1980), p. 169.

(13) See Judith Nagata, *The Reflowering of Malaysian Islam : Modern Religious Radicals and Their Roots* (Vancouver : University of British Columbia Press, 1984), and Muhammad Syukri Sallaeh, *An Islamic Approach to Rural Development-The Arqam Way* (London : ASOIB International Limited, 1992).

(14) "Premier vs. Power," *Far Eastern Economic Review* (15 September 1994) : 15.

(15) Mohamed Jawhar, "Malaysia in 1994." Asian Survey 35, no. 2 (February 1995) : 190.

(21) *Pakistan Affairs 35*, no. 1 (1 January, 1982) : 1.

(22) Hafeez Malik, "Martial Law and Islamization in Pakistan," *Orient, vol. 27*.

(23) Abbas Rashid, "Pakistan : The Politics of'Fundamentalism,'" *Special Bulletin on Fundamentalism and Secularism in South Asia* (Lahore : Shirkat Gah, June 1992) : 21.

(24) *Gallup political Weather Report* (Islamabad : Gallup Pakistan, June 1991), p.18.

(25) Munir, *From Jinnah to Zia,* p. 172.

(26) *al-Mushir* (Rawalpindi, Pakistan : Christian Study Center), vol. XXVII, no. 3 (Autumn 1985) : 162-63, and no. 1 (Spring 1985) : 50-51.

(27) *News from the Country, 1980-84*, pp. 146-47.

(28) *News from the Country, 1980-84*, p. 149.

(29) Ahmed Rashid, "The Great Divide : Shias and Sunnis Battle It Out in Pakistan," *Far Eastern Economic Review* (9 March 1995) : 24.

(30) Ibid.

(31) Rashid, "The Great Divide : Shias and Sunnis Battle It Out in Pakistan" : 24.

(32) Salamat Ali, "Pakistan : The Great Ethnic Divide," *Far Eastern Economic Review* (January 14,1988) : 28.

(33) Benazir Bhutto's interior minister, Aitzaz Ahsan, as quoted in *Dawn Overseas Weekly,* 12 April 1989.

(34) See, for example, John F. Burns, "A Network of Islamic Terrorism Traced to a Pakistani University," *New York Times* (20 March 1995)) and Burns, "Pakistan Asks for U.S. Help in Crackdown on Militants," *New York Times* (22 March 1995).

(35) Ahmed Rashid, "Schools for Soldiers : Islamic Schools Mix Religion and Politics," *Far Eastern Economic Review, 9* March 1995 : 25.

(36) Ibid., and Burns, "Pakistan Asks for U.S. Help in Crackdown on Militants."

(37) I-A. Rehman, "Rout of the Mullahs," *Newsline* (October 1993) : 44.

第六章　マレーシア

(1) Gordon P. Means, "Malaysia : Islam in a Pluralistic Society," in Carlo Caldarola, ed., *Religion and Societies : Asia and the Middle East* (Berlin : Mouton, 1982), p. 470.

York : Syracuse University Press, 1991), and John L. Esposito, "Islam : Ideology and Politics in Pakistan," in Ali Banuazizi and Myron Weiner, eds., *The State, Religion, and Ethnic Politics* (Syracuse, N.Y. : Syracuse University Press, 1986), chapter 12.

(2) Hamza Alavi, "Ethnicity, Muslim Society, and the Pakistan Ideology," in Anita M. Weiss, ed., *Islamic Reassertion in Pakistan* (Syracuse, N.Y. : Syracuse University Press, 1986), p. 41. See also Muhammad Munir, *From finnah to Zia* (Lahore : Vanguard Books, n. d.), p. 32 ff.

(3) G. W. Choudury, ed., *Documents and Speeches on the Constitution of Pakistan* (Dacca : Green Book House, 1967), p. 25.

(4) lbid., p.30.

(5) Munir, *From Jinnah to Zia,* p. 36.

(6) Alavi, "Ethnicity, Muslim Society, and the Pakistan Ideology," p. 44.

(7) Anita Weiss, "The Historical Debate on Islam and the State in South Asia," in *Islamic Reassertion in Pakistan,* p. 8.

(8) Esposito, *Islam and Politics,* p. 115.

(9) Freeland Abbott, *Islam and Pakistan* (New York : Cornell University Press, 1968), p. 196.

(10) *Criterion 5*, no. 4 (1970) as cited in H. Mintjes, "The Debate on Islamic Socialism in Pakistan," *Al-Mushir* (*Rawalpindi*) *20*, no. 4 (Summer 1978) : 70.

(11) Wayne Wilcox, *Pakistan : The Consolidation of a Nation* (New York : Columbia University Press, 1963), p. 195.

(12) Shahid Javed Burki, *Pakistan Under Bhutto, 1971-1977* (New York : St. Martin's Press, 1980), p. 93.

(13) Ibid., p.181.

(14) Ibid., p. 183.

(15) Ghafoor Ahmad (minister of commerce), Mahmud Azam Faruqi (Minister of Information), and Khurshid Ahmad (Deputy Chairman of the Planning Commission).

(16) *Manifesto,* Jamaat-e-lslami Pakistan (Lahore, Pakistan, 1970).

(17) Rashida Patel, *Islamization of Laws in Pakistan* (Karachi : Faiza Publishers, 1986), chapters 5-9.

(18) Ibid., p. 60.

(19) "The Muslim Community," *News from the Country, 1980-84* (Rawalpindi, Pakistan : Christian Study Center, 1985), p. 182.

(20) Ibid., p. 182-83.

office who were responsible for drafting the decrees by John L. Esposito and John O. Voll in August 1984.

(34) Turabi, *al-Harakah al-islamiyyah,* p. 37.

(35) Both Umar Hasan al-Bashir and Hasan al-Turabi affirmed this in March 1993, when there was no particular reason for them to deny prior association. Interviews with John L. Esposito and John O. Voll, March 1993.

(36) Mohamed Omer Beshir, *The Southern Sudan, From Conflict to Peace* (New York : Barnes & Noble, 1975), p. 17.

(37) Muhammad Asad, *Islam and Politics* (Geneva : Islamic Centre, November 1963), p. 7.

(38) Beshir, *The Southern Sudan, from Conflict to Peace,* p. 124.

(39) Turabi, *al-Harakah al-islamiyyah,* p. 36.

(40) El-Affendi, *Turabi's Revolution,* p. 149.

(41) An example of Turabi's discussion of the early Medina experience is Hassan al-Turabi, "The Islamic State," in John L. Esposito, ed., *Voices of Resurgent Islam* (New York : Oxford University Press, 1983), p. 250.

(42) Francis Deng and Prosser Gifford, *The Search for Peace and Unity in the Sudan* (Washington : The Wilson Center Press, 1987), p. 86. The full text of the charter is reprinted in this book, pp. 78-89.

(43) Deng and Gifford, *The Search for Peace,* p. 80.

(44) The quotations are from a newsletter published in Great Britain which is sympathetic to the NSR regime, *Sudan Focus 2*, no. 11 (15 January 1995) : 2.

(45) Deng and Gifford, *The Search for Peace,* p. 85.

(46) *Sudan Focus 1*, no. 9 (15 November 1994) : 3.

(47) See, for example, the discussion of non-NIF trade unions in " In the Name of God' : Repression Continues in Northern Sudan," *Human Rights Watch/Africa Newsletter* (A 609) 6 (November 1994) : 32-33.

(48) A description of some of this suppression presented from an antigovernment perspective can be found in *Sudan Democratic Gazette no. 49* (June 1994) : 6.

(49) *Sudan Focus 1*, no. 9 (15 November 1994) : 3.

第五章　パキスタン

(1) For my analysis, I have drawn on my previous work, in particular John L. Esposito, *Islam and Politics,* 3rd rev. ed. (Syracuse, New

(16) EI-Affendi, *Turabi's Revolution,* p. 53.

(17) Hasan al-Turabi, *al-Harakah al-islamiyyahfi al-sudan, al-tatawwur wa alkasab wa al-minhaj* (Cairo : al-Qari'al-arabi, 1991), p. 30.

(18) El-Affendi, *Turabi's Revolution,* p. 57.

(19) al-Turabi, *al-Harakah al-islamiyyah,* p. 31.

(20) Quoted in El-Affandi, *Turabi's Revolution,* p. 60.

(21) El-Affandi, *Turabi's Revolution,* p. 62.

(22) Turabi, *al-Harakah al-islamiyyah,* p. 32.

(23) Ibid., pp. 33-34.

(24) These are the figures presented in El-Affendi, *Turabi's Revolution,* pp. 77 and 84. Bechtold gives a lower total of five seats in 1965 and three in 1968 (Bechtold, *Politics in the Sudan,* pp. 232 and 249). The difference may be in the way that some independents are identified by the two scholars.

(25) El-Affendi, *Turabi's Revolution,* p. 76. Specific aspects of the program defined in the charter can be found in Hasan Makki, Harakah al-ikhwan, pp. 107-110.

(26) El-Affendi, *Turabi's Revolution,* p. 111. Turabi provides his own description of the organizational evolution of the movement in *al-Harakah al-islami,* pp. 63-67.

(27) This point was made, for example, by Hasan al-Turabi in a discussion of the history of the movement. Interview with John L. Esposito and John O. Voll in Khartourn, March, 1992.

(28) al-Turabi, *al-Harakak al-islamiyyah,* pp. 35-36.

(29) Hasan al-Turabi, *al-Mar'ah bayn ta'alim al-din wa taqalid al-mujtama'* (Jiddah : al-Dar al-Sa'udiyyah, 1984). An English translation of this is Hasan Turabi, *Women in Islam and Muslim Society* (London : Milestones, 1991).

(30) Hasan al-Turabi, *Tajdid usul al-fiqh al-islami* (Khartourn : Dar al-Fikr, 1980).

(31) Turabi interview with Susan Bridge, Independent Broadcasting Associates, for the radio series *The World of Islam, 14* January 1982.

(32) Ibid.

(33) The lack of involvement in the process leading up to the promulgation of the decrees and the reservations about some aspects of the decrees was emphasized in interviews with a number of lkhwan leaders, including Hasan al-Turabi, and officials in the President's

第四章　スーダン

(1)　Karol Jozef Krotki, *First Population Census of Sudan 1955/56：21 Facts about the Sudanese* (Khartourn：Ministry for Social Affairs, 1958), p. 26.

(2)　Na'um Shuqayr, *Tarikh al-sudan al-hadith* (Cairo：n.p., 1903)：3：40-48.

(3)　Richard Hill, *Egypt in the Sudan, 1820-1881* (London：Oxford University Press, 1959). p. 108.

(4)　Albert Hourani, "Ottoman Reform and the Politics of Notables," in *Beginnings of Modernization in the Middle East：The Nineteenth Century,* ed. William R. Polk and Richard L. Chambers (Chicago：University of Chicago Press, 1968), p. 45.

(5)　Ibid., p. 46.

(6)　R. C. Mayal, "Recent Constitutional Developments in the Sudan," *International Affairs 28*, no. 3 (July 1952)：318-319.

(7)　See, for example, Mayal, "Recent Constitutional Developments," p. 320.

(8)　Peter K. Bechtold, *Politics in the Sudan* (New York：Praeger, 1976), pp. 177-178, 180.

(9)　al-Sadiq al-Mahdi, ed., *Jihad fi sabil al-istiqlal* (Khartourn：al-Matba'ah al-hukumah, n.d.), p. 128.

(10)　See, for example, al-Sadiq al-Mahdi, ed., *Jihad fi sabil al-dimuqratiyyah* (Khartourn：al-Matba'ah al-hukumah, n.d.).

(11)　Bechtold, *Politics in the Sudan,* pp. 229-239.

(12)　Peter Woodward, *Sudan, 1898-1989：The Unstable State* (Boulder, Co.：Lynne Rienner, 1990), p. 104.

(13)　The positions of the SPLM and John Garang are presented in Mansour Khalid, ed., *John Garang Speaks* (London：KPI, 1987).

(14)　For the broader historical context of these developments, see John 0. Voll, "The Evolution of Islamic Fundamentalism in Twentieth Century Sudan," in *Islam, Nationalism, and Radicalism in Egypt and the Sudan,* ed. Gabriel Warburg and Uri Kupferschmidt (New York：Praeger, 1983), pp. 113-131.

(15)　The description of the early years of the Islamic movement is based primarily on Abdelwahab EI-Affendi, *Turabi's Revolution：Islam and Power in Sudan* (London：Grey Seal, 1991), chapter 3, and Hasan Makki Muhammad Ahmad, *Harakah al-ikhwan al-musliminfi al-sudan, 1944 m.-1969 m.* (Khartourn：Dar al-fikr, n.d.), Part 1.

(48) “Reporter’s Notebook : Jewish Lifestyle Under Ayatollahs Isn’t So Bad Now,” *The Wall Street Journal,* 22 April 1992, p.14.

(49) Judith Miller, “Islamic Radicals Lose Their Tight Grip in Iran,” *New York Times,* 8 April 1991.

(50) *Middle East Matters, vol.* III, no. 1, 1.

(51) “Bishop’s Killing Puts Focus on Persecution in Iran,” *New York Times,* 6 February 1994, 20.

(52) Eric Hoogland, “Iran 1980-85 : Political and Economic Trends,” in Nikki R. Keddi and Eric Hoogland, eds., *The Iranian Revolution and the Islamic Republic* (Syracuse, N.Y. : Syracuse University Press, 1986), pp. 24-25.

(53) Muriel Atkin, “The Islamic Republic and the Soviet Union,” *The Iranian Revolution and the Islamic Republic,* p. 201.

(54) “Bishop’s Killing,”20, and “Death Sentences for the Bahai,” *New York Times,* 31 December 1993) A 28.

(55) “Iran’s Nuremburg Trials,” *New York Times,* 27 February 1993, A 18.

(56) “Iran : Walk in Fear,” *The Economist,* (23 July 1994) : 40.

(57) Miller, *New York Times,* 8 April 1991.

(58) Fouad Ajami, “Iran : The Impossible Revolution,” *Foreign Affairs,* 67, no. 2 (Winter 1988/89) : 136.

(59) Ibid., 144.

(60) Shireen T. Hunter, “Post-Khomeini Iran,” *ForeignAffairs 68,* no. 5 (Winter 1989/90) : 138.

(61) “Rafsanjani Gives Revolution Day Speech,” *Foreign Broadcast Information Service* FBIS-NES-95-030 (February 14, 1995).

(62) “Militant Clerics Issue Revolution Anniversary Statement,” FBIS-NES-95-030 (February 14, 1995).

(63) “Mohtashami on Perpetuation of Revolution Objectives,” and “Berates Officials for Deviating,” FBIS-NES-95-029 (February 13, 1995).

(64) Statement by Daryush Foruhar of the Party of the People of Iran, in “Opposition Group Calls for Democracy on Anniversary,” FBIS-NES-95-029 (February 13, 1995).

(65) Farzin Sarabi, “The Post-Khomeini Era in Iran : The Elections of the Fourth Islamic Majlis,” *The Middle East Journal 48,* no. 1 (Winter 1994) : 89.

(66) Hoogland, “Iranian Populism and Political Change in the Gulf” : 21.

(29) "Islamic Republic of Iran," in Albert P. Blaustein and Gisbert H. Flanz, eds., *Constitutions of the Countries of the World* (Release 92-8 ; Dobbs Ferry, N.Y. : Oceania Publications, 1992), p. 8.

(30) *New York Times,* 17 December 1992.

(31) Eric Hoogland, "Iranian Populism and Political Change in the Gulf,"20.

(32) Akhavi, "Iran : Implementation of an Islamic State," p. 38.

(33) Arjomand, *The Turban for the Crown,* p. 164.

(34) Ibid.

(35) Shahrough Akhavi, "State Formation and Consolidation in Twentieth Century Iran," in Myron Weiner and Ali Banuaziz, eds., *The State, Religion and Ethnic Politics,* (Syracuse, N.Y. : Syracuse University Press, 1986), p. 212.

(36) Dilip Hiro, *Iran Under the Ayatollahs* (London : Routledge & Kegan Paul, 1985), p. 256.

(37) Azar Tabari, "The Enigma of the Veiled Iranian Woman," *MERIP Reports* (no. 103), 12 : 2 (February 1982) : 22-27.

(38) The situation described here draws on material from *the Christian Science Monitor, 28.* March 1995 and the *New York Times,* 21 December 1994.

(39) Geraldine Brooks, *Nine Parts of Desire : The Hidden World of Islamic Women* (New York : Anchor Books, Doubleday, 1995), p. 233.

(40) Barry Rubin, *Iran's Future : Crises, Contingencies, and Continuities* (Washington, D.C. : The Johns Hopkins Foreign Policy Institute, 1987), p. 10.

(41) Hiro, *Iran under the Ayatollahs,* pp. 242-243.

(42) Akhavi, "Iran : Implementation of an Islamic State," p. 37.

(43) As quoted in Robin Wright, In *the Name of God* (New York : Simon & Schuster, 1989), p. 196.

(44) *Amnesty International 1994* (London : Amnesty International Publications, 1994). p. 163.

(45) Ibid.

(46) Ali Banuaziz, "Iran's Revolutionary Impasse, Political Factionalism, and Societal Resistance," *Middle East Report no. 191,* vol. 24, no. 6 (Nov.-Dec. 1994) : 7.

(47) Homa Hoodfar, "Devices and Desires, Population Policy and Gender Roles in the Islamic republic," *Middle East Report* (no. 190), vol. 24, no. 5 (Sept.-Oct. 1994) : 17.

(9) James A. Bill, *The Eagle and the Lion* : *The Tragedy of American-Iranian Relations* (New Haven : Yale University Press, 1988), pp. 186-192.

(10) Ruhollah Khomeini, *Islam and Revolution,* trans. Hamid Algar (Berkeley, Calif. : Mizan Press, 1981), pp. 182, 183, 185.

(11) Ibid., pp. 249-250.

(12) Hamid Algar, "The Oppositional Role of the Ulama in Twentieth Century Islam," in Nikkie R. Keddie, ed., *Scholars, Saints, and Sufis* (Berkeley, Calif. : University of California Press, 1972), pp. 250, 255.

(13) Shireen T. Hunter, *Iran After Khomeini* (Washington, D. C. : CSIS, 1992), p. 7.

(14) Chehabi, *Iranian Politics,* p. 38.

(15) Eric Hoogland, "Iranian Populism and Political Change in the Gulf," *Middle East Report no. 174,* vol. 22, no. 1 (January/February 1992) : 21.

(16) Ervand Abrahamian, *Iran between Two Revolutions* (Princeton : Princeton University Press, 1982), p. 259.

(17) Chehabi, *Iranian Politics,* 39.

(18) Jalal-Al-e-Ahmad, *Gharbzadegi* [*Weststruckness*] , trans. John Green and Ahmad Alizadeh (Lexington, Ky. : Mazda Press, 1982), pp. 11, 59.

(19) Ali Shariati, *On the Sociology of Islam* (Berkeley, Calif. : Mizan Press, 1979), p. 17.

(20) Ervand Abrahamian, "Ali Shariati : Ideologue of the Iranian Revolution," *MERIP Reports 102* (Jan. 1982) : 25.

(21) R. K. Ramazani, "Iran's Foreign Policy : Contending Orientations" *The Middle East Journal* 43 : 2 (Spring 1989) : 203.

(22) Shaul Bakhash, *The Reign oftheAyatollahs* (New York : Basic Books, 1984), p. 11.

(23) Hunter, *Iran After Khomeini,* p.1.

(24) Richard Cottam, *Nationalism in Iran* (Pittsburgh : University of Pittsburgh Press, 1964), chapters 2-3.

(25) As quoted in Hamid Enayat, "Iran : Khumayni's Concept of the'Guardianship of the Jurisconsult,"'in James P. Piscatori, ed., *Islam in the Political Process,* (Cambridge : Cambridge University Press, 1983), p. 170.

(26) Ruhollah Khomeini, *Islam and Revolution,* p. 170.

(27) Ibid., p. 60.

(28) Bakhash, *The Reign of the Ayatollahs,* p. 86.

Blaustein and Flanz, p. 19.

(58) See, for example, the coverage in the *New York Times,* 17 December 1992.

(59) Unnamed official, quoted in "Choice or Confrontation," *Sudan Focus* 1：4 (June 1994)：2.

(60) See, for example, Jane Perlez, "A Fundamentalist Finds a Fulcrum in Sudan," *New York Times,* 29 January 1992, and "Islam's Star," The Economist, 1 February 1992.

(61) "Interview," *Sudan Focus* 1：6 (15 August 1994)：11.

(62) Hassan al-Turabi, "The Islamic Awakening's New Wave," *New Perspectives Quarterly* 10：3 (Summer 1993)：43.

(63) Abdallah *al-Salih AI-Uthaymin, al-Shaykh Muhammad ibn Abd al-Wahhab：Hayatuhu wa Fikruhu* (Riyadh：Dar al-Ulum, n.d.), p. 62.

第三章　イラン

(1) Richard W. Cottam, "Inside Revolutionary Iran," *The Middle East Journal* 43：2 (Spring 1989), p. 168.

(2) See, for example, Juan R. I. Cole and Nikki R. Keddie, eds., *Shiism and Social Protest* (New Haven：Yale University Press, 1986), and Martin Kramer, ed., *Shiism, Resistance, and Revolution* (Boulder, Colo.：Westview 1987).

(3) This chapter draws on the previous study, "The Iranian Revolution：A Ten Year Perspective," in John L. Esposito, *The Iranian Revolution：Its Global Impact* (Miami：Florida International University Press, 1990), chapter 1.

(4) Said Amir Arjomand, The *Turban for the Crown：The Islamic Revolution in Iran* (New York：Oxford University Press, 1987), p. 79.

(5) Ibid.,p.78.

(6) Shahrough Akhavi, "Iran：Implementation of an Islamic State," in John L. Esposito, *Islam in Asia：Religion, Politics, and Society* (New York：Oxford University Press, 1987), p. 29.

(7) H. E. Chehabi, *Iranian Politics and Religious Modernism：The Liberation Movement of Iran under the Shah and Khomeini* (lthaca. New York：Cornell University Press, 1990), p. 37.

(8) For an analysis of the political relationship of the ulama to the state, see Shahrough Akhavi, *Religion and Politics in Contemporary Iran：Clergy-State Relations in the Pahlavi Period* (Albany, N.Y.：State University of New York Press, 1980).

and Islam Studies Enterprise, 1993), pp. 42-43.

(43) Lowrie, ed., *Islam, Democracy,* p. 42.

(44) Ibid., p. 44.

(45) Article 12, Constitution of the Islamic Republic of Iran, of 24 October 1979) as amended 28 July 1989, in Albert P. Blaustein and Gisbert H. Flanz, eds., *Constitutions of the Countries of the World* (Release 92-8 ; Dobbs Ferry, New York : Oceana Publications, 1992), pp. 21-22. The schools listed are the four Sunni law schools plus the school of the Zaydi Shii tradition.

(46) H. A. R. Gibb, "Some Considerations on the Sunni Theory of the Caliphate," in Stanford J. Shaw and William R. Polk, eds., *Studies on the Civilization of Islam* (Boston : Beacon Press, 1962), p. 148.

(47) Claude Cahen, "Dhimma," *The Encyclopaedia of Islam,* rev. ed., 2 : 227.

(48) Maurice Duverger, *Political Parties,* trans. Barbara and Robert North (New York : John Wiley & Sons, 1954), p. 413.

(49) Ibid.

(50) Ira M. Lapidus, "The Separation of State and Religion in the Development of Early Islamic Society," *International Journal of Middle East Studies* 6 : 4 (October 1975) : 384-385.

(51) H. A. R. Gibb, "Constitutional Organization," in Majid Khadduri and Herbert J. Liebesny, eds., *Law in the Middle East* (Washington, D. C. : Middle East Institute, 1955), p. 24.

(52) See, for example, Emmanuel Sivan, *Radical Islam : Medieval Theology and Modern Politics* (New Haven : Yale University Press, 1985), pp. 95-101.

(53) See, for example, the helpful discussion of the Ottoman legal system in Stanford J. Shaw, *History of the Ottoman Empire and Modern Turkey, vol. 1* (Cambridge : Cambridge University Press, 1976), pp.134-138.

(54) The best available English translation of this is in *Islam and Revolution, Writings and Declarations of lmam Khomeini,* trans. Hamid Algar (Berkeley, Calif. : Mizan Press, 1981). The translation done by the Joint Publications Research Service of the U.S. government is less reliable. It is available as Ayatollah Ruhollah Khomeini, *Islamic Government* (New York : Manor Books, 1979).

(55) *Islam and Revolution,* p. 60.

(56) *Islam and Revolution,* p.63.

(57) Article 5, Constitution of the Islamic Republic of Iran, in

(26) Muddathir Abdal-Rahim, "The Roots of Revolution in the Qur'an," *Dirasat lfriqiya 3* (Rajab 1407/April 1987) : 14.

(27) Abdal-Rahim, 14.

(28) Abdal-Rahim, 14.

(29) Mohammad H. Kamali, "Freedom of Expression in Islam : An Analysis of Fitnah" *The American Journal of Islamic Social Sciences 10*, no. 2 (Summer 1993) : 178.

(30) Kamali, 181.

(31) Kamali, 197-198.

(32) Joseph Schacht, "The Schools of Law and Later Developments of Jurisprudence," in Majid Khadduri and Herbert J. Liebesny, eds., *Law in the Middle East* (Washington : Middle East Institute, 1955), p. 70.

(33) Fazlur Rahman, *Islam,* 2 nd ed. (Chicago : University of Chicago Press, 1979), p. 81.

(34) Schacht, "The Schools of Law," p.70. See also Joseph Schacht, *The Origins of Muhammadan Jurisprudence* (Oxford : Clarendon Press, 1950), pp. 95-97.

(35) See, for example, the discussion in G. N. Jalbani, *Teachings of Shah Waliyullah of Delhi* (Lahore : Sh. Muhammad Ashraf, 1967), chapter 3. A translation of the full text of Wali Allah's analysis will be available when the annotated translation by Marcia Hermansen of al-Insaf fi Bayan Sabab al-lkhtilaf is published. The work by Muhammad Haya, al-iqafala sabab al-ikhtilaf, is now less well-known and exists in manuscript in Dar al-Kutub in Cairo (172 Mujami'Taymur).

(36) Abul A'la Mawdudi, *Towards Understanding Islam,* 6 th ed. (Kuwait : International Islamic Federation of Student Organizations, 1402/1982), p. 146.

(37) Yusuf al Qaradawi, *Islamic Awakening between Rejection and Extremism, Issues of Islamic Thought Series No. 2* (Herndon,Va. : International Institute of Islamic Thought, 1401/1981), pp. 86-87.

(38) Quoted in Qaradawi, p.86.

(39) Saeed Hawwa, *The Muslim Brotherhood : Objective, Stages, Method,* trans. Abdul Karim Shaikh (Delhi : Hindustan Publications, 1403/1983), p. 197.

(40) Qaradawi, *Islamic Awakening,* p. 82.

(41) Qaradawi, *Islamic Awakening,* p. 83.

(42) Arthur L. Lowrie, ed., *Islam, Democracy, the State and the West : A Round Table with Dr. Hasan Turabi,* (Tampa, Fl. : World

(11) Sheldon Wolin, "What Revolutionary Action Means Today," in Chantal Mouffe, ed., *Dimensions of Radical Democracy,* p. 249.

(12) Morton H. Halperin, "Guaranteeing Democracy," *Foreign Policy 91* (Summer 1993) : 107.

(13) Ibid.

(14) David Osborne and Ted Gaebler, *Reinventing Government* (New York : Penguin, 1992), p. xv. This whole book explains this position.

(15) Chantal Mouffe, "Democratic Politics Today," p. 13.

(16) Francis Fukuyama, "Entering Post-History," *New Perspectives Quarterly* 6, no. 3 (Fall 1989) : 50. This article is a summary of Fukuyama's widely read article "The End of History?" *The National Interest, no. 16* (Summer 1989) : 3-18. He later expanded and, to some extent, moderated his positions in *The End of History and the Last Man* (New York : The Free Press, 1992).

(17) Fukuyama, "Entering Post-History," pp. 51-52.

(18) A thorough discussion of the Constitution of Medina can be found in W. Montgomery Watt, *Muhammad at Medina* (Oxford : Clarendon Press, 1956), chapter 7.

(19) For example, Hasan al-Turabi regularly cites this constitution of Medina, as he did in a speech to the American Muslim Council in Washington, D. C., in April 1992.

(20) Fouad AI-Farsy, *Modernity and Tradition : The Saudi Equation* (London : Kegan Paul International, 1990), p. 39. This book was also published in 1990 by the Ministry of Information, Kingdom of Saudi Arabia.

(21) Abdullahi Ahmed An-Na'im, *Toward an Islamic Reformation : Civil Liberties, Human Rights, and International Law* (Syracuse, N.Y : Syracuse University Press, 1990), p. 100.

(22) From the text of a letter addressed to King Fahd by forty-three leading Saudi people, in Foreign Broadcast Information Service reports, FBIS-NES-91-082 (29 April 1991).

(23) Analysis of the Quranic use of the term can be found in L. Gardet, "Fitna," Encyclopaedia of Islam, rev. ed., 2 : 930-931 and Fazlur Rahman, *Major Themes of the Qur'an* (Minneapolis : Bibliotheca Islamic, 1980), pp. 158-159.

(24) Gardet, "Fitna," p. 931.

(25) E. I. J. Rosenthal, *Political Thought in Medieval Islam* (Cambridge : Cambridge University Press, 1962), p. 44.

(69) Enayat, *Modern Islamic Political Thought,* p. 135.

(70) Khurshid Ahmad, as quoted in John L. Esposito and John 0. Voll, "Khurshid Ahmad：Muslim Activist-Economist," *The Muslim World 80*, no.1 (January 1990)：31.

(71) A book that is widely quoted by leaders in the administration of President Clinton is David Osborne and Ted Gaebler, *Reinventing Government：How the Entrepreneurial Spirit Is Transforming the Public Sector* (Reading, Mass.：Addison-Wesley, 1992).

(72) Osborne and Gaebler, for example, place great emphasis on decentralized participation and one of their frequently cited principles is "Decentralized government：From hierarchy to Participation and Teamwork." (*Reinventing Government,* chapter 9.)

(73) Samuel P. Huntington, "The Coming Clash of Civilizations Or, the West against the Rest," *New York Times,* 6 June 1993.

第二章　イスラーム史における国家と「反対」勢力

(1) Rober A. Dahl, "Introduction," in Robert A. Dahl, ed., *Regimes and Oppositions* (New Haven：Yale University Press, 1973), p.1.

(2) Rodney Barker, "Introduction," in *Studies in Opposition,* ed. Rodney Barker (London：Macmillan, 1971), p. 2.

(3) Ibid., pp. 15-20.

(4) Barbara N. McLennan, "Approaches to the Concept of Political Opposition：An Historical Overview," in Barbara N. McLennan, ed., *Political Opposition and Dissent* (New York：Dunellen Publishing, I 973), pp. 4-5.

(5) Dankwart A. Rustow, "The Military in Middle Eastern Society and Politics," in Syndey Nettleton Fisher, ed., *The Military in the Middle East* (Columbus, Oh.：Ohio State University Press, 1963), p. 4.

(6) Quoted in Barker, "Introduction," p. 8.

(7) Giovanni Sartori, "Opposition and Control：Problems and Prospects," in Rodney Barker, ed., *Studies in Opposition* (London：Macmillan, 1971)) p. 33.

(8) David Held, *Models of Democracy* (Stanford, Calif.：Stanford University Press, 1987), pp. 38-39.

(9) J. L. Talmon, *The Origins of Totalitarian Democracy* (New York：Frederick A. Praeger, 1960), p. 1.

(10) Chantal Mouffe, "Democratic Politics Today," in Chantal Mouffe, ed., *Dimensions of Radical Democracy：Pluralism, Citizenship, Community* (London：Verso, 1992), p. 12.

(51) Guizar Haider, "Khilafah," in Ziauddin Sardar and Merryl Wyn Davies, eds., *Faces of Islam* : *Conversations on Contemporary Issues* (Kuala Lumpur : Berita Publishing, 1989), p. 86.

(52) lbrahim M. Abu-Rabi', ed., *Islamic Resurgence* : *Challenges, Directions and Future Perspectives-A Round Table with Khurshid Ahmad* (Tampa, Fl. : World and Islam Studies Enterprise, 1994), p,62.

(53) John L. Esposito, *Islam and Politics,* 3 rd ed. (Syracuse, N.Y. : Syracuse University Press, 1991), p. 149.

(54) Muhammad Hamidullah, *Introduction to Islam* (Gary, In. : International Islamic Federation of Student Organizations, 1970), pp. 116-117.

(55) Fazlur Rahman, "The Principle of Shura and the Role of the Ummah in Islam," in Mumtaz Ahmad, ed., *State, Politics, and Islam* (Indianapolis, In. : American Trust Publications, 1406/1986), pp. 90-91.

(56) Ibid., p.95.

(57) Ayatullah Baqir al-Sadr, *Islamic Political System,* pp. 81-82.

(58) John L. Esposito, *Islam* : *The Straight Path,* expanded ed. (New York : Oxford University Press, 1991), pp. 45-83.

(59) Hamidullah, *Introduction to Islam,* p. 130.

(60) Louay M. Safi, "The Islamic State : A Conceptual Framework," *The American Journal of Islamic Social Sciences* 8, no. 2 (September 1991) : 233.

(61) Khurshid Ahmad, "Islam : Basic Principles and Characteristics," in Khurshid Ahmad, ed., *Islam* : *Its Meaning and Message* (London : Islamic Council of Europe, 1976), p. 43.

(62) Altaf Gauhar, "Islam and Secularism," in Altaf Gauhar, ed., *The Challenge of Islam,* (London : Islamic Council of Europe, 1978), p. 307.

(63) Allama Muhammad lqbal. *The Reconstruction of Religious Thought in Islam* (Lahore : Sh. Muhammad Ashraf, 1968, reprint), pp. 173-174.

(64) Ibid., p.157.

(65) Taha J. al Alwani, "Taqlid and Ijtihad," *The American Journal of Islamic Social Sciences* 8, no.1 (March 1991) : 141.

(66) Ibid., 142.

(67) Fazlur Rahman, "Shurah and the Role of the Ummah," p. 94.

(68) A good discussion of these and other such writings can be found in Hamid Enayat, *Modern Islamic Political Thought* (Austin, Tex. : University of Texas Press, 1982), pp. 130-134.

unthinkable." In addition, the centrality of tawhid is emphasized by major Shi'i thinkers. See, for example, *Islam and Revolution : Writings and Declarations of lmam Khomeini,* trans. Hamid Algar (Berkeley, Calif : Mizan Press, 1981), pp. 300-301.

(35) Abu'l A'la Mawdudi, "Political Theory of Islam," in Khurshid Ahmad, ed., *Islam : Its Meaning and Message,* (London : Islamic Council of Europe, 1976), pp.159-160.

(36) Ibid., pp. 160-161.

(37) Ibid., p. 161.

(38) Ayatullah Baqir al-Sadr, *Introduction to Islamic Political System,* trans. M. A. Ansari (Accra : Islamic Seminary/World Shia Muslim Organization, 1982), pp. 78-79.

(39) *Imam Khomeini's Last Will and Testament* (English trans. distributed by Interests Section of the Islamic Republic of Iran in the Embassy of Algeria, Washington, D.C.), pp. 36-37.

(40) Ibid., p. 82.

(41) Ibid., p.79.

(42) See, for example, the discussion in Bernard Lewis, *The Political Language of Islam* (Chicago : University of Chicago Press, 1988), pp. 53-55.

(43) Ali Shari'ati, *On the Sociology of Islam, trans.* Hamid Algar (Berkeley, Calif. : Mizan Press, 1979), p.87.

(44) Ayatullah Sayyid Mahmud Taleghani, *Society and Economics in Islam,* trans. R. Campbell (Berkeley, Calif. : Mizan Press, 1982), p. 129.

(45) E. I. J. Rosenthal, *Political Thought in Medieval Islam* (Cambridge : Cambridge University Press, 1962), p. 3.

(46) A good discussion of this process of change is Bernard Lewis, *The Emergence of Modern Turkey* (London : Oxford University Press, 1961), chapters 8 and 11.

(47) See, for example, the discussions in Jacob M. Landau, *The Politics of Pan-Islam : Ideology and Organization* (Oxford : Clarendon Press, 1990), chapter 4 ; Martin Kramer, *Islam Assembled : The Advent of the Muslim Congresses* (New York : Columbia University Press, 1986), chapter 9.

(48) Maududi, *The Islamic Way of Life,* p. 42.

(49) Ibid., pp. 43-44.

(50) *Universal Islamic Declaration* (London : Islamic Council of Europe, 1400/1980), p. 6.

(19) Herman J. Cohen, "Africa and Democracy," *U.S. Department of State Dispatch* 2, no.48 (2 December 1993) : 872.

(20) Vice-president [J. Danforth] Quayle, "African Democracy and the Rule of Law," *U.S. Department of State Dispatch* 2, No.38 (23 September 1991) : 698.

(21) For an analysis of these two types in the context of American society, see Jane J. Mansbridge, *Beyond Adversary Democracy,* rev. ed. (Chicago : University of Chicago Press,1983).

(22) Warren Christopher, "U.S. Foreign Relations : International Peace," *Vital Speeches of the Day* 59 : 13 (15 April 1993) : 387.

(23) Ibid.,, 389.

(24) *Washington Post,* 5 May 1993.

(25) Mamoun Fandy, "Clinton : More Fulbright than Rhodes?" *Christian Science Monitor,* 14 January 1993.

(26) Mansbridge, *Beyond Adversary Democracy,* p. 32.

(27) John Burnham, *Is Democracy Possible? The Alternative to Electoral Politics* (Berkeley, Calif) : University of California Press, 1985), p.9.

(28) Michael Levin, *The Spectre of Democracy : The Rise of Modern Democracy as Seen by Its Critics* (New York : New York University Press, 1992), p. 4.

(29) Paul E. Corcoran, "The Limits of Democratic Theory," in *Democratic Theory and Practice,* ed. Graeme Duncan (Cambridge : Cambridge University Press, 1983), pp. 13, 15.

(30) Corcoran, "Limits of Democratic Theory," p. 14.

(31) Steven Muhlberger and Phil Paine, "Democracy's Place in World History," *Journal of World History* 4 : 1 (Spring 1993) : 26, 28.

(32) Hugh Chisholm, "Parliament," *Encyclopaedia Britiannica,* 11 th ed. (1911), vol. 28, p. 837.

(33) Sayyid Abul A'la Maududi, *Islamic Way of Life,* trans. Khurshid Ahmad (Delhi : Markazi Maktaba Islami, 1967), p. 40.

(34) Ismail Raji al Faruqi, *Tawhid : Its Implications for Thought and Life* (Herndon, Va. : International Institute of Islamic Thought, 1402/1982), pp. 5, 10-11. While al-Faruqi was a relatively "fundamentalist" Sunni Muslim, the importance of tawhid in the full spectrum of Islamic faith can be seen by looking at the Sunni modernist (and nonfundamentalist) Fazlur Rahman, *Major Themes of the Qur'an* (Minneapolis : Bibliotheca Islamica, 1980), who on page 83 says that this doctrine "is central to the Qur'an-without which, indeed, Islam is

(5) Ibid., pp. 187-188.

(6) For a discussion of this perception of the "end of the melting pot" from the context of the 1990 s, written by one of the scholars involved in the analyses of the 1960 s, see Daniel Patrick Moynihan, *Pandaemonium* : *Ethnicity in International Politics* (New York : Oxford University Press, 1993), pp. 22-23.

(7) Roland Robertson and JoAnn Chirico, "Humanity, Globalization, and Worldwide Religious Resurgence : A Theoretical Exploration," *Sociological Analysis 46*, no. 3 (1985) : 222.

(8) Ibid.,, 233.

(9) Ibid.,, 240.

(10) H. A. R. Gibb, *Modern Trends in Islam* (Chicago : University of Chicago Press, 1947), p. 119.

(11) Giovanni Sartori, "Democracy," in David L. Sills, ed., *International Encyclopedia of the Social Sciences* (New York : Macmillan, 1968), 4 : 118.

(12) Ibid.,, 4 : 118,120.

(13) See, for example, Enrique Krauze, "England, the United States, and the Export of Democracy," in Brad Roberts, ed., *The New Democracies* : *Global Change and U.S. Policy* (Cambridge, Mass. : M.I.T. Press, 1990) -

(14) Barry Munslow, "Why Has the Westminster Model Failed in Africa?" *Parliamentary Affairs 36'*, no.2 (1983).

(15) J.L. *Talmon, The Origins of Totalitarian Democracy* (New York : Frederick A. Praeger, (1960), pp. 201-221.

(16) David Held, *Models of Democracy* (Stanford, Calif. : Stanford University Press, 1987), pp. 113-130.

(17) Secretary [of State, James] Baker, "Democracy's Season," *U. S. Department of State Dispatch* 2, no. 37 (16 September 1991) : 679-680. This approach and the five principles were then frequently repeated by Secretary Baker and other U.S. officials as they traveled throughout the former Soviet Union and on other occasions. See, for example, testimony given before the Subcommittee on Europe and the Middle East of the House Foreign Affairs Committee and reprinted in Robert B. Zoellick, "Relations of the United States with the Soviet Union and the Republics," *U.S. Department of State Dispatch* 2, no. 40, (7 October 1991) : 740-748.

(18) Herman J. Cohen, "Democratization in Africa," *U.S. Department of State Dispatch* 2, no. 43 (28 October 1991) : 796.

注

序章

(1)　See, for example, the presentation in a widely used textbook, Arthur Goldschmidt Jr., *A Concise History of the Middle East,* 3 rd ed. (Boulder, Co.：Westview Press, 1988), p. 49 and the presentation in widely read books by Muslims, Suzanne Haneef, *What Everyon Should Know about Islam and Muslims* (Chicago：Kazi Publications, 1982), p. 83；and Syed Qutb, *Milestones,* trans. S. Badrul Hasan (Karachi：International Islamic Publishers, 1981) pp. 46-48.

(2)　See, for example, Ira M. Lapidus, "The Separation of State and Religion in the Development of Early Islamic Society," *International Journal of Middle East Studies* 6, no.4 (Oct 1975)：363-385.

(3)　Important studies of these two movements are Richard P. Mitchell, *The Society of the Muslim Brothers* (New York：Oxford University Press, 1969；reprinted 1993), and Seyyed Vali Reza Nasr, *The Vanguard of the Islamic Revolution*：*The Jama'at-i Islami of Pakistan* (Berkeley, Calif.：University of California Press, 1994) -

(4)　This process is more fully discussed in James PPiscatori, *Islam in a World of Nation States* (Cambridge：Cambridge University Press, 1986), and John Obert Voll, Islam：*Continuity and Change in the Modern World* (Syracuse, N.Y.：Syracuse University Press, 1994), especially chapter 4.

(5)　The closest approximation would be the articles on the various movements which appear in John L. Esposito, ed., *The Oxford Encyclopedia of the Modern Islamic World* (Nev York：Oxford University Press, 1995).

第一章　イスラームと民主主義

(1)　*New York Times,* 29 March 1993.

(2)　Samuel Huntington, *The Third Wave*：*Democratization in the Late Twentieth Century* (Norman, Ok.：University of Oklahoma Press, 1991), p. xiii.

(3)　Zbigniew Brzezinski, *Between Two Ages*：*America's Role in the Technotronic Era* (New York：Viking Press, 1970), P. 55.

(4)　W. B. Gallic, *Philosophy and the Historical Understanding* (London：Chatto and Windus, 1964), P. 158.

エジプト

Baker, Raymond 著, *Sadat and After*：*Struggles for Egypt's Political Soul*（Cambridge：Harvard University Press, 1990 年）.

Kepel, Gilles 著, *Muslim Extremism in Egypt*：*The Prophet and Pharoah*（Berkeley：University of California Press, 1986 年）.

マレーシア

Anwar, Zainah 著, *Islamic Revivalism in Malaysia*（Kuala Lumpur：Pelanduk Publications, 1987 年）.

Muzaffar, Chandra 著, *Islamic Resurgence in Malaysia*（Kuala Lumpur：Penerbit Fajar Bakti Sdn, 1987 年）.

ある。イスラームと民主主義という問題をめぐる論争の一例としては，*Middle East Quarterly* (1994年9月，pp. 3-19) 誌上での John O. Voll と John L. Esposito 著の Islam's Democratic Essence と二人に対する反論，更には Voll と Esposito による再反駁 *Middle East Quarterly* (1994年12月，pp. 71-72) が挙げられる。

本書の事例研究で考察された各々の国は，「イスラームと政治」というもっと大きな問題を扱った研究の対象ともなっている。これらの国々の「イスラームと民主主義」という問題ををさらに研究するために，最も有効な出発点となるのは以下の文献である。

イラン

Arjomand, Said Amir 著，*The Turban for the Crown : The Islamic Revolution in Iran* (New York : Oxford University Press, 1988年).

Algar, Hamid 訳，*Islam and Revolution : Writings and Declarations of Imam Khomeini* (Berkeley : University of California Press, 1981年).

Esposito, John L. 編，*The Iranian Revolution : Its Global Impact* (Miami, Fla. : Florida International University Press, 1990年).

Wright, Robin 著，*In the Name of God : The Khomeini Decade* (New York : Simon and Schuster, 1989年).

スーダン

El-Effendi, Abdelwahhab 著，*Turabi's Revolution : Islam and Power in Sudan* (London : Gray Seal, 1991年).

Voll, John O. 編，*Sudan : State and Society in Crisis* (Bloomington : Indiana University Press, 1991年).

パキスタン

Nasr, Seyyed Vali 著，*The Vanguard of the Islamic Revolution : The Jamaat-i Islami of Pakistan* (Berkeley : University of California Press, 1994年).

Binder, Leonard 著，*Religion and Politics in Pakistan* (Berkeley : University of California Press, 1963著).

アルジェリア

Burgat, Francois 著，*The Islamic Movement in North Africa, William Dowell* 訳 (Austin : Center for Middle Eastern Studies, University of Texas, 1993年).

Ruedy, John 編，*Islamism and Secularism in North Africa* (Washington, D. C. : Center for Contemporary Arab Studies, Georgetown University, 1994年).

推薦図書

本書のような短い研究書で，ここで扱った問題に対する包括的な参考文献を提供することは不可能である。しかし，興味のある読者がさらに研究をすすめることができるように，議論した問題に関する更なる情報や参考文献のリストを提供するはことは可能であろう。

「イスラームと民主主義」の問題に関わる主だった国家や国民についての一般的情報や個別の論文を入手する際，重要な文献となるのは，John L. Esposito 編，*The Oxford Encyclopedia of the Modern Islamic World*（Oxford University Press, 1995 年）である。Yvonne Y. Haddad, John L. Esposito 及び John O. Voll による *The Contemporary Islamic Revival*：*A Critical Survey and Bibliography*（Greenwood Publishing, 1991 年）は，世界中のイスラーム運動に関しての包括的な文献目録を提供してくれる。また *The Middle East Journal* は，中東やイスラームに関する研究書や論文の文献目録を長らく提供してきた。

ムスリム世界における民主主義の多様な問題に関しても，多くの本が書かれている。これらの問題に関しての優れた議論は，Lynne Rienner Publishers が出版している Issues in Third World Politics というシリーズに収録されている Heather Deegan による論文，The Middle East and Problems of Democracy（1994 年）と Jeff Haynes の論文，Religion in Third World Politics（1994 年）である。中東における国家や社会に関しての重要な分析の手法は，「市民社会」と政治システムの次元を考察することであった。こうした考え方に沿った最も役立つ研究集は，Augustus Richard Norton 編の *Civil Society in the Middle East*（Leiden：Brill, 1994 年）である。この流れに沿った情報は，カイロの Ibn Khaldoun Center for Development が出版している *Civil Society* という雑誌で入手できる。

もう一つの重要な文献は，20 世紀後半の「イスラーム復興」の本質と意義に関する議論である。イスラーム復興に対する本著者の考えを詳しく紹介しているのは，John L. Esposito 著，*The Islamic Threat*：*Myth or Reality*（改訂版，New York：Oxford University Press, 1995 年）や John Obert Voll 著，*Islam*：*Continuity and Change in the Modern World*（第 2 版，Syracuse, N. Y. Syracuse University Press, 1994 年）である。この問題に関しては多様な議論が存在するが，これらの文献の出発点となるのは，Martin E. Marty と R. Scott Appleby 編による The Fundamentalism Project の数巻に収録されたムスリム国家とイスラーム運動に関する多くの論文，特に第一巻の *Fundamentalisms Observed*（Chicago：University of Chicago Press, 1991 年）と第三巻の *Fundamentalisms and the State*：*Remaking Polities, Economics, and Militance*（Chicago：University of Chicago Press, 1993 年）で

ラ

ワ

ヤ

マ

タ

ナ

ハ

カ

事 項 索 引

ア

Mossadeq, Mohammad ………95
モスタファヴィー，ザフラー
Mostafavi, Zahra ………………113
モニー，アブデルカーデル(イマーム)
Mogni, Abdelkader (Imam) …282
モヒィエッディーン，アラー
Mohieddin, Ala ………………310
モフタシェーミー，アリー・アクバル
Mohtasheimi, Ali Akbar 126, 128
モンタゼリー，アーヤトッラー・アリー
Montazeri, Ayatollah Ali ……118

ヤ

ヤジード（カリフ）
Yazid (caliph) …………………100
ヤズディー，イブラーヒーム
Yazdi, Ibrahim ……………103, 110
ユースフ，ラムズィー・アフメト
Yousef, Ramzi Ahmed ………204
ヨハネ・パウロ二世
John Paul II ……………………166

ラ

ラシュディー，サルマン
Rushdie, Salman ……118-119, 206
ラピダス，イラー Lapidus, Ira …77
ラヒーム，ムッダティール・アブド・アッ＝
Rahim, Muddathir Abd al- 68-69
ラフサンジャーニー，ハーシェミー
Rafsanjani, Hashemi
………………113, 115, 121, 126-127
ラフマーン，I. A.
Rahman, I. A.……………………201
ラフマーン，サイイド・アブド・アッ＝
Rahman, Sayyid Abd al- 137-139
ラフマーン，シャイフ・ウマル・アブド・アッ＝ Rahman, Shaykh Umar Abd al- …………54, 310, 311
ラフマーン，ファズルル
Rahman, Fazlur …………………43
レザー・シャー，モハンマド
Reza Shah, Mohammad
……………………88-91, 94-95, 123
レザー・ハーン
Reza Khan ………………88, 90, 94
ロック，ジョン Locke, John ……59

ワ

ワース，ティモシー
Wirth, Timothy …………………29
ワッハーブ，ムハンマド・イブン・アブド・アル＝ Wahhab, Muhammad ibn Abd al- ……………82, 83
ワリーウッラー，シャー
Wali Allah, Shah ………………71

…………………………………256
ベン・ベッラー，アフマド
Ben Bella, Ahmad ……………258
ハウェイディ，ファフミィ
Howeidy, Fahmy ………………302
ホッブズ，トマス
Hobbes, Thomas ………………55
ホメイニー，アーヤトッラー・ルーホッラー…………………………………
Khomeini, Ayatollah Ruhollah
37, 85-86, 91-93, 100, 102-107, 108-115, 117-119, 124-125, 127-128, 234, 298

マ

マウドゥーディー，マウラーナー
Mawdudi, Mawlana ………………
4, 9, 35-37, 40, 72, 100, 153, 160, 173, 177, 180, 184-85, 222, 227, 233, 261
マクファーレン，ロバート
McFarlane, Robert ……………126
マダニー，アブデル・ハーリス
Madani, Abdel Harith …314-316
マダニー，シャイフ・アリー・アッバースィー Madani, Shaykh Ali Abbasi ……266-274, 278-281, 290
マハティール，ムハンマド（マハティール・ビン・モハメド）
Mahathir, Muhammad (Mahathir bin Mohamed)……………………
218, 231-233, 235-244, 247-248, 250, 253, 330
マフディー，サイイド・サーディク・アル＝ Mahdi, Sayyid Saddiq al-
…………………………138, 152, 339
マフグーブ，ムハンマド・アリー
Mahgoub, Muhammad Ali …310
マフグーブ，ラファアト
Mahgoub, Rafaat ……………310
マルクス，カール
Marx, Karl …………………25, 59
ミシュリアン，タトゥス
Michaelian, Tateos ……………121
ミールガニー，サイイド・アリー・アル＝ Mirghani, Sayyid Ali al-
…………………………137-138, 166
ミールザー・フセイン・アリー
Mirza Hussein Ali ……………122
ムアーウィヤ Muawiya …………38
ムーサヴィー，フセイン
Musavi, Hussein …………111, 126
ムタッハリー，アーヤトッラー
Mutahhari, Ayatollah ………100
ムニール，ムハンマド
Munir, Muhammad ………174, 199
ムバーラク，ホスニー
Mubarak, Hosni ……………………
300-301, 305, 307, 309-310, 312-314, 316-17, 321
ムハンマド（預言者）
Muhammad (prophet) ……………
44, 63-65, 72-73, 78, 104, 161, 179, 182, 229
ムハンマド・アブドゥフ
Muhammad Abduh …………5, 261
ムハンマド・アリー
Muhammad Ali ………3, 131-132
メフデン，フレッド．R.
Mehden, Fred R. ………………212
メフメト四世（スルターン）
Mehmed IV (Sultan) ……………79
メフル，ハイク・ホブセピアン
Mehr, Haik Hovsepian ………121
モサッデク，モハンマド

……………103, 105, 109, 110, 117
ハビビ　Habibie, B. J.……………245
ハミードゥッラー，ムハンマド
Hamidullah, Muhammad ……42
ハーメネイ，アリー
Khamenei, Ali ………115, 117, 126
ハーヤー・アル＝スィンディー，ムハンマド
Hayah al-Sindi, Muhammad …71
ハーリド，ハーリド・ムハンマド
Khalid, Khalid Muhammad
……………302, 307
ハーン，アフマド　Khan, Ahmad 5
ハーン，グラーム・イスハーク
Khan, Ghulam Ishaq ……196-197
ハーン，リヤーカト・アリー
Khan, Liaquat Ali ……………173
ハーン，ヤヒヤー
Khan, Yahya ……………178, 180
バンナー，ハサン・アル＝
Banna, Hasan al- ……………
4, 9, 72, 100, 153, 222, 233, 261, 295, 306, 317
ビシュリー，ターリク・アル＝
Bishri, Tariq al- ……………302
ファルハーン，マンスール
Farhang, Mansur ……………110
フォダ，ファラーグ
Foda, Farag ……………311
フクヤマ，フランシス
Fukuyama, Francis …………61-62
フサイニー，アッラーマ
Husaini, Allama A. H. H. ……200
フサイン，ムフティー・ジャーファル
Husain, Mufti Jafar …………186
プジャード，ピエール
Poujade, Pierre ……………60
フセイン，アーディル
Hussein, Adil ……………302, 307
フセイン，サッダーム
Hussein, Saddam …………114, 307
ブットー，ベーナズィール　Bhutto, Benazir …………194-197, 201, 203
ブットー，ズルフィカール・アリー
Bhutto, Zulfikar Ali
………175, 178-82, 191-192, 198, 202
ブーメディエンヌ，ウアリ
Boumediene, Houari …………258
フーラーニ，アルバート
Hourani, Albert ……………134
プラトン　Plato ……………54
ブルギーバ，ハビーブ
Bourguiba, Habib …………22, 255
ブレジンスキー，ズビグニュー
Brezinski, Zbigniew ……………17
ベイグ（パキスタンの将軍）
Beig (Pakistani general) ……197
ベーカー，ジェームズ
Baker, James ……………27
ベヘシュティ，アーヤトッラー
Beheshti, Ayatollah …………100
ベル・ハーッジ，アリー
Belhadj, Ali ……………
266, 268-269, 279-280, 282, 288-290
ペロー，ロス　Perot, H. Ross 30, 60
ベン・アリー，ジーン・アル＝アブディーン
Ben Ali, Zine al-Abidine ……337
ベン・ジェディッド，シャドリー
Benjedid, Chadli 258, 264, 274, 284
ベン・ナビー，マーレク
Bennabi, Malek ……………261
ベン・バディース，アブドゥル・ハミード　Ben Badis, Abdul Hamid

Junejo ……………………………197
ズィヤー・ウル・ハック　Zia ul-Haq
175, 177, 180, 182-185, 187-88, 191-199, 201-203, 206, 215, 222, 332, 336, 341
ズベール，ガブリエル
Zubeir, Gabriel ……………165-166
スルターニー，シャイフ
Sultani, Shaykh ………………267
セリム三世　Selim III …………4, 79
ゼルワル，リアミンヌ
Zeroual, Liamine …………288-290

タ

ターハー，マフムード・ムハンマド
Taha, Mahmud Muhammad …74
ターヒル，アッ＝ラシード・アル＝
Tahir, al-Rashid al- …………148
タルマン　Talmon, J. L. ………57-59
ターレガーニー，アーヤトッラー・マフムード　Taleqani, Ayatollah Mahmud ………………39, 100, 105
チェスタトン　Chesterton, G. K.…56
チザム，ヒュー　Chisholm, Hugh 34
ディバージ，メフディー
Dibaj, Mehdi ……………………121
ティルマサーニー，ウマル
Tilmassani, Umar ……………297
デュヴェルジェ，モーリス
Duverger, Maurice ……………76
トゥラービー，ハサン・アル＝
Turabi, Hassan al-
73-74, 81-82, 130, 144, 148-151, 153-155, 157-159, 161, 164, 278, 317, 339
ド・ゴール，シャルル
De Gaulle, Charles ……………60

ナ

ナイム，アブドゥッラーヒー・アン＝
Naim, Abdullahi An- …………66
ナーセル，ガマール・アブデル
Nasser, Gamal Abdel
………147, 286, 295-97, 306, 313, 338
ナーセル，ハミード・アブー
Nasser, Hamid Abu …………317
ナフナーフ，シャイフ・マフフーズ，
Nahnah, Shaykh Mahfoud …280
ヌメイリー，ジャーファル・アル＝
Numayri, Jafar al-
74, 140, 142-143, 151-152, 154-56, 158, 161, 222

ハ

バーザルガーン，メフディー
Bazargan, Mehdi
…98, 100, 103, 105, 108, 110, 117, 234
ハーシェミー，ファエザー
Hashemi, Faezah ………………113
ハーシェミー，メフディー
Hashemi, Mehdi ………………126
バシール，ウマル・アル＝　Bashir, Umar al- 81, 157, 159, 163-164, 336
ハシャーニー，アブデルカーデル
Hachani, Abdelkader ……281, 285
ハッターブ，ウマル・ビン・アル＝
Khattab, Umar Bin al- ………318
ハッワー，サイード
Hawwa, Saeed …………………72
ハディ・アワン，ハーッジー・アブドゥル　Hadi Awang, Hajji Abdul
…………………………………226-227
バニーサドル，アボルハサン
Bani-Sadr, Abol-Hasan

エンテリス，ジョン
Entelis, John ………………284, 292
オーン，フセイン
Onn, Hussein ……………………214

カ

カーシャーニー，アーヤトッラー
Khashani, Ayatollah ……………95
カマーリー，モハンマド
H. Kamali, Mohammad H. ……69
カラダーウィー，ユースフ・アル＝
Qaradawi, Yusuf al- ………72-73
ガラン・ド・マビワール，ジョン
Garan gde Mabior, John 144, 157
ガリー Gallie, W. B.………………19
ガンヌーシー，ラシード
Ghannoushi, Rashid…278, 317, 336
ギブ Gibb, H. A. R. ………………23
クエール，ダンフォース
Quayle, J. Danforth ……………28
クトゥブ，サイイド Qutb, Sayyid 100, 151, 153, 160, 222, 227, 233, 261, 295-296, 317, 338
クリストファー，ウォーレン
Christopher, Warren ……………28
ケビール，ラバ
Kebir, Rabah …………………285
コーエン，ハーマン
Cohen, Herman, J. ………………27
ゴトブザーデ，サーデグ Ghotbzadeh, Sadegh ………………103, 110, 117
ゴーハル，アルターフ
Gauhar, Altaf ……………………45

サ

サダト，アンワール Sadat, Anwar 296-300, 304-5, 307, 309-10, 313, 320-21
サダト，ジーハン
Sadat, Jihan ……………………298
サーディー，サイード
Saadi, Said ……………………289
サドル，アーヤトッラー・バーキル・アッ＝ Sadr, Ayatollah Baqir al- ……………………………37-38, 43
ザハビー，フサイン・アル＝
Dhahabi, Husayn al- …………298
サフヌーン，シャイフ
Sahnoun, Shaykh ………………267
サルトーリ，ジョバンニ
Sartori, Giovanni ……………24-25
シャーラーウィー，シャイフ
Shaarawy, Shaykh ……………307
シャリーアティー，アリー Shariati, Ali ……39, 97-98, 100, 110, 118, 234
シャリーアトマダーリー，アーヤトッラー
Shariatmadari, Ayatollah ……105
シャリーフ，ナワーズ
Sharif, Nawaz ………196-197, 203
シェヌーダ大主教
Shenouda, Pope …………319, 321
シュクリー，イブラーヒーム
Shukry, Ibrahim ………………308
ジャラーレ・アフマド
Jalal-e-Ahmad ………………97-98
ジェルジアン，エドワード
Djerejian, Edward ……………341
ジンナー，ファーティマ
Jinnah, Fatima …………………177
ジンナー，ムハンマド・アリー
Jinnah, Muhammad Ali ………………………170-174, 177
ジュネジョー（パキスタン首相）

人名索引

ア

アイユーブ・ハーン，ムハンマド Ayub Khan, Muhammad ……175-179, 182
アージャーミー，フォアド Ajami, Fouad ……126
アシュアリー・ムハンマド Ashaari Muhammad ……217-219
アシュマーウィー，ムハンマド・サイード Ashmawi, Muhammad Said ……311
アズハリー，イスマーイール・アル＝ Azhari, Ismail al- ……142
アタバーニー，ガージー・サーラー・アッ＝ディーン Atabani, Ghazi Salah al-Din ……82
アタチュルク，ムスタファ・ケマル Ataturk, Mustafa Kemal ……3, 40, 89, 94
アッブード，イブラーヒーム Abboud, Ibrahim ……140-141, 143, 148-149
アフガーニー，ジャマールッ＝ディーン・アル Afghani, Jamal al-Din al- ……261
アブデル・マーレク，アヌアール Abdel-Malek, Anouar ……302
アフマド，フルシード Ahmad, Khurshid ……41, 45, 49
アフメト三世（スルターン） Ahmed III (sultan) ……79
アフメト，フサイン・アイト Ahmed, Hocine Ait ……285
アボット，フリーランド Abbott, Freeland ……178
アマーラー，ムハンマド Amara, Muhammad ……302
アーミーニー，アリー Amini, Ali ……96
アリンゼ，フランシス Arinze, Francis ……165
アルスラーン，シャキーブ Arslan, Shakib ……261
イクバール，ムハンマド Iqbal, Muhammad …46-48, 100, 171, 261
イブラーヒーム（スルターン） Ibrahim (sultan) ……79
イブラヒム，アンワル Ibrahim, Anwar 209, 218-220, 223, 226, 230-232, 235-237, 244, 247, 250-252
イブラーヒーム，サアドゥッ＝ディーン Ibrahim, Saad Eddin ……303
イブン・サウード，ムハンマド Ibn Saud, Muhammad ……82-83
イブン・タイミーヤ Ibn Taymiyyah ……78
ウィルコックス，ウェイン Wilcox, Wayne ……180
ウィルソン，ウッドロー Wilson, Woodrow ……25
ヴェラーヤティ，アリー・アクバル Velayati, Ali Akbar ……111, 126
エディン，フセイン・カムル・バハー Eddin, Hussein Kamel Baha 318

訳者略歴

宮原辰夫（みやはらたつお）
1952年生まれ。慶応義塾大学文学部卒業。慶応義塾大学大学院法学研究科博士後期課程終了（法学博士）。現在、北陸大学法学部助教授。

大和隆介（やまとりゅうすけ）
1958年生まれ。上智大学文学部英文学科卒業。インディアナ大学大学院言語学部修士課程修了（言語学修士）。現在、北陸大学外国語学部助教授。

成文堂選書 34
イスラームと民主主義

2000年6月20日　初　版　第1刷発行

訳　者　宮　原　辰　夫
　　　　大　和　隆　介
発行者　阿　部　耕　一

〒162-0041　東京都新宿区早稲田鶴巻町514番地
発行所　株式会社　成　文　堂
電話 03(3203)9201㈹　Fax 03(3203)9206

製版・印刷　三報社印刷　製本　佐抜製本　検印省略

ISBN 4-7923-3156-0 C 3031

定価（本体3000円＋税）

成文堂選書

22	日本国憲法哲学 (本体2500円)	上智大学名誉教授	ホセ・ヨンパルト
23	スポーツは役に立つのか (本体2300円)	中京大学教授	藤原健固
24	脳死移植立法のあり方 (本体2500円)	京都大学名誉教授	中山研一
25	転換期の東アジア経済と日本 (本体2300円)	常磐大学教授	粕谷雄二
26	教会法とは何だろうか (本体2200円)	上智大学名誉教授	ホセ・ヨンパルト
27	地球環境をリエンジニアリングする (本体2000円)	愛知学院大学教授	西嶋洋一
28	憲法改正論への招待 (本体1900円)	駒沢大学教授	竹花光範
29	政教分離とは何か―争点の解明― (本体3200円)	日本大学教授	百地章
30	法学・刑法学を学ぶ (本体2200円)	明治大学教授	川端博
31	環境・資源・健康共生都市を目指して (本体3200円)	早稲田大学教授 早稲田大学教授	寄本勝美 田村貞雄 (編)
32	日本人の論理と合理性 (本体2500円)	上智大学名誉教授	ホセ・ヨンパルト
33	イスラームとの対話 (本体2200円)	麗沢大学助教授	保坂俊司
34	イスラームと民主主義 (本体3000円)	北陸大学助教授 北陸大学助教授	宮原辰夫 大和隆介